자위의
사상사로
만나는

맨
처음
성性 인문학

「이 도서의 국립중앙도서관 출판예정도서목록(CIP)은 서지정보유통지원시스템 홈페이지(http://seoji.nl.go.kr)와 국가자료공동목록시스템(http://www.nl.go.kr/kolisnet)에서 이용하실 수 있습니다.(CIP제어번호: CIP2016017527)」

자위의 사상사로 만나는

맨 처음 성性 인문학

ⓒ박홍규 · 최재목 · 김경천 2016

초판 1쇄 발행일 2016년 7월 29일

지 은 이 박홍규 · 최재목 · 김경천
펴 낸 이 이정원

책임편집 선우미정
디 자 인 김지연
마 케 팅 나다연
경영지원 김은주 · 박소희
제   작 송세언
관   리 구법모 · 엄철용

펴 낸 곳 도서출판 들녘
등록일자 1987년 12월 12일
등록번호 10-156
주   소 경기도 파주시 회동길 198
전   화 편집 031-955-7385 마케팅 031-955-7378
팩시밀리 031-955-7393
홈페이지 www.ddd21.co.kr
페이스북 www.facebook.com/bluefield198

I S B N 979-11-5925-175-7(43370)

값은 뒤표지에 있습니다. 파본은 구입하신 곳에서 바꿔드립니다.

푸른들녘은 청소년을 위한 교양 · 실용서와 부모를 위한 교육서를 펴냅니다.

자위의
사상사로
만나는

맨
처음
성性
인문학

박홍규 · 최재목 · 김경천 지음

푸른들녘

자살 대신 자위를

자위라는 것을 처음 경험했을 때, 태어나 처음으로 '죽고 싶다'는 생각을 한 적이 있습니다. 자살에 대한 최초의 충동이었지요. 그 깊은 겨울밤의 더욱 깊었던 고독의 자기혐오는 50년이 훨씬 지난 지금까지 기억할 정도로 깊은 수렁이었습니다. 그 전에 어느 누구로부터 자위에 대한 이야기를 들어본 적이 없었는데 왜 그런 느낌이 들었을까요? 자위는 대단히 잘못된 것이고 수치스러운 짓이며 죄악이라고 명시적으로 배운 적도 없는데 왜 그렇게 생각했을까요? 그런 어두운 생각은 사춘기의 시작뿐이 아니라 그 끝까지, 아니 지금까지도 이어졌습니다. 다행히 자살에 대한 충동은 약해져서 지금까지 살아왔지만 그 어둠의 수렁으로부터 완전히 헤어났다고는 할 수 없어요.

자위를 경험하면서 자살을 생각한 것은 50년도 더 전에 내가 경험한 것이어서 그 뒤의 세대 특히 오늘의 10대들이 어떻게 느끼는지 잘은 알지 못합니다. 다만 그 어떤 경우라도 죽고 싶다는 생각을 하게 해서는 안 된다는 고민에서 이 책은 출발했습니다. 설사 죽고 싶다고까지 생각하지 않는다 해도 자위 때문에 어떤 수치심이나 혐오감이나 죄의식을 느껴서는 안 됩니다. 오히려 자위는 자신을 위로하는 지혜로 삼아야 합니다. 절대로 자신을 죽이거나 괴롭히는 자학으로 삼아서는 안 됩니다. 자위가 자살이 되어서는 안 된다는 뜻입니다. 자위는 죄악이 아니에요. 자위는 부도덕이 아닙니다. 그런 생각에서 이 책은 출발했습니다.

나의 사춘기는 1960년대 군사독재 시대와 맞물립니다. 그 엄혹한 관제 도덕의 시대에 나의 자연스러운 본능은 철저히 억압되었지요. 자위는 그 본능의 시작 정도에 불과했지만 그보다 더 복잡한 본능의 분출이 좌절되어 자살에 이른 경우는 더욱 많았을 것입니다. 물론 그 전에도 자살은 있었겠지만 보다 단순했던 농경사회에서는 본능과 자살의 관계가 그렇게 깊지는 않았을 테니까요. 그 후 산업화 과정을 겪으면서 눈 깜짝할 사이에 우리나라가 OECD 가입국 중 자살률이 가장 높은 나라가 되었는데요. 아마 자살자보다 10배가 훨씬 넘는다는 자살 시도자까지 합치면 그 비율은 더욱 높아질 것입니다. 가까운 사람의 자살이나 자살 시도로 인해 자살에 가까운 충격을 받은 사람까지 합치면 더욱더 높아질 테고요.

왜 이렇게 비참하게 되었을까요? 혹시 자위처럼, 건강한 청소년이라면 누구나 자연스럽게 경험하게 되는 일을 너무나도 부자연스럽게 혐오하면서 받아들이도록 길들여진 탓은 아닐까요? 자위를 비롯한 모든 성 문제, 아니 삶이 빚어내는 모든 고뇌가 아직도 극단적인 신비와 혐오, 또는 무지와 공포, 또는 차별과 오욕 속에 있기 때문이 아닐까요? 세상 어느 나라에서보다도 치열한 경쟁에서 이겨야 살아간다는 이 나라에서 자위를 비롯한 모든 성적 본능조차 그 경쟁을 위해 죽여야 할 부도덕으로 강요된 것은 아닐까요? 또는 오웰이 말한 '이중언어'와 마찬가지로 자위는 이중도덕이나 이중윤리의 희생이 되어온 것이 아닐까요? 그래서 '자유가 예속'이라고 하듯이 '자위는 자살'이 되어온 것이 아닐까요?

그런 안타까움 속에서 막연하게 살아온 나를 깨어나게 하여 이 책을 쓰는 데 참여하게 한 사람은 김경천입니다. 영남대학교 법학전문대학원에서 만난 김경천이 변호사 시험에 합격한 것을 축하하는 자리에서 그가 그동안 청소년 성 문제를 다루며 알게 된 자위에 대한 이야기를 들려주었어요. 자위에 대한 무지와 오해를 풀어줄 필요가 있다는 그의 주장에 정신이 번쩍 든 나는 그가 우리 시대의 자위 문제를 정확하고 상세하게 고찰한 데 더하여 서양의 사상사 내지 정신사 차원에서 자위 문제가 어떻게 다루어졌는지를 함께 살펴보면 좋겠다고 생각했습니다. 그 자리에 함께 있었던 최재목 교수가 동양의 사상사에서 자위 문제를 고찰하기로 한 것도 동서양 사상의 차원에서 자위 문제를 보다 심도 있고 종합적으로 바라볼 수 있도록 하기 위해서였지요. 그러나 그 뒤 약 1년을 두고 이어진 집필은 결코 쉽지 않았습니다. 그야말로 전인미답의 분야였기 때문인데요. 특히 자료가 거의 전무한 동양사상 부분이 그러했습니다. 따라서 이 부분을 집필한 최재목 교수의 역량은 높이 평가하지 않을 수 없어요. 양명학을 중심으로 한 동양사상 연구자로서 인문사회과학에 대한 폭넓은 지식과 성찰에 기초한 그의 글은 독자들에게 흥미와 사색의 기회를 부여할 것입니다.

이 책은 우리 세 사람의 공동저술입니다. 나는 1부 〈서양의 자위 사상사〉를, 최재목 교수는 2부 〈동아시아 사상·문화에서 보는 '자위'〉를, 김경천 변호사는 이 책의 핵심이라 할 수 있는 3부 〈자위와 법〉을 각각 맡아 집필했습니다. 하지만 그 내용이나 분량으로 보아 자위에 대한 진지한 고뇌를 펼친 김경천의 사색과 연구, 상담과 치유 등의 노력이 가장 높이 평가되어야 할 것입니다. 변호사 생활 첫해에 누구나 빠져드는 돈벌이나 출세가 아니라 청소년 성 문제 해결을 위해 열심히 노력한 그의 순수에 다시금 박수를 보냅니다. 그가 본래 영문학을 공부한 인문학도로서 지닌 인간에 대한 성찰 위에 법률가로서 참된 정의를 세우고자 하는 용기와 지혜가 더해지면서 이 책이 탄생했다고 해도 과언이 아니지요. 이 책이 그와 같은 청년과 혼란스러워하는 청소년들에게 그야말로 '스스로를 위안하는 지혜'가 되기를, 또한 계절처럼 자연스럽게 찾아오는 우리 몸과 마음의 변화를 당당하고도 지혜롭게 맞아 평생 자신을 위로하며 건강하게 살아가는 기초로 삼아주기를 바랍니다.

2016년 여름
박홍규가 쓰다.

1부

서양의
자위
사상사

2부

동아시아
사상·문화에서 보는
'자위'

3부

자위와 법

만약 내가 신이었다면 나는 청춘을 인생의 끝에 두었을 것이다.

- A. 프랑스

1

서양의 자위 사상사

세상에는 수많은 소설과 자서전, 그리고 철학을 비롯한 사상적인 책들이 있지만 자위에 대해 이야기한 것은 거의 없습니다. 그래서 왜 사람들이 그 이야기를 하지 않는지 항상 궁금했어요. 비밀로 숨겨서는 제대로 관찰할 수도, 성찰할 수도, 논의할 수도 없잖아요. 그러니 먼저 자위를 '커밍아웃'한 사람들 이야기부터 해봅시다.[1]

---

1 '커밍아웃'이란 보통 성소수자가 스스로 자신의 성 정체성을 드러내는 것을 말하지만 '자신의 사상이나 지향성 등을 밝히는 행위'라는 뜻으로 확대되어 사용되기도 한다. 서양에서는 커밍아웃이 크게 문제되지 않으나 한국처럼 폐쇄적인 사회에서는 동성애자나 사회주의자, 심지어 정부 정책에 반대하는 자가 자신의 생각을 드러내는 커밍아웃을 한 경우 심한 차별이나 혐오, 심지어 처벌을 받을 수도 있으므로 커다란 용기가 필요한 행동이다. 그러나 사실상 누구나 하고 있는 자위를 했다고 커밍아웃한다는 것은 동성애 등의 경우와 달리 이상하다는 정도의 손가락질을 받는 것으로 끝날지도 모른다. 그럼에도 불구하고 우리 사회에서는 자위를 했다는, 또는 하고 있다는 커밍아웃이 거의 없다. 커밍아웃 없이는 사상의 역사가 발전할 수 없다. 특히 지식인이라고 자처하는 자들이 커밍아웃을 할 줄 모른다는 것이 한국의 비극 중에서 가장 심각한 것이다. 가령 그리스 철학을 전공한 유명한 한국 교수가 사회적으로 커밍아웃한 것은 자기가 근무하는 대학 출신자가 대통령 후보자로 나왔으니 동문으로서 도와주어야 한다고 말했다는 점이다. 즉 한국 사회를 좀먹는 학연 커밍아웃이다. 그런 그로서는 자신이 전공한 고대 그리스 철학자 중에서 자위를 공개적으로 했던 디오게네스와 같은 사람이 있었음을 알았겠지만 그가 왜 공개 자위라고 하는 반사회적 행위를 했는지 이해되지도 않았을 것이고, 따라서 그렇게 공개 자위를 할 생각도 전혀 없었을 것이다. 한국의 지식인에게 서양의 철학을 비롯한 모든 문화란 한국 사회와는 아무런 관련이 없는 것이고, 그 자신의 철학적 행동으로 할 수 있는 것은 학연에 집요하게 매달려서 살아가는 것뿐인지 모른다.

내가 읽은 최초의 자위 이야기는 프랑스 소설가 앙드레 지드(Andre Gide, 1869~1951)가 1926년에 낸, 젊은 날의 자서전 『한 알의 밀알이 죽지 않으면Si le grain ne meurt』에 나오는 것이었어요. 내가 다니던 중학교 도서관에서 붉은 색으로 장정된 『앙드레 지드 전집』을 처음 보았을 때 느꼈던 감격의 추억이 지금도 선연합니다. 중학교 1학년 국어시간 첫 수업에서 만난 낭만적인 교사 탓이었는지, 아니면 다른 누구 탓이었는지 정확하게 기억하지는 못해도, 그 전집을 보기 전에 나는 이미 『좁은 문』 등을 읽고 지드에게 심취했던 터라 그 전집을 보자마자 전부를 읽어보아야겠다고 결심했던 듯합니다. 그 전부를 얼마나 열심히 읽었는지는 잘 모르겠지만, 그 다섯 권 전집의 마지막 권에 나오는 자서전의 첫 줄은 지금까지도 기억하고 있습니다. 바로 자위에 대한 것이었어요.

지드는 자서전 1장의 처음, 자신이 1869년에 태어났다고 한 뒤 바로 그 몇 줄 밑에서 '나쁜 버릇'이라고 부른 자위 이야기를 실토합니다. 그리고 그것을 "스스로 생각해"냈다고 한 뒤 그 자위를 이유로 "내 안에는 오직 어둠과 추악함, 음험함밖에 보이지 않는다"고 말합니다. 이어 지드는 그렇게 쓴 것이 "나 자신에게 어떤 해를 끼치고 있는지 나는 알고 있다"고 하면서 "그러나 내 이야기의 존재 이유란 오직 진실하고자 하는 것뿐이다"라고 썼어요.[2] 실제로 그 책은 자위 이야기 부분 때문에도 엄청난 비난을 받았습니다. 지금 우리나라에서 누가 그렇게 한다면 역시 비난을 받을까요?

테오 반 뤼셀베르그가 그린 앙드레 지드의 초상

여하튼 그것은 나에게 충격이었어요. '지드는 도대체 몇 살 때 처음 자위를 했다는 것인가? 또 그것을 스스로 생각해냈다니 무슨 소리인가?'[3] 하면서요. 자위를 했다고 한 부분 몇 줄 뒤에 네 살 적 이야기를 하는 것을 보면 그 이전의 이야기 같기도 하지만 그것이 도대체 가능한 이야기일까요? 유아도 자위를 한다는 것을 프로이트가 1905년에 발표한 『성욕에 관한 세 편의 에세이』에서 주장했음을 나는 훨씬 나중에 알았지만, 지드의 그 책을 읽었을 때에는 그것을 도저히 이해할 수 없었습니다. 당시에는 지드의 어린 시절의 기억 중에서 가장 분명한 것이 자위이기 때문에 가장 먼저 이야기한 것이지 네 살 이전에 그것을 했다는 뜻은 아니었을 것이라고도 생각했지요. 아마도 당시의 나에게도 자위라는 것에 대한 고민이 많았기 때문에 그랬는지 모릅니다.

여하튼 지드의 자위에 대한 이야기가 중학생인 나에게는 너무나

2 내가 읽은 책은 앙드레 지드, 이진구 옮김, 『한 알의 밀알이 죽지 않으면』과 『앙드레 지드 전집』(5권, 휘문출판사, 1966, 12쪽)이다. 이 책은 절판되었고, 지금 독자들이 구할 수 있는 책은 앙드레 지드, 권은미 옮김, 『한 알의 밀알이 죽지 않으면 : 앙드레 지드 젊은 날의 자서전』이다. 이 부분의 번역이 정확한지는 알 수 없다. 네 살 아이가 자위를 "스스로 생각해"냈다기보다는 "저절로 행했다"고 보는 것이 옳을 터이기 때문이다.

3 지드가 다시 자위에 대해 언급하는 것은 같은 책 73쪽에 나오는 것으로, 8세에 학교에서 담임교사에게 자위행위가 적발되어 3개월 정학을 받았다는 내용이다. 20세기 초 프랑스 초등학교의 성에 관한 규율은 끔찍한 것이었지만, 초등학교 1~2년생이 자위로 3개월 정학을 당한 사례가 우리나라에 있는지는 의문이다.

도 충격적이어서 다른 책을 열심히 찾아보았으나 전혀 찾을 수 없었습니다. 내가 지드의 자위에 대해 품었던 생각도 지드에 관한 어떤 책에서도 언급되지 않았고요. 지드에 대한 책이나 글은 오로지 그가 "오직 진실하고자 하는 것뿐"이었음을 강조했을 따름입니다. 흔히 이 말은 그의 문학만이 아니라 그의 삶이나 사상의 핵심이라고 하지만, 곰곰이 생각해보면 어떤 작가에게는 물론 어떤 사람에게도 진실이란 당연한 것이 아닐까요? 지드에게만 특별한 것이 아니지 않을까요? 자위를 고백하는 것이 지드가 정말로 진실하다는 점을 증명하나요? 그렇다면 우리는 어떤가요? 우리나라에도 수많은 작가의 자서전 류가 있지만 자위를 고백한 게 있을까요?

여하튼 지드가 진실하기 위해서 자위 이야기를 한 것은 '진실'이어서 좋다고 해도, 문제는 그것을 악행으로 말했다는 점입니다. 앞에서 말했듯이 내가 그 책을 읽은 것은 중학교에 들어가서였는데, 그 뒤 언젠가부터 나도 자위를 경험하면서 지드처럼 "오직 어둠과 추악함, 음험함밖에" 없는 인간으로 자학하기 시작했습니다. 그 책과 함께 읽은 지드의 『좁은 문』이나 『전원교향악』의 플라토닉 러브—물론 이는 오독이었어요—에서 받은 감동과 극단적으로 대립되는 것으로서의 자위는 악이고 범죄며 타락이라는 생각이 나에게 뿌리 깊이 박혔지요. 내성적인 문학 소년이 무조건 숭상한 『세계문학전집』을 읽고 받은 악영향이라고 하면 화를 내는 문학인들이 있을지 모르지만 내가 자위로 인한 죄의식에서 벗어나기까지는 훨씬 더 많은 시간이 걸렸습니다. 내가 이 글을 쓰는 이유는 분명합니다.

다시는 나같이 터무니없이 희생당하는 문학 소년이 없기를 바라기 때문이지요.

앙드레 지드를 찬양하는 문학인들은 『한 알의 밀알이 죽지 않으면』을 대단한 '세계문학'이라고 평가하겠지만 나에게는 위에서 말한 자위에 대한 부분 외에 독후감으로 남은 것이 전혀 없습니다. 이 글을 쓰기 위해 반세기 전의 기억을 더듬으며 최근에 새로 나온 번역본을 다시 읽었지만 역시 지루하기 짝이 없더군요. 도리어 19세기 말 프랑스를 비롯한 유럽 전역에서 자위나 동성애 등을 범죄시했던 잘못된 분위기를 확인하는 하나의 자료로 보였을 뿐입니다. 그리고 이런 책을 번역하는 자들은 반드시 그 부분에 대해 "이는 19세기 말의 잘못된 관점으로 지금 이 책을 읽는 사람은 그렇게 생각할 필요가 전혀 없다"라는 주석이라도 달아주어야 하지 않을까 하는 생각도 했습니다. 그래야 나같이 불쌍한 문학 소년이 다시 나오지 않을 가능성이 생기는 게 아닐까 해서요.

더 친절한 불문학자나 번역자라면 지드에게는 스스로 자위와 동성애를 밝히는 것이, 최근 유행어로 '커밍아웃' 하는 것이 특별한 '진실' 문제가 될 수밖에 없었던 이유를 설명해주고, 그가 1951년에 죽은 뒤 반세기 이상이 지났지만 우리나라에서는 그러한 커밍아웃이 진실의 고백으로 찬양받기커녕 멸시와 차별의 이유가 되고 있다는 잘못된 현실을 알려주어야 할 것입니다. 지드를 읽어야 할 이유는 그가 20세기 초에 고민했던 문제가 우리나라에서는 20세기가 지나고 21세기가 온 지금도 여전히 문제이기 때문임을 강조해주어야 한다는 뜻입니다.

지드는 평생 기독교의 이원론적 세계관 때문에 고민했어요. 장 칼뱅의 사상에 근거하여 금욕과 절제를 주장한 청교도였던 지드는 어려서부터 정신과 육체, 이성과 본능, 선과 악 등으로 세계를 이분하고 정신과 이성과 선을 우위에 두는 가치관의 지배를 받았습니다. 그래서 자신이 받은 교육은 오로지 자기혐오와 죄의식만 남겼을 뿐이었다고 자서전 앞머리에서 말했지요. 이러한 죄의식을 더욱 심화시킨 것이 자위와 동성애였습니다. 그러나 지드는 그런 가치관이 인간에게 강요하는 도덕적 의무가 육체와 본능을 가진 인간의 욕망을 억압하는 결과를 빚는 것이 부당하다고 주장합니다. 자위나 동성애에 대한 억압도 마찬가지고요.

지드의 명작이라고 하는 『좁은 문』의 주제도 다르지 않습니다. 지드 자신처럼 청교도 집안에서 엄격한 교육을 받으며 자라온 제롬과 그의 외사촌 누나 알리사는 서로 깊이 사랑하지만 예배 중에 듣게 된 '좁은 문'에 대한 설교가 그들의 의식과 관념을 지배하면서 그 사랑이 억압을 받는다는 것이 주제인데요.

내가 이 글을 쓰는 이유는 지금 우리나라에서는 자위나 동성애를 비롯한 성 문제에 대한 억압이 여전히 존재하기 때문입니다. 이 세상 어느 나라보다도 심한 억압이 존재하지요. 이 글에서는 동성애 문제 등을 다루지 않고 자위에만 집중하지만, 자위도 그런 문제의 하나라는 것을 여러분이 알아주었으면 좋겠습니다. 자위를 이유로 "내 안에는 오직 어둠과 추악함, 음험함밖에 보이지 않는다"고

한 지드의 글을 읽고서 그렇게 되는 것이 아니라 그렇게 되지 말아야 하는 것이지요. 그러기 위해 지드는 자신이 네 살 이전에 자위를 했다고 당당하게 커밍아웃을 한 것 아닐까요? 여기서 지드가 했다는 다음 말의 의미를 여러분과 함께 음미하고 싶습니다.

허위의 탈 속에 자기를 감추려고 하지 말라!
당신이 최후의 승리를 원한다면 진실을 따라야 한다.
한때 불리하고 비참한 처지에 빠지더라도 그것은 치료를 받을 수 있는 상처이다.
당신이 의지할 바는 정당한 사실과 그리고 분명한 진실이어야 한다.

지드가 한 이 말은 내가 평생을 두고 지키고 싶은 말이자 이 글의 모토이기도 합니다. 즉 자위에 대해서도 오직 진실만을 말하자는 것입니다.

내가 두 번째로 경험한 '자위'에 관한 독서는 영국의 철학자인 버트런드 러셀(Bertrand Russell, 1872~1970)이 1956년에 낸 『자서전*The Autobiography of Bertrand Russell*』에서 고백한 것이었어요.[4] 사실 러셀 같은 철학자보다는 지드 같은 예술가가 자위에 대한 고백을 하기 쉽다고 생각하는 것이 상식적일지 모릅니다. 그렇다면 러셀이야말로 특이한 경우라고 할 수 있겠지요. 러셀이 자위에 대해 고백한 것은 앞에서 본 지드와 마찬가지로 그 역시 진실하게 사는 것을 삶의 모토로 삼았기 때문인데요. 그가 "거짓과 더불어 제정신으로 사느니, 진실과 더불어 미치는 쪽을 택하고 싶다"는 유명한 말을 남겼듯이 말입니다.

러셀은 15세에 자위를 시작했으나 언제나 '적당 선'을 유지했고 "이런 짓이 너무도 부끄럽게 생각되어 중단해보려고도 했다. 하지만 스무 살이 될 때까지 계속했는데, 어느 날 사랑에 빠지면서 갑자기 안 하게 되었

버트런드 러셀

----

4 표정훈은 『탐서주의자의 책』(마음산책, 2004)에서 중학교 1년생 때 러셀 『자서전』의 자위 부분을 읽고 그 말의 뜻을 몰라 사전을 찾아보았다고 했다.

다."[5]고 고백합니다. 1872년에 태어난 러셀의 어린 시절은 19세기 말이었으니 앞에서 본 지드의 경우와 크게 다르지 않았지만, 네 살 때 처음 자위를 경험했다는 지드와 달리 15세란 나이 탓에 당시 그 책을 읽던 나에게는 오히려 믿음이 갔는지도 몰라요. 그러나 '적당 선'이 무엇인지 궁금하면서도, 역시 부끄러워해야 하고 중단해야 하는 것으로 생각하게 만들었다는 점에서 지드의 책에서 말하는 바와 크게 다르지 않았습니다. 그리고 지드와 달리 사랑을 하게 되면 자위는 중단된다는 러셀의 말에 사랑을 하고자 했던 기억도 있어요. 그러나 사랑이 어디 쉬운 일인가요?

---

5 내가 읽은 책은 버트런드 러셀, 정병조·양병탁·김우탁 옮김, 『러셀 자서전-사랑이 있는 기나긴 대화』(휘문출판사, 1967, 53쪽)이다. 하지만 이 책은 절판되었고, 지금 독자들이 구할 수 있는 책은 송은경 옮김, 『인생은 뜨겁게: 버트런드 러셀 자서전』(사회평론, 2014)이고, 위 내용은 60쪽에 나온다.

러셀은 자위를 한 사춘기에 대해 속어를 쓰기 좋아했고, 일부러 감정이 없는 척했으며, 가족을 무시하고 속이며 감추려는 버릇이 있었다고 고백했습니다. 그리고 그 시절 무척 고독하고 불행했다고도 말합니다. 특히 "성에 대한 선입관은 불쾌한 것"이라면서 12세에 친구를 통해 성을 알았지만 아직 "육체적 반응은 없었다"고 했습니다.[6]

러셀은 사춘기 이전에 자유연애만이 합리적이고 결혼은 기독교적 미신이라고 생각했으나, 사춘기 이후에는 그런 '합리주의적 견해'를 잃어버리고 "인습적 견해를 전적으로 건전한 것으로 받아들였다. 나는 정신이 음울해졌고, 자신을 아주 나쁜 것으로 간주했다.[7] 그러나 2~3년 뒤에 그것을 병적이라고 낙인찍어서는 안 된다"고 생각했습니다.

나 역시 러셀처럼 자위가 주는 낙인으로부터 벗어나고자 노력했으나 그처럼 2~3년 뒤에 극복하지는 못했어요. 그런 극복이 그가 천재이기에 가능했던 것이라고 하면 천재가 아닌 내가 극복하지 못한 것은 당연하다고 해도, 이는 너무나 비참한 일이 아닐까요? 여하튼 그의 자서전에는 더 이상 자위에 대한 언급이 나오지 않습니다.

러셀은 1926년에 쓴 『교육론On Education, Especially in Early Childhood』에서 자위는 만 2~3세 유년기의 공통 현상이고 자라면서 점차 없어지는 버릇이라고 한 뒤 다음과 같이 말했습니다.

---

6 『러셀 자서전: 사랑이 있는 기나긴 대화』, 휘문출판사, 1967, 52쪽.

7 같은 책, 53쪽.

우리의 관습은 이것을 혐오스러운 것으로 보고 그 행위를 못하게 무섭게 위협했다. 이런 위협은 예상과 달리 대개 효과가 없었다. 위협의 결과로 아이는 걱정과 근심에 휩싸이게 되고 당장 그 본래의 원인으로부터 떨어져(무의식 속으로 억압되어버린다) 악몽을 꾸거나 신경질을 부리거나 망상 또는 정상이 아닌 공포에 시달리게 된다. 내버려두면 유아기의 자위는 분명히 건강에 아무 해가 없는 것이다. 그리고 또한 성격에도 눈에 띄게 나쁜 결과는 없다고 본다. 이 두 가지 면에서 지금까지 관찰해온 나쁜 결과는 전적으로 이를 제지하려는 탓이라고 본다.[8]

위 글은 러셀이 1926년에 쓴 것인데요. 뒤에서 보듯이 프로이트와 라이히의 책들이 이미 나온 시기이지만 자위가 나쁘다고 하는 일반적 인식이 여전히 팽만하던 시절에 러셀이 위와 같은 주장을 한 것은 대단히 진보적인 것이었고, 21세기인 지금 한국에서 생각해보아도 여전히 진보적인 것이라 평가할 수 있습니다.

---

8 버트런드 러셀, 안인희 옮김, 『러셀의 교육론』, 서광사, 2011, 176쪽.

_루소의 자위 '커밍아웃'

내가 세 번째로 읽은 '자위' 관련서는 루소(Jean-Jacques Rousseau, 1712~1778)의 『에밀Émile ou de l'éducation』과 『고백Les Confessions』이었습니다. 당시 그 독서는 지드나 러셀의 악영향을 더욱 배가시키는 결과를 빚었을 뿐이지만, 지드나 러셀보다 훨씬 빨랐던 자위 '커밍아웃'이기 때문에 여기에 소개할 가치가 있을 것 같군요. 특히 루소는 '자위 중독자'라는 뜻인 '오나니스트'라고 불리기도 했습니다. 즉 "마조히즘, 노출증, 신경쇠약, 오나니스트, 잠재적 동성연애자, 어버이로서 애정을 갖지 못하는 남자, 초기 편집광, 병 때문에 비사교적으로 변한 자기애적 내향자…였다"[9]는 것입니다. 자위 중독의 혐의를 받는 철학자로는 루소 말고 니체도 있습니다.

1869년에 태어나 1951년에 죽은 지드에 비해 루소는 1712년에 태어나 1878년에 죽었으니 150년 정도 일찍 살았던 셈입니다. 그러나 루소는 지드와 같이 자위에 대한 억압을 고발한 커밍아웃이 아니

---

9 I. W. Allen이 그렇게 말했다고 폴 존슨이 『지식인들』(김욱 옮김, 상권, 한언, 1993) 52쪽에서 말하고 있는데 Allen의 말은 다시 Lester G. Crocker, *Jean-Jacques Rousseau : The Quest, 1712~1758*(1974), wp1권, 356쪽, 주6에서 인용한 것이다.

제네바에 있는 장 자크 루소의 동상(좌)
「에밀」 속표지(우)

라 자위에 대한 억압이 필요하다는 입장에서의 커밍아웃을 감행합니다. 커밍아웃이라는 점에서는 같지만, 그 이유가 다른 것이지요.

1782년에 쓴 『고백』에서 루소는 여러 가지 고백을 하면서 그의 자위 경험에 대해서도 고백합니다.[10] 먼저 『고백』 2권에서 그가 토리노에 처음 갔을 때 무어인들로부터 자위에 대해 알았다고 썼어요.[11] 이는 사실이겠지만, 왜 그가 하필이면 당시 인종 차별의 대상이었던 무어인에게 그것을 배웠다고 한 것일까요? 어쩌면 자위가 나쁘다는 것을 은연중에 보여주기 위한 설정일 수도 있지 않을까요?

여하튼 루소는 이어서 3권 처음에 16세 때 여성들과 사귀면서 그녀들을 항상 생각했는데 그런 상상이 자신의 "관능적 욕망에 매우 거북스러운 자극을 주었"지만 "다행히 내게 그로부터 벗어나는 방법을 가르쳐주지는 않았다"고 하며 자위를 몰랐던 것을 '다행'이라고 말했습니다.[12] 16세라면 우리나라에서는 고등학교에 들어갈 나이잖아요? 그 나이에 자위를 모른다면 루소와 같이 다행이라고 생각해도 좋을지 모르겠습니다.

여하튼 루소는 그 문장에 이어 다음과 같이 최초의 자위에 대해 고백합니다.

나이가 들어 성숙해지는 것이 느껴졌다. 나의 충족되지 않는 관능적 욕구가 마

---

10 『고백』이 진실하지 못하다고 비판한 학자들이 오래전부터 있었다. 존슨, 앞의 책, 38쪽 등.

11 장 자크 루소, 이용철 옮김, 『고백록1』, 나남, 2012, 113쪽.

12 같은 책, 143쪽.

침내 나타났고, 극히 무의식적인 그 최초의 사정으로 나는 건강에 대한 두려움을 갖게 되었다. 그런데 그것이야말로 내가 그때까지 순진하게 살았다는 사실을 다른 어떤 것보다 더욱 잘 보여준다. 나는 곧 두려움에서 벗어나, 자연에는 어긋나지만 건강과 활력과 때로는 생명까지 희생해가면서 나 같은 기질의 젊은이들을 여러 가지 방탕한 행위들로부터 구해주는 그 위험한 보완책을 배웠다. 부끄러움과 수줍음을 타는 사람들이 매우 편리하다고 생각하는 이러한 나쁜 버릇은 게다가 강렬한 상상력을 가진 사람들에게 커다란 매력을 갖는데, 그것은 말하자면 모든 여성들을 자기 마음이 내키는 대로 할 수 있으며, 자신을 유혹하는 미녀를 그녀의 동의를 얻을 필요 없이 자신의 쾌락에 봉사하도록 만드는 것이다. 나는 해악을 초래하는 이러한 이점에 유혹되어 자연이 내 안에서 회복시켜놓았던 그리고 내가 잘 만들어지도록 시간적 여유를 주었던 내 건강한 체질을 애써 망쳐버렸다.[13]

18세기 초에 자위를 처음 경험한 루소는 앞에서 본 19세기 말 자위를 경험한 지드의 절망과는 다른 느낌을 가졌음을 위 글은 보여주는데요. 지드보다도 더 현대적이라는 느낌마저 줍니다. 즉 자위에 대해 지드와 같은 도덕적인 죄의식이 아니라 건강에 문제가 있겠다는 두려움만을 느낀 것이고, 게다가 방탕에 빠지지 않게 하는 등의 장점도 있다고 본 것이지요. 그러나 루소는 1760년에 쓰기 시작한 『에밀』에서 자위를 탄핵하면서 젊은이들을 감시해야 한다고 주장했습니다.

———— 13 같은 책, 174쪽.

29

그러니 정성껏 청년을 지켜보라. 그는 나머지 모두로부터는 자신을 지킬 수 있겠지만, 그를 자기 자신으로부터 지켜주는 것은 여러분 일이다. 낮이고 밤이고 그를 혼자 두질랑 말라. 적어도 그의 방에서 같이 자주라. 본능만으로는 되지 않게 되거든 본능을 믿지 말라. 본능이란 저 혼자서 움직이는 동안은 좋은 것이지만, 사람들의 제도에 끼어들기 시작하면 곧 수상쩍은 것이 되고 만다. 본능은 없애버려서는 안 되고, 규제해야만 하는데, 아마 이것이 없애버리기보다도 더 힘들 것이다. 본능이 여러분 제자에게, 자기 관능들을 속이는 법과 그것들을 만족시켜줄 기회들을 벌충하는 법을 가르쳐주게 되면, 아주 위험해진다. 그가 일단 이 위험한 벌충을 알게 되면 볼 장 다 본 것이다. 그때부터는 그의 몸과 마음이 늘 안절부절못할 것이다. 청년이 얽매일 수 있는 습관 중에서도 가장 해로운 이 습관의 한심한 결과들을 그는 무덤에까지도 짊어지고 갈 것이다. (…) 만일 타오르는 정욕의 불길을 꺾지 못하게 되어버린다면, 사랑하는 에밀아, 나는 너를 동정한다. 그러나 나는 잠시도 망설이지는 않겠고, 자연의 목적이 속는 것을 두고 보지는 않겠다. 네가 꼭 어느 폭군에게 사로잡혀야만 한다면, 나는 차라리 내가 풀어낼 수 있는 폭군에게 너를 넘겨주겠다. 어쨌든 너 자신으로부터보다는 여자들로부터 너를 구해내기가 나는 더 쉬울 것이다.

스무 살 때까지 몸은 자란다. 몸은 제 자양분이 다 필요하다. 이때 금욕은 자연의 질서에 맞는 것이어서, 체질을 희생시키지 않고서는 이를 어길 도리가 없다. 스무 살서부터는 금욕은 하나의 도덕상의 의무다. 자기 자신을 지배하고 자신의 욕망들의 지배자로 있는 법을 배우기 위해 금욕은 중요하다. 그런데 도덕적인 의무들에는 저마다 변화와 예외와 규칙들이 있다. 인간의 약함이 양자택일을 불가피하게 만들 때는, 두 가지 악 중에서 작은 쪽을 택하자. 어쨌든 악덕에 물들

기보다는 실수를 저지르는 편이 오히려 나으니까.[14]

　앞에서 보았듯이 『고백』은 1782년, 『에밀』은 1760년의 책입니다. 그럼에도 『고백』보다 『에밀』에 나타난 생각이 더 지드의 생각에 가까운 듯이 보여 이상합니다. 그러나 『고백』에서 말하는 내용은 18세기 초 루소가 자위를 처음 경험했을 때의 생각을 적은 것이라고 본다면 이상하지 않아요. 18세기 초에는 그래도 자위가 건강을 해친다는 정도에 그쳤지만, 18세기 후반에 오면 도덕적으로 악이라는 식의 윤리적 판단이 나오니까 말입니다.

───── 14 장 자크 루소, 박은수 옮김, 『에밀』, 올제, 2012, 469쪽.

여하튼 『에밀』에는 자위에 대한 근대 서양인의 사고가 단적으로 나타납니다. 첫째, 자위는 청소년을 파멸시키고 죽음에 이르게 하는 죄악이라는 것인데요. "가장 해로운 이 습관의 한심한 결과들을 그는 무덤에까지도 짊어지고 갈 것이다"라는 부분입니다. 둘째, 그런 죄를 막기 위해 끊임없이 엄격한 감시를 해야 할 필요성을 강조한 것입니다. 즉 "낮이고 밤이고 그를 혼자 두질랑 말라"는 대목이죠. 셋째, 금욕이 불가능하다면 창녀에게 가라는 말도 나옵니다. "어쨌든 악덕에 물들기보다는 실수를 저지르는 편이 오히려 나으니까" 하고 말입니다. 그중에서도 두 번째의 '엄격한 감시'는 실제로 19세기 중등학교에서 그대로 실행되었어요. 가령 1809년에 나온 「중등학교를 위한 관리 규칙」의 몇 조항을 들어볼게요.

- 제67조 "수업 및 학습 시간에는, 용변을 위해 자리를 비운 학생들이 밖에서 모이는 일이 없도록 밖을 감시하는 교사가 한 사람 있어야 한다."
- 제68조 "저녁기도 후 학생들이 침실로 인도되면, 교사는 즉시 그들을 취침시켜야 한다."

- 제69조 "교사는 학생들이 제각기 자신의 침대에 있는 것을 확인한 다음 취침해야 한다."
- 제70조 "침대는 높이 2미터의 칸막이로 격리되어야 한다. 침실은 밤 동안 소등되지 않는다."[15]

위의 규칙은 자위만이 아니라 청소년 기숙생들의 모든 성적 행동을 규제하고 감시하기 위한 것이었습니다. 이러한 기숙사 제도는 우리나라 중고등학교에서는 일반적으로 볼 수 없지만 우리나라에서도 공장 기숙사나 군대 생활에서 그대로 나타나고 있는 감시 관리라고 할 수 있어요. 이상의 규칙으로 집약되는 18~19세기 중등학교에 대해 미셸 푸코(Michel Foucault, 1926~1984)가 다음과 같이 설명한 것도 같은 맥락입니다.

그곳에서는 끊임없이 성이 문제되고 있다. 건축가들은 성을, 그것도 노골적으로 고려했다. 조직자들은 언제나 그것을 고려에 넣는다. 조금이라도 권한을 갖고 있는 사람들은 모든 비품들, 취해진 예방조치들, 그리고 처벌과 책임의 상호작용이 끊임없이 불러일으키는 경계 상태에 놓여 있다. 교실의 공간, 책상들의 형태, 운동장의 설비, 기숙사 공동 침실(칸막이나 커튼이 있거나 없다)의 할당, 취침과 수면의 감시를 위해 미리 마련된 규정, 이 모든 것은 최대로 장황하게 어린이들의

---

15 미셸 푸코, 이규현 옮김, 『성의 역사』, 1권, 『앎의 의지』, 나남, 1990, 46쪽 주 20에서 재인용.

성적 욕망을 환기시킨다.[16]

나아가 자위는 공공의 문제로 제기되었습니다.

의사들은 교장과 교사들에게 문의하고, 또한 가족에게 의견을 제시하며, 교육자들은 계획을 세워 그것을 당국에 제출한다. 그리고 선생들은 학생들에게 관심을 보이고, 여러 가지 권고를 하며, 그들을 위해 도덕적 또는 의학적 본보기들로 가득 찬 격려의 책들을 쓴다. …시험, 문학 백일장, 상의 수여, 그리고 징병검사 위원회가 뒤섞인 형태를 띤 그것은 청춘기의 성과 합리적인 담론의 장엄한 첫 영성체였다.[17]

그리하여 자위를 완전히 뿌리 뽑아야 할 전염병으로 취급하는 것은 다음과 같은 결과를 초래했습니다.

그 보잘것없는 쾌락을 발판으로 삼는 것, 그것을 비밀로 설정하는 것(다시 말해서 그것을 발견할 수 있게 하기 위해 우선 그것이 숨겨지도록 강제하는 것), 그것의 맥락을 거슬러 올라가는 것, 원인에서 결과까지 그것을 추적하는 것, 그것을 유발하거나 쉽사리 허용할 수 있는 모든 것을 몰아내는 것이 중요했다. 그리하여 그 쾌락이 표면화될 위험이 있는 모든 곳에, 감시 장치가 설치되었고, 고백을 강요하기 위한 함정이 만들어졌고, 한없는 교정의 담론이 부과되었으며, 부모와 교

---

16 같은 책, 46쪽.
17 같은 책, 47쪽.

사들에게 위험이 경고되었고, 모든 어린이들은 죄가 있다는 의혹과 어린이들을 충분히 의심하지 않으면 자신들에게 죄가 돌아올지도 모른다는 불안이 그들 사이에 퍼졌다.[18]

그 결과 "의학적-성적 체제 전반의 거점들이 가정이라는 공간 안에 확고하게 자리를 잡게"[19] 됩니다. 그런데 푸코는 여기서 그렇게 금지된 자위가 결국은 그것을 금지하는 권력이 유지되도록 도왔다고 주장해요. 즉 부모, 교사, 의사, 당국 등의 모든 권력자는 그들이 억압하고자 하는 바로 그 자위에 기대어 권력을 유지했다는 것입니다.

이상 18~19세기 서양에서의 자위 방지책에 대한 푸코의 분석이 21세기 한국에 그대로 적용된다고 할 수는 없지만 기본적인 구조는 마찬가지라고 볼 수 있습니다. 한국에서는 여전히 금욕을 중시하고 자위를 금지하고 있기 때문입니다.

---

18 같은 책, 59~60쪽.

19 같은 책, 60쪽.

_황당무계한 서양의 자위 사상사

지금까지 나의 개인적인 독서 경험을 통해 자위를 '커밍아웃'한 세 사람에 대해 알아보고 그 배경이 된 서양 근대의 자위 방지책에 대해 살펴보았습니다. 21세기 초를 청소년으로 보내는 젊은이들에게 공감될 수 있는 경험인지 아닌지 정확하게는 알 수 없지만 18세기 루소나 19세기 지드나 러셀보다 자위 '커밍아웃'을 하는 자들이 21세기 한국에는 거의 없다는 점을 보면 그런 커밍아웃의 선례 소개가 전혀 무의미하다고는 생각되지 않아요. 여하튼 이제 '자위란 무엇인가?'라는 본론으로 들어가봅시다.

1982년에 초판이 나온 『동아 원색 세계대백과 사전』에서 '자위'를 찾으면 "손이나 기구를 써서 성기를 자극하여 스스로 성적 쾌감을 얻는 행위"라고 하고서 '오나니' 항을 보라고 쓰여 있습니다. 이는 자위라는 말은 그르거나 나쁜 말이고 오나니가 옳고 좋은 말이라는 것일까요? 그러나 우리들 대부분은 오나니라는 말보다 '자위'라는 말에 더 익숙하지 않나요? 사실 '오나니'라는 말을 처음 들은 나는 당황했습니다. 오나니 항을 찾아보면 그 말은 『구약성서』의 「창세기」에 나오는 오난[20]이 "성교를 중절하고 수음을 하여 정액을 땅에 홀린 일에 유래한다"고 되어 있기 때문입니다. 그러나 그런 사실을 알기커녕 자위라는 말조차 모르는 나 같은 사람이 한국의 보통 사람들이 아닐까요? 오나니란『구약성서』에 익숙하고 그 말을 수천 년간 사용한 서양인들에게는 더 친숙한 말이겠지만 우리에게는 전혀 그렇지 못하니까요. 게다가『구약성서』의「창세기」를 보면 수음을 한 것이 아니라 성교 도중 사정을 밖에서 한 것이니 위 사전의 성서에 대한 소개는 잘못된 것이고, 따라서 자위란 오나니와는 전혀 다른 것이 아닐는지요.

─── 20 구약 성경 「창세기」에 나오는 유다의 아들. 형이 죽은 후 형수 다말과 동침하여 대를 이어주는 것을 꺼려 하다가 하나님에게 죽음의 벌을 받았다고 한다.

여하튼 그 사전의 '오나니' 항에는 자위와 비슷한 뜻풀이에 이어 이를 수음(手淫), 자위, 자독(自瀆)이라고도 한다며 여러 표현을 소개합니다. 수음이란 말이 자위보다 일반적이라고 생각하여 먼저 예시했는지 모르지만 아마도 '손으로 하는 음탕한 행위'라는 정도의 그 말에도 나는 역시 익숙하지 못합니다. 대부분 사람들이 자위를 한다는데, 그렇다면 인간은 대부분 음탕하다는 것인지요? 이러한 말 자체에 이미 자위를 음란행위라고 보는 도덕적 판단이 들어가 있는 것이 아닐까요? 더욱이 '자독'이란 말은 처음 듣는 말이었습니다. 게다가 그 뜻은 더욱 황당했어요. '자기 모독'이라니요!

여하튼 사전에서는 "성숙기의 남녀는 거의가 경험하는 것으로서 반드시 유해하지는 않다. 다만 과도하게 되기 쉬우므로 삼가야 한다"고 되어 있습니다. 하지만 이것도 뜻이 분명하지 않습니다. 아예 삼가야 한다는 것인지, 과도하게 하지 않으면 문제가 없다는 것인지 애매합니다. 또 과도하다는 것이 어느 정도인지도 분명하지 않아요. 여하튼 자위를 처음 경험한 사춘기 남녀가 이 사전을 들쳐보고서 자위에 대해 어떤 확실한 지식을 얻기란 쉽지 않을 것 같습니다.

위에서 언급한 사전이 나오기 전에 한국에 있던 다른 백과사전에서 자위에 대해 뭐라고 했는지는 모르겠지만, 아마 비슷한 설명이었으리라 짐작합니다. 적어도 19세기 말까지 서양에서 나온 각종 백과사전과는 달랐을 테지요. 가령 피에르 라루스의 『19세기 대백과사전*Grand Dictionnaire universel du XIXe siècle*』에는 위 사전과 같은 간단한 정

의를 내린 다음에 오로지 그 치명적인 결과에 대해서만 1페이지 이상에 걸쳐 상세히 설명되어 있거든요. 그 이전의 백과사전이나 의학사전을 비롯한 모든 책에서는 더욱 상세히 그런 폐해에 대해 적고 있었고요. 오로지 어둡고 비참하다는 식으로 말입니다.

심지어 인류라는 종이나 문명 자체를 몰살시키고 파괴하는 병이라 말하는 의사들도 많았지요. 그 어떤 전염병도, 전쟁도 자위가 초래하는 치명적 결과에 비교할 수 없다고 말입니다. 의사들만이 아니라 학자나 도덕가나 교육자나 정치가나, 아니 모든 사람들이 그렇게 부르짖었어요. 하지만 우리에게는 19세기, 아니 지금까지도 이어지는 그 엄청난 소리들을 다 챙겨볼 이유가 전혀 없습니다. 마치 서양의 미술관이나 박물관이라는 곳에 있는 것들이 대부분 왕들이나 귀족의 것들이어서 사실상 쳐다볼 가치가 없는 것과 마찬가지로요.

아니 서양 문화라는 것 자체가 그렇지 않나요?

그러나 인류 역사상 자위에 대한 생각의 역사만큼 황당무계한 것이 또 있을까요? 어쩌면 인류는 18세기까지는 대체로 그것을 나쁜 짓이라고 생각하지 않았던 것 같습니다. 적어도 원시시대에는 성욕이 자연스럽게 충족되었을 것이고, 조혼이 성행한 시기에도 거의 마찬가지였을 테니까요. 그렇다면 자위는 결혼 연령이 늦어지면서 성욕이 생기는 시기부터 결혼 전까지 성욕 해결 방법으로 주로 문제가 되었을 것입니다. 내가 '주로'라고 말한 것은 결혼 후에도 자위를 하는 경우가 있을 수 있기 때문인데요. 물론 평생 독신으로 사는 경우에는 평생 문제가 될 수도 있을 것입니다.

그러나 이 책은 자위에 대한 모든 것을 검토하려는 것이 아니라 자위의 사상사를 검토하려는 것입니다. 또한 내가 이 글에서 말하고자 하는 자위의 사상사는 단 하나뿐입니다. 19세기 이전에는 그렇지 않았지만 19세기 이후부터 자위는 악이고 유해한 것이라고 생각했다는 바로 그 점이지요. 인류 역사가 그렇고 개인사가 그래요. 사상사는 흔히 좌우 사상사의 갈등사이지만 자위의 사상사는 오직 하나밖에 없거든요. 우파는 물론 좌파도 자위는 나쁘다고 말합니다. 따라서 모두 허위의 역사이지요. 거짓의 역사이고요. 진실은 단 하나, 자위는 선도 악도 아니고 유해하지도 않다는 것입니다. 그러니 자

자위행위(미하이 치키 作)

40

위는 해도 좋은 것입니다. 특히 짝이 없어서 성적 본능을 충족시키지 못하는데 성적 본능이 솟구치는 경우 그것을 해결하기 위해서 취할 수 있는 어떤 방법보다도 자위는 좋은 것입니다.

그런데 이런 간단한 진실을 말하는 책을 찾기란 쉽지 않았어요. 이 책을 쓰기 위해 국내외의 자료를 조사했으나, 자위에 대한 역사 특히 그 사상사에 대한 문헌은 지극히 빈약하다는 것을 알고서 나는 정말 놀랐습니다. 지금 서점에서 구할 수 있는 유일한 책은 『마스터베이션의 역사』라는 일본의 사회학자 이시카와 히로요시가 2001년 일본에서 낸 책을 번역하여 2002년 해냄출판사에서 낸 책뿐입니다. 그러나 그 책은 제목과 달리 마스터베이션에 대한 논란(대부분은 마스터베이션에 대한 뻔한 비판들)의 역사에 대한 것이었고, 나는 조금도 과장 없이 말해 펼쳐든 지 5분 만에 덮어버렸어요. 내가 이 글을 구상하는 단계에서 언급해야 한다고 생각한 디오게네스나 지드 등에 대한 언급은 그 책에 전혀 나오지 않았지만, 프로이트나 라이히 등에 대한 언급은 그나마 있었습니다. 프로이트나 라이히에 대해서는 뒤에 상세하게 언급할 것이니 여기서는 푸코에 대한 이시카와 히로요시의 언급에 대해서만 간단히 적어두려 합니다.

이시카와 히로요시는 "이론과 사실과의 괴리", 즉 "외국인이 생각한 이론을 차용해서 실제 자기 나라와 국민의 섹슈얼리티를 말하는 방법이 유행하기 시작했다"[21]고 하면서 그 예로 푸코를 들었는데요. 이시카와 히로요시 자신이 자신의 책에서 언급한 것도 모두 "외

<hr>

21 이시가와 히로요시, 김승일 옮김, 『마스터베이션의 역사』, 해냄, 244쪽.

국인이 생각한 이론"의 차용이었습니다. 그러면서 이시카와 히로요시는 본문도 아닌 주에서 미국인이 푸코를 다음과 같이 비판한 내용을 인용했어요.

푸코에 공감하는 철학자들까지도 최근에는 이렇게 말하고 있다. 푸코는 자신이 몰두한 대규모 연구에 계속 실패하여 절망한 나머지 자신의 전문 영역으로부터도 점점 비켜나가고 말았다. 『성의 역사』는 저질의 출판물이라고 하였고, 어떤 페이지를 펴도 망집의 세계에 지나지 않으며 고대 및 근대 자료의 설명이 없다.[22]

일본인과 외국인의 섹슈얼리티가 어떻게 다른지 언급하지도 않으면서 이론은 무조건 달라야 한다니 무슨 소리인지 모르겠습니다. 그러면서도 왜 자신은 외국 이론만 소개하는지, 그것도 뻔한 이야기를 잔뜩 소개하는지도 도대체 모르겠고요. 게다가 푸코가 자위를 비롯한 성의 역사에 대해 언급한 바를 전혀 설명하지도 않고 그런 비판을 하고 있다니요. 나는 푸코가 『성의 역사』 1권인 『앎의 의지』(1976)에서 근대사회에서 성이 억압된 사례 중 가장 현저한 것으로서 18~19세기에 성에 대한 지식이 특히 중고등학생의 성 문제에 집중하게 된 것이라고 말한 점, 그래서 성에 대한 지식의 욕구가 근대사회의 특징이라고 말한 것에 대해서는 앞에서 말했고, 『성의 역사』 제2·3권에서 디오게네스를 비롯한 고대 그리스인의 성문화나 자위에 대해 분석한 바를 뒤에서 설명하려 합니다.

———— 22 같은 책, 247쪽, 주5.

푸코는 앞에서 본 지드 등이 비판한 근대사회의 자위 억압을 역사적으로 해명했고, 그 대안으로서 디오게네스의 자유 자위를 생각했는데요. 바로 그 점에서 나는 푸코를 라이히와 함께 자위 해방의 선구자로 평가합니다. 그러므로 우리나라에 출간된 유일한 자위 관련 책을 쓴 자가 푸코를 무시한 점에 대해 유감을 갖지 않을 수 없지요.

그런 약점에도 불구하고 이시카와 히로요시의 책은 자위는 해로운 것이니 해서는 안 된다고 하는 생각의 역사를 밝힌 유일한 책임을 인정해야 할 것입니다. 물론 자위를 옹호한 사람들과 그들의 생각에 대한 소개도 약간 나오지만 앞에서도 말했듯이 푸코가 자위의 옹호자로 소개되기는커녕 '저질'로 비판되는 등 문제가 많아요. 그리고 자위는 기본적으로 성의 자유라는 차원에서 논의되어야 하는 점도 그 책에서는 무시되고 있고요. 성의 자유가 없이는 자위의 자유도 없습니다. 따라서 앞으로 여러분이 이 책에서 읽게 될 글들은 넓은 의미에서는 성의 자유에 대한 것이라 보아도 무방합니다.

그런데 나의 글은 서양의 경우로 한정됩니다. 동양에서는 성의 자유가 기혼자들에게만 한정되었고 동성애나 자위는 엄격히 금지되었거든요. 동성애에 대한 공맹 등 동양사상가의 언급이 없다는 이유에서 동성애를 인정했다고 보는 듯한 기가 막힌 생각도 있고,[23] 또한 그런 논리에 의하면 자위에 대한 언급이 없었으니 자위를 인정했다는 것이 될 수도 있을 터이지만, 동양사상에 아무리 무지하다

—————
23 미셸린 이사이, 조효제 옮김, 『세계인권사상사』, 길, 2005, 114쪽.

고 해도 그렇게까지 생각하지는 못할 것입니다. 여하튼 서양에서는 "유럽 이외의 사회와 문명의, 자위에 관한 정보의 대부분은 기담(奇談)과 스테레오타입에 속한다"[24]는 판단 정도가 있었다는 것만 언급해두도록 합니다.[25]

---

24 W. Davenfort, *Sex in Cross-Cultural Perspective*, F. A. Beach, 1976, p.152.

25 『동의보감』을 비롯한 동양의 의학 서적에서는 쓸데없는 사정으로 남성의 정기가 몸 밖으로 빠져나가면 양기가 부족하게 되어 심신이 허약해진다는 이유에서 남성의 자위를 금지했다. 『소녀경』과 같은 도교 계열의 방중술 책에서도 동침 중 특별한 경우가 아니면 사정하지 말라고 했다. 조선 후기 양반가에서는 신혼부부가 동침하는 횟수도 한 달에 한두 번으로 제한하는 풍습이 있었다. 그러나 한의학에서는 성인 남성이 오랫동안 성관계를 갖지 못할 경우 정액이 체내에 너무 많이 누적돼 양기의 흐름을 막는다고 생각하여 자위의 필요를 인정하기도 했다. 한의학에서는 몽정을 생명을 빼앗으려는 악귀의 소행으로 여겨 금기시한 반면 여성의 자위는 특별히 금지하지 않았다.

앞에서도 말했듯이 서양에서는 오나니라는 표현을 쓰고, 또한 그 말이 우리 백과사전에도 나오니 먼저 그 기원부터 살펴봅시다.[26] 『구약성서』의 「창세기」 38장 6~10절에 나오는 자위 또는 오난의 이야기는 다음과 같아요.

유다는 장남 엘을 다말이라는 여자와 결혼시켰는데 엘의 행위가 여호와께서 보시기에 악하므로 여호와께서 그를 죽이셨다. 그래서 유다는 오난에게 "네 형수와 잠자리를 같이하여 네 형을 위해 자식을 낳아주는 시동생의 의무를 다하라"고 하였다.[27] 그러나 오난은 아이를 낳아도 자기 자식이 되지 못할 것을 알고 자식을 낳아주지 않기 위해서 형수와 관계를 가질 때마다 잠자리에서 사정하였다. 그가 행한 일이 여호와께서 보시기에 악하므로 여호와께서는 그도 죽이셨다.[28]

---

26 『구약성서』가 언제 적 책이냐에 대해서는 논쟁이 있다. 유대교의 전통적인 견해는 기원전 1500년~400년 사이에 유대 민족의 구전 전승이 문자로 기록되었다고 주장하지만, 성서학계에서는 실제 문헌 작성 연대를 훨씬 뒤인 것으로 이해한다.

27 이는 고대 근동 지방의 일반적인 풍습으로 유대에서도 모세에 의해 성문법으로 정해졌다.

28 『현대인의 성서』, 생명의말씀사, 1985, 구약 55쪽.

그러나 이를 자위라고 볼 수 있는지 의문입니다. 오난은 여성과 성교를 하면서 사정을 질 밖에 한 것에 불과하기 때문인데요. 오난의 이야기에 대해 중세 신학자들도 두 파로 갈라졌습니다. 베네딕트를 비롯한 한 파는 오난이 자위를 하여 부부의 성적 의무를 교묘하게 회피한 것으로 보았고, 칼뱅을 비롯한 다른 파는 질외 사정을 한 것이라 보고 가계 전승을 막고 생명을 막은 이중의 의미에서 추악한 짓이라고 보았습니다. 오늘날에는 오난의 죄에 대해 그것이 자위행위 때문도, 질외 사정 때문도 아니고 형에게 자손을 잇게 해야 할 의무를 배신한 탓이라고 보는 것이 신학의 일반적인 견해입니다. 여하튼 오난이 자위의 원조라고 하는 식의 이야기는 불가능하고, 따라서 자위를 오나니라고 부르는 것에도 문제가 있습니다. 요컨대 오난과 자위는 아무런 관련이 없다는 뜻입니다. 그런데도 이렇게 부른 것은 1710년 『오나니 혹은 흉악한 자독죄(自瀆罪)Onania or the Heinous Sin of Self-Pollution』라는 책이 나온 뒤였습니다.

또 다른 성서의 근거로 언급되는 것은 역시 『구약성서』의 「레위기」 15장 1~17절에 나오는 다음 구절입니다.

누구든지 몸에 유출병이 있는 사람은 부정하다. … 만일 어떤 사람이 설정하면 그는 전신을 물로 잘 씻어야 한다. 그러나 저녁까지는 여전히 부정할 것이다. 정액이 묻은 옷

이나 침구는 모두 물에 빨아야 한다. 그러나 저녁까지는 이것도 여전히 부정할 것이다.[29]

위 구절에서 '유출병'이라는 것이 무엇을 말하는지는 정확하게 알 수 없어요. 히로요시는 그것이 자위인지, 조루인지, 중절성교를 말하는지 알 수 없다고 했지만,[30] 몸에서 '유출'되는 것은 그 밖에도 여러 가지가 있을 수 있으므로 이를 자위의 근거로 보는 것은 부당합니다. 일반적으로 자위와 관련된다고 보는 것은 16~17절인데요. 그중 '설정'이란 "성행위를 하지 않았는데도 정액이 흘러나온 경우"를 말하는데 그것에 자위가 포함된다고 해도 위 구절을 자위를 죄악시하는 규정이라고 보기는 어렵습니다.

또 하나의 근거라고 하는 것은 「신명기」 23장 9~11절입니다.

여러분이 싸우러 나가 진을 치고 있을 때는 모든 악한 일을 멀리 하십시오. 밤에 몽설하여 불결하게 된 사람은 진영 밖으로 나가 거기 머물러 있다가 저녁때쯤 목욕하고 해가 진 다음에 진영으로 돌아오도록 하십시오.[31]

위에서 '몽설'이라고 하는 것에도 자위가 포함될 가능성이 있으나,

29 같은 책, 구약, 163쪽.

30 이시가와 히로요시, 앞의 책, 212쪽. 유출이란 말이 '성스러운 것'이라고 하는 번역은 '성(性)적'이라는 것의 번역이겠지만 '성(聖)스러운 것'이라는 오해를 불러일으킬 수 있다.

31 같은 책, 구약, 277쪽.

47

그렇다고 해도 위 구절은 도덕적인 비난을 가하는 것은 아닙니다.

또 다른 성서적 근거로 논의되는 것은 「마태복음」 5장 28절에서 "누구든지 정욕의 눈으로 여자를 바라보는 사람은 이미 마음으로 그녀와 간음하였다"는 구절이지만, 이 구절도 반드시 자위와 연관된다고는 볼 수 없지요.

자위에 대한 또 다른 성서의 근거는 「고린도 전서」 6장 9~10절에 나오는 하늘나라에 들어가지 못하는 자의 하나가 '자위행위를 하는 자'라는 부분입니다. 그런데 이 부분은 보통 '탐색하는 자'로 번역되는 반면 『현대인의 성경』의 경우 "여자를 좋아하는 자"로 번역되어 있어서[32] 그야말로 황당무계하지요. '탐색하는 자'란 남색자에 의해 착취되는 대상을 말한다고 하는데, 그렇다면 바울이 자위를 범죄시한 것이라고 볼 수 없으니까요.

그 밖에도 성서에는 가령 「디모데후서」 2장 22절의 "또한 네가 청년의 정욕을 피하고 주를 깨끗한 마음으로 부르는 자들과 함께 의와 믿음과 사랑과 화평을 좇으라" 하는 구절이 자위와 관련하여 논의되었지만 사실상 관련이 없는 것들입니다.[33]

그러나 중세에는 물론 최근까지도 자위가 성서에 반한다고 보는 것이 기독교 내지 서양인의 생각입니다. 기독교가 지배한 서양 중세에서는 자위가 천벌을 면치 못하는 종교적인 중죄로 여겨졌어요.

---

32 같은 책, 신약, 272쪽.

33 그 밖에 「로마서」 1장 24절, 「고린도 후서」 12장 21절, 「데살로니가 전서」 4장 3~4절 등이 자위와 관련되어 논의되었다.

중세 신학을 집대성한 토머스 아퀴나스는 "육체적 관계가 전혀 없이 관능적 쾌락을 얻기 위해 사정하는 것은 자연에 반하는 죄이다"라고 말했고, 이는 그 뒤에 계속 여러 사람들에 의해 반복되었습니다. 심지어 14세기 말 프란체스코회의 수도사인 베네딕트는 "그 죄를 범하는 자가 유부녀와의 행위를 생각하거나 바라는 경우는 쾌락의 죄에 더하여 간통이 되고, 처녀를 바라는 경우에는 난행이 되며, 수녀를 바라는 경우에는 모독이 된다"고도 말했지요.

그러나 중세에 실제로 자위를 처벌하거나 규제한 사례가 어느 정도 있었는지를 우리는 알 수 없습니다. 16~17세기의 법학자들은 자위를 추방형이나 기타 특별형에 처해야 한다고 주장하기도 했지만 역시 실제로 처벌된 사례는 거의 볼 수 없거든요. 그러나 가톨릭에서는 지금도 여전히 자위를 중죄로 여깁니다.

인류 역사에서 자위가 언제부터 시작
되었는가 하고 묻는 것은 지극히 어리
석은 일입니다. 인류가 생긴 처음부터
시작되었다고 볼 수 있기 때문인데요.
고대 이집트의 '사자(死者)의 서(書)'에
자위를 죄악시하는 내용이 있다는 견
해가 있지만[34] 여기엔 그런 내용이 없
으므로 터무니없는 주장에 불과합니

사자의 서

다. 고대 그리스의 철학자 플라톤이 「고르기아스」에서 소크라테스
를 통하여 자위에 대해 말했다고 하는 주장도 역시 터무니없어요.
로마에서도 마찬가지였습니다.

마크 트웨인이 1879년 파리에서 자위를 옹호하는 연설을 하면서
호메로스가 『일리아드』 2권에서 "나에게 자위를 달라. 아니면 죽음
을!"이라고 외쳤고 로마에 와서는 카이사르가 『갈리아 전기』에서
"쓸쓸한 사람에게 그것은 좋은 친구, 버림받은 사람에게는 동료, 노

---

3 4 Karl Menninger, *Whatever Became of Sin?*, Bantam Books, 1978, p.37.

인과 임포텐츠 환자에게는 은인, 가난한 사람도 부자로 변할 수 있는 커다란 즐거움"이라고 했다는 이야기도 있지만[35] 모두 사실 무근입니다.

일반적으로 고대 그리스 사회에서 성의 자유는 상당히 넓게 인정된 것으로 보입니다. 그러나 사실 당대의 여러 철학 문헌에서 볼 수 있듯이 그 문화에서도 성에 대한 제한, 순결함, 절제는 미덕으로 간주되었어요. 그리스 시대에도 성 문제는 도덕적 관심의 대상이었습니다. 무분별한 쾌락의 남용과 성적 방종은 자유로운 시민 사회에서 비난받았지요. 그러나 고대 그리스 사회의 성 문화는 기독교의 성 문화와는 근본적으로 달랐습니다. 그것은 먼저 성적 쾌락을 절제하는 이유에서 나타나는데요. 기독교에서는 성적 쾌락의 추구를 악과 결부시켰고 이에 따라 성행위의 관리는 외부 규칙들과 가치들의 실현을 의미한 반면, 고대 그리스에서 성은 자연과의 관계에서 파악되어 과잉, 무절제한 성, 수동적 성은 부도덕한 것으로 여겨졌습니다.

이러한 고대 그리스에서 공개적으로 자위를 한 철학자가 있었으니, 바로 기원전 4세기에 살았던 고대 그리스의 철학자 디오게네스입니다. 디오게네스는 탁월한 지혜를 통해서만 인간이 행복을 찾을 수 있고, 그러한 지혜는 적게 소유하는 것으로부터 얻어진다고 설법했는데요. 이에 따라 그는 모든 것을 버리고 술통을 집으로 삼아 생활했습니다. 이러한 그의 가르침과 실천은 한편으로는 그를 기인

---

35 이시가와 히로요시, 앞의 책, 124쪽.

디오게네스(우)
무명 화가가 그린 테베의 크라테스(좌)

으로 취급하게 했고, 다른 한편에서는 세인의 존경을 받게 했지요.

디오게네스 라에르티오스에 따르면 디오게네스는 세상에서 훌륭한 것은 "무엇이든 할 수 있는 것"이라고 했습니다.[36] 번역서에는 이 말 옆에 '언론의 자유'라는 해석이 병기돼 있는데, 이런 해석은 문제가 있어요. 왜냐하면 디오게네스가 말한 "무엇이든 할 수 있는 것"은 식사와 성교를 포함한 모든 것을 공개적으로 당당하게 하는 것[37]을 뜻하는 것으로 보이기 때문입니다. 즉 디오게네스에게 자유는 모든 것을 공개적으로 하는 것이었어요.[38] 그러나 그것이 방종한 욕망의 발산을 뜻하는 것은 아니었습니다. 오히려 디오게네스는 "열악한 인간은 욕망을 섬기"는 자들이라고 했거든요.[39]

디오게네스는 바로 그런 관습적 태도를 비판한 것이라고 푸코는 보았습니다. 기존의 가치와 관습을 버릴 것을 세상 사람들에게 각성시킨 것이지요. 가령 사랑이 나쁜 것이 아니고 자연스러운 것이라면 공공연하게 사랑을 나눈다고 해서 나쁠 게 없다는 것이 디오게네스의 생각이었다는 것입니다.

디오게네스는 자신의 성적 욕망을 충족시킬 필요를 느끼는 경우에는 광장에서 자위행위를 했고 그의 제자 크라테스는 공개적으로

---

36 디오게네스 라에르티오스, 『그리스 철학자 열전』, 전양범 옮김, 동서문화사, 2008, 376쪽. 이 책은 고대 그리스 철학자들에 대한 가장 오래된 문헌으로 기원후 3세기경 디오게네스 라에르티오스가 쓴 것이지만, 여러 가지로 의문점이 많은 책이다.

37 같은 책, 376쪽.

38 박홍규, 『디오게네스와 아리스토텔레스』, 필맥, 2011, 180쪽.

39 같은 책, 375쪽.

성행위를 했다고 하는데, 이런 그들의 행위를 단순히 반도덕적인 행위로만 보아서는 안 될 것입니다. 푸코는 『성의 역사』 제2권 『쾌락의 활용』에서 이렇게 말해요.

도발은 사실상 그것이 공공연하다는 특성에서 비롯된다. 이것은 그리스에서는 모든 관습에 대립되는 것이었다. 사람들은 사랑을 밤에만 해야 하는 이유로 시선을 피해야 할 필요성을 든다.[40]

디오게네스는 자위행위가 성적 욕망을 충족시켜주듯이 배고픔을 해결할 수 있는 '자위행위 같은 것'이 있으면 좋겠다는 생각도 했나 봅니다. 그는 개라는 소리를 들었어도 배설행위를 공공연히 하지는 않았으나 자위는 식사처럼 당당하게 했다고 해요. 인간도 동물일 뿐이라는 점을 강조한 것이기도 합니다.

고대 로마의 의사 갈레노스(Claudius Galenus, 129~199?)에 의하면 디오게네스는 절제를 무엇보다도 중요하게 생각했으나, 사정이 초래하는 쾌락을 추구하는 것이 아니라 분출되지 못한 정액이 초래하는 지장을 없애고자 자위

40 미셸 푸코, 『성의 역사』, 제2권 『쾌락의 활용』, 문경자·신은영 옮김, 나남, 1990, 68쪽. 이 책에는 번역의 오류가 많다. 단적으로 디오게네스와 디오게네스 라에르티오스를 구별하지 못하고 혼동하고 있다(69쪽).

를 했다고 합니다. 디오게네스는 어느 날 고급 창녀를 불렀는데 그녀가 오지 않자 자위를 했어요. 뒤에 창녀가 오자 그는 그녀에게 "내 손이 너보다 먼저 와서 계약을 맺었다"고 했답니다.

갈레노스는 정액이 분출되지 않으면 위험하다고 생각했어요. 갈레노스파는 16~17세기 의학의 주류였고, 다른 학파들도 자위가 건강에 유해하다고 주장하지 않았습니다. 의사로서 자위가 나쁘다고 주장한 자들은 17세기 후반에 등장합니다. 앞에서 본 신학적 논의를 제외하면 18세기까지 자위를 나쁘다고 보는 사람은 없었던 것이지요.

이처럼 이미지와 욕망에 사로잡히지 않고 필요에 의해서만 이루어지는 자위가, 기독교 수도원 제도를 거치며 가장 망상적이고 쾌락적인 것으로 전락합니다. 의미적 행위만이 인정되는 기독교 문화에서, 자위는 가장 잉여적인 것이기 때문에 죄악으로 취급된 것이었습니다.

클라우디오스 갈레노스

_티소, 디드로, 칸트의 자위관

앞에서 본 『에밀』은 1762년에 출판되었는데요. 그 2년 전인 1760년에 스위스 의사인 티소(Samuel-Auguste Tissot, 1728~1799)라는 사람이 자위를 격렬하게 비판한 『오나니즘L'Onanisme』이라는 책을 썼습니다.[41] 그는 1온스의 정액 낭비가 40온스 이상의 혈액 손실과 맞먹는다 하면서 자위를 코피 출혈에서 정신병에 이르는 만병의 근원이라고 주장합니다.

티소의 '오나니즘' 타이틀 페이지

티소는 이 글에 나오는 어떤 사람과 달리 자위에만 관련되는 의사입니다. 그의 책은 1905년까지 판을 거듭했고 그 뒤에도 계속 나왔는데요. 이를 19세기 전후로 자위행위가 증가했다는 것과 관련되었다고 보는 견해도 있지만 실제로 그러한 증가 현상이 있었는지는 역사적으로 증명되지 않았습니다.

여하튼 그 원인은 종래의 공동 공간 생활이 사적 공간 생활로 바뀌고[42] "늦어지는 결혼 시

───── 41 이 책에 대해서는 이시카와 히로요시, 앞의 책, 24~45쪽 참조.

기, 도시 중심에 형성된 독신자들의 게토, 농촌 사회에 만연했던 여러 가지 전통적인 혼전 성관계의 쇠퇴, 남자들의 기숙생활 증대, 침실과 개별 침대의 진전, 그리고 성병에 대한 두려움의 강조 등", "개인을 찬양하고 개인의 내적인 대화를 고양하는 경향을 지닌 모든 것", "위반 행동에 대해 느끼는 매력, 핑계를 대고 죄를 짓는 데 대한 즐거움이라는 요소", "성적인 만족을 느끼지 못하는 기혼 여성들에게는 애인을 취할 경우 생기는 '골칫거리' 없이 만족을 느끼고 또는 복수를 할 수 있는 수단이 되었던 것" 등으로 논의되었어요.[43]

자위행위에 대한 의사들의 비난은 "'상실'에 대한 환상, 모든 소비를 잘 관리해야 할 필요성, 그리하여 건전한 정액 관리 체계를 세워야 할 필요성에 근거하"여 "남성의 자위행위는 남성의 급격한 쇠퇴를 초래한다고 역설"[44]되었습니다. 즉 "노동에 필요한 활력을 상실해버리지 않을까 하는 두려움"이었고 특히 여성이 혼자서 쾌락을 느낀다는 것을 혐오하여 악덕으로 간주했던 거예요.

이에 따라 끔찍한 방법의 감독이 만연해집니다. 가령 기숙학교 내부에서는 수녀가 기상과 취침의 '절제'를 감독하고 낮에도 아이를 혼자 내버려두지 않았어요. 아이들은 침대의 열기와 습기를 피하고, 털이불이나 너무 많은 담요를 덮지 말 것을 권유받았으며, 여

───── 42 필립 아리에스, 조르주 뒤비 책임 편집, 미셸 페로 편집, 전수연 옮김, 『사생활의 역사』, 3권, 새물결, 2002, 280쪽.

43 필립 아리에스, 조르주 뒤비 책임 편집, 미셸 페로 편집, 전수연 옮김, 『사생활의 역사』, 4권, 새물결, 2002, 628쪽.

44 같은 책, 629쪽.

16~17세기로 추정되는 비너스의 정조대
(CC BY-SA 3.0).
18세기 초부터 1930년대까지
아이들의 자위행위를 방지하기 위한
도구로 쓰였다는 사실 및 메이드들이
성폭행을 당하지 않기 위해
사용되었다는 사실이 확인되고 있다.

『Bellifortis』에 나온 그림.
이 책은 15세기 초엽
콘라드 카이저가 지은 것으로
당대의 군사 기술에 관한
내용이 실려 있다.
정조대를 처음 언급한
서양 문헌으로 알려졌다.

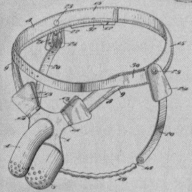

18세기 초~1930년대까지 서양 의학에서는 자위
행위를 부정적으로 생각했다. 그 기간 동안 발행된
각종 의학 저널에는 아동과 청소년의 자위행위를
막기 위한 정조대 사용에 관한 여러 언급들이 나
오는데, 미국 특허청에서 당시 자위행위를 막기 위
해 고안된 각종 도구의 디자인들을 찾아볼 수 있다

학생의 경우엔 승마나 재봉틀 작업까지 비판받았습니다. 화장실 문에 홈을 파서 화장실 안의 자세를 감독했고, 심한 경우 수갑이나 멜빵 또는 다리 사이에 끼우는 도구가 사용되거나 요도나 클리토리스 및 외음부 소훼 수술을 하기도 했습니다.[45] 19세기에는 자위 욕망을 억제하는 신체적 속박 수단과 식품이 개발되기도 했습니다. 축구를 권장한 것과 콘플레이크가 그 대표적인 것이지요.

여하튼 루소가 티소의 책을 읽었을 가능성은 있었지만 실제로는 읽지 않았습니다. 1762년 티소는 루소에게 그 책을 보냈고 루소는 티소에게 보낸 편지에서 그 책을 일찍 읽지 못한 것이 유감이라고 썼거든요. 그러나 루소는 티소 책보다 먼저 1715년 런던에서 나온 『오나니아*Onania*』의 영향을 받았습니다.[46] 그 책도 자위행위를 격렬하게 성토한 것이었어요.

볼테르
루소와 마찬가지로 계몽주의자로 꼽히는 볼테르와 디드로도 예외가 아니었습니다. 1764년부터 나오기 시작한 볼테르의 『철학사전』이나 1769년에 나온 디드로의 『달랑베르의 꿈』에 나오는 자위 이야기는 루소의 경우와 달리 티소의 영향을 분명히 받았습니다.

볼테르(Voltaire, 1694~1778)는 그의 『철학사전*Dictionnaire philosophique*』(1764)에 티소의 견해를 거의 그대로 실었어요. 이 책은 지금 우리

---

45 같은 책, 630~631쪽.

46 이 책에 대해서는 이시카와 히로요시, 앞의 책, 15~24쪽 참조. 김종갑은 『성과 인간에 관한 책』(바른, 2014, 167쪽)에서 그 저자가 존 마튼(John Marten)이라고 하고 출판 연대가 1712년이라고 하지만 의문이다.

주변의 '철학사전'과 전혀 다르게 주로 로마 가톨릭교회를 비판하여 결국 파리 고등법원에 의해 소각되고, 작가에 대해서는 경망하고 부패하고 파렴치하고 맹수 같은 사람이라는 비난을 받게 했지만, 티소와 같은 반자위의 주장까지 실었던 것을 보면 볼테르의 이 책은 인기에 치우친 사전이라는 느낌을 줍니다. 마찬가지로 디드로(Denis Diderot, 1713~1784)는 그의 소설 『달랑베르의 꿈*Le rêve de D'Alembert, dialogue*』에서 자위가 유익하다고 하는 것은 반사회적 행위의 죄라고 규탄했어요. 먼저 자위에 대한 변명을 들어볼까요?

혼자서 하는 행위들은 남들과 상관없다는 점 때문에도 그렇고 무익하지 않다는 점 때문에 개인에게 즐거움을 가져다주지요. 그것은 하나의 필요이지요. 사람들이 필요에 의해 그러한 행위를 하지 않을 수 있다면 그것은 언제나 기분 좋은 그 무엇입니다. …그런데 우리가 사는 사회와 같은 곳에서는, 특히 젊은 사람들에게 관능적인 욕구나 엄격한 금욕에서 생겨나는 부정적인 결과는 생각하지 않더라도, 한 가지 행위에 대해 백 가지의 타당한 이유들이 있을 수 있지요. 재산이 없다든지, 남자들이 쓰라린 후회를 겁낸다든지, 여자들이 불명예를 두려워한다든지 하는 것들 때문에, 우울함과 권태로움으로 죽어가는 한 가련한 여성이나, 누구에게 말을 붙여야 할지도 모르는 한 불쌍한 녀석이 파렴치한 방식에 자신을 내맡기게 만드는 것입니다.[47]

47 드니 디드로, 김계영 옮김, 『달랑베르의 꿈』, 한길사, 2006, 205쪽.

위의 인용에서 '파렴치한 방식'이라고 한 것은 'façon du cynique'[48]의 번역으로 '키니코스파와 같은'으로도 번역될 수 있습니다. 즉 디오게네스와 같은 자위를 말하는 것인데요. 디드로는 그런 차위를 금해야 할 이유를 다음과 같이 말하면서도 그것을 거부하는 이유를 덧붙입니다.

여러 가지 상황들이, 내게서 상상할 수 있는 가장 큰 행복, 내가 마음으로 선택한 여인의 감관과 남의 감관을 한데 뒤섞고, 나의 흥분과 그녀의 흥분을, 그리고 나의 영혼과 그녀의 영혼을 뒤섞는 행복, 그리고 그녀와 함께 그녀 속에서 내가 번식할 수 있는 행복을 금하기 때문에, 유용성이라는 이름으로 나의 행위를 정당화할 수 없기 때문에, 필연적이고 감미로운 한순간을 나 스스로 금해야 한다는 말입니까? … 자연은 어떤 무용한 것도 허용하지 않습니다. 자연이 명백한 증상들을 통해 나의 도움을 요청할 때 내가 도와주는 것이 어떻게 죄가 될 수 있을까요? 절대 그 분비액이 나오도록 자극하지 맙시다. 그렇지만 경우에 따라서 그것을 도와줍시다.[49]

그러나 디드로의 주인공은 자기의 견해를 공언하고자 하지 않습니다. "어쨌든 이러한 원칙들을 폭로한다는 것은 모든 정숙함을 경멸하는 것이고, 가장 추악한 의심을 사게 되는 일이며, 사회 모독죄

48 Denis Diderot, *CEuvres*, Gallimard, 1951, p.937.
49 디드로, 앞의 책, 206쪽.

를 저지르는 일이 될 것입니다",[50] "…나는 내 이론을 실천한다고 여겨지는 사람들을 보고 길에서 모자를 벗어 경의를 표하지는 않을 겁니다. 사람들이 그를 파렴치한 인간으로 불러주는 것으로 족합니다"[51]라고 말이지요.

티소의 영향은 독일에서도 엄청났어요. 철학자 칸트(Immanuel Kant, 1724~1804)도 예외가 아니었습니다. 1803년에 낸 『교육학강의*Über Pädagogik*』에서 칸트는 다음과 같이 말합니다.

자기 자신에게로 향하는, 관능적 쾌락을 추구하는 육욕 또는 성적 욕구(그리고 이 욕구를 충족시키는 자위행위)보다 더 심하게 인간의 육체와 정신을 약화시키는 것은 아무것도 없다. 이러한 자기 자신에게로 향하는 성적 욕구는 인간의 본성에 완전히 배치하는 것이다. 그러나 어른들은 인간이 자기 자신에게로 향하는 성적 욕구를 가지고 있다는 사실을 청소년에게 숨기지 말아야 한다. 어른들은 청소년들에게 자기 자신에게로 향하는 성적 욕구가 매우 혐오스러운 것이라는 점을 분명히 밝혀야 한다. 따라서 어른들은 청소년들에게 자기 자신에게로 향하는 성적 욕구가 인간의 종족 번식에 전혀 도움을 주지 않는다는 점을, 자기 자신에게로 향하는 성적 욕구가 청소년의 신체적 힘을 가장 크게 망가뜨릴 것이라는 점을, 청소년이 이런 자기 자신에게로 향하는 성적 욕구 때문에 일찍 늙게 될 것이라는 점을, 그리고 자기 자신에게로 향하는 성적 욕구가 청소년의 정신을 매우 심하게 약화

---

50 같은 책, 207쪽.

51 같은 책, 208쪽.

시키기 때문에 그의 정신이 고통을 겪을 것이라는 점 등을 말해주어야 한다.[52]

그렇다면 자위를 극복할 수 있는 방법은 무엇일까요?

인간은 어떤 일에 꾸준히 전심전력하여 몰두함으로써 그리고 필요 이상의 시간을 침대에서 머물며 노는 데 또는 침대에서 잠자는 데 바치지 않음으로써 청소년기부터 느끼기 시작하는 이러한 성적 욕구와 욕망으로부터 벗어날 수 있다.[53]

칸트는 자위행위를 다른 이성과의 성관계에서 빚어지는 악보다도 더 큰 악이라고 하면서 다음과 같이 주장했습니다.

청년기에 접어든 청소년이 다른 여성과 성관계를 갖는 것과 자위행위를 하는 것 가운데 한 가지를 선택해야 한다면, 다른 여성과 성관계를 갖는 것이 자위행위를 하는 것보다 더 바람직하다.[54]

자위행위는 자연에 반하는 것이지만 이성과의 성관계는 자연에 합치되는 행위라는 이유에서죠. 그래서 다음과 같이 말합니다.

결혼을 하지 않아 2세를 낳지 않고 2세를 교육하지 않는 사람은 (자연의 질서와

---

52 칸트, 조관성 옮김, 『칸트의 교육학강의』, 철학과현실사, 2001, 194~195쪽.
53 같은 책, 195쪽.
54 같은 책, 196쪽.

대조되는) 시민 사회의 질서를 위반하는 셈이다.[55]

이렇게 칸트가 결혼에 반하는 행위로 자위를 강조한 점은 19세기 서양 사회문화의 반영이라고 할 수 있겠지요. 칸트는 성적 쾌락이 도덕적으로 금지된다고 주장하지는 않았지만 성적 쾌락의 도덕적 의미를 새로운 인간의 생식에서만 찾았답니다. 즉 인류가 멸망하지 않기 위해 보호받고 양성될 새로운 인간을 창조해야 한다고 보았어요. 따라서 생식과 무관한 자위와 같은 성적인 자기만족을 위한 모든 행위는 비도덕적이고 금지된다고 말했어요.

이러한 생각은 톨스토이의 경우에도 마찬가지였어요. 톨스토이는 루소의 영향을 크게 받았지만 성 문제에서는 칸트처럼 상당히 엄격했어요. 그래서 자위에 대해 거의 언급하지는 않는데요. 예외적으로 톨스토이는 『크로이처 소나타』에서 다음과 같이 16세 주인공의 자위 경험에 대해 말하는 듯하지만 반드시 그런지는 알 수 없습니다.

나의 고독은 순정한 것이 아니었습니다. 또래 사내아이의 99퍼센트가 그랬듯이 나 또한 괴로워하고 있었습니다. 나는 겁을 내고 있었고 고통을 견뎌내고 있었으며 기도하다가 쓰러지기도 했습니다. 나는 이미 상상으로나 실제로나 타락했지만 다른 사람에게 의지할 정도는 아니었습니다.[56]

———— 55 같은 책, 197쪽.
     56 레프 톨스토이, 고일·함영준 옮김, 『중단편전III』, 작가정신, 2010, 260쪽.

『크로이처 소나타』(제네바, 1901)(우)
톨스토이의 소설에서 영감을 얻은 그림 「크로이처 소나타」
(르네 프랑소아 자비에 프리네, 1901)(좌)

_프로이트 vs. 엘리스

앞에서 말했듯이 프로이트(Sigmund Freud, 1856~1939)는 1905년에 발표한 『성욕에 관한 세 편의 에세이*Drei Abhandlungen Zur Sexualtheorie*』에서 어린이가 본래 성 충동을 갖고 태어나며 자위에 의해 처음으로 성과 관련된다고 주장하여 엄청난 사회적 충격을 주었습니다. 그는 앞서 1899년에 발표한 『꿈의 해석』에서는 어린이가 성적 욕망을 모르기 때문에 유년의 행복이 찬양된다고 했는데, 이제 유아기부터 성욕을 갖는다고 주장하여 사람들에게 강력한 항의를 받게 된 것이지요.

앞에서 말한 '세 편의 에세이' 중에서 자위를 다룬 것은 유아기 성욕에 대한 두 번째 에세이였습니다. 그 글에서 그는 유아의 자위를 세 가지 단계로 서술해요. 즉 첫째는 젖 먹는 상황과 연결된 유아, 둘째는 3~4세, 셋째는 사춘기로서 우리가 보통 자위라고 하는 것은 셋째 단계에서 일어난다는 것입니다. 프로이트는 최초의 자위에 대해 다음과 같이 말했어요.

나중에 설명하게 될 이유들로 나는 엄지손가락 빨기(또는 감각적인 빨기)를 아동기 성 표현의 예로 삼으려 한다. …감각적인 빨기는 완전한 주의 집중이 필요하며, 잠이 오게 하거나 심지어는 오르가즘의 성질을 지닌 운동 반응으로까지 나아간다.

이것은 흔히 가슴이나 외음부 같은 신체의 민감한 부분을 문지르는 행동과도 결합된다. 많은 아이들이 이러한 과정을 거쳐 빨기에서 수음으로 진행한다.[57]

이렇게 인간은 자위를 통해 처음으로 성과 관련을 맺는다는 것입니다.[58] 프로이트는 초기부터 후천적 신경쇠약은 자위로 인한 피로나 질외 사정 등이 원인이라고 보았고 건강한 성을 위해서는 성병 예방, 그리고 자위의 대안으로 젊은 미혼 남녀 사이의 '자유로운 성교'가 필요하다고 주장했습니다.[59] 그리고 자위에 따르는 죄의식의 원인을 오이디푸스 콤플렉스에서 찾았어요. 그러나 이에 대해서는 비판이 많아요. 도리어 앞에서 보았듯이 성에 대한 사회·문화적인 분위기 및 관념이 자위와 관련한 죄의식을 조장했다고 보아야 합니다. 서양의 경우 그것은 물론 기독교였겠지요.

위에서 본 『성욕에 관한 세 편의 에세이』의 연구 성과를 요약한 것이라고 하는 「문명적 성도덕과 현대인의 신경병」이라는 1908년 논문에서 프로이트는 자위가 도덕적 품성을 타락시킨다고도 주장했습니다.

57 지그문트 프로이트, 김정일 옮김, 『성욕에 관한 세 편의 에세이』, 열린책들, 1996, 294쪽.

58 피터 게이, 정영목 옮김, 『프로이트』 1권, 교양인, 2011, 293쪽.

59 같은 책, 143쪽.

구스타프 모로의 「스핑크스와 오이디푸스」

첫째, 자위행위는 온힘을 쏟지 않고도 손쉽게 목적을 달성하는 법을 사람들에게 가르친다. 다시 말해서 자위행위는 '성욕이 행동양식을 규정한다'는 원칙에 따르고 있다. 둘째, 성적 만족에 따르는 환상 속에서는, 쉽게 찾아볼 수 없을 정도로 뛰어난 장점을 지닌 이상적인 인물이 성적 대상으로 나타난다.[60]

프로이트는 성의 해방자로 알려져 있지만 위의 언급을 보면 정말 그렇게 볼 수 있는지 의문이에요. 특히 그는 자위가 신경쇠약의 원인이고 그것을 그만두면 불안신경증의 원인이 된다고 했습니다. 자위를 터부시한 그는 요도에 관을 삽입한 뒤 찬물을 흘려보내 생식기를 차갑게 만들어 욕구를 없앨 수 있다고 믿기도 했어요. 프로이트가 결혼한 여성이 자위행위를 하는 것은 부도덕한 것이며, 불결한 행위라 보았으므로 프로이트를 추종했던 마리 보나파르트는 프로이트의 말처럼 자위행위를 부도덕적인 행위로 간주하고 자신의 클리토리스를 절개하는 수술을 받은 최초 여성으로 기록되었습니다.

프로이트의 주위에 모인 빈의 국제정신분석학협회 회원들은 자위를 중요한 연구 테마로 삼았어요. 그들은 자위가 유해한지 무해한지에 대해 의견을 달리했습니다. 대부분은 무해하다고 보았으나 프로이트는 유해하다고 보았는데요. 그 이유로 그는 다음 세 가지를 들었습니다.

첫째, 자위는 신경장애, 특히 신경쇠약을 초래할 수 있다고 했어요. 프로이트가 신경증의 원인으로 문제 삼은 것은 자신의 과오에

─────── 60 지그문트 프로이트, 김석희 옮김, 『문명 속의 불만』, 열린책들, 1997, 30쪽.

대한 공포 때문에 자위를 하는 자의 불안과 고뇌가 아니라, 육체적인 몸의 구조였습니다. 하지만 그는 그 관계가 아직 충분히 해명되지 않았음을 인정하면서(그는 '성적 만족의 과잉과 부적절한 성질이 동시에 작용하는 미지의 구조'에 대해 말합니다), 자위와 신경증은 관계가 있다고 주장했지요.

둘째, 육체적인 차원에서 자위는 '통상의 성적 능력의 저하'를 초래할 가능성이 있다고 보았어요. 이 점에 대해 프로이트는 개인적인 의료 경험을 말하면서 자위의 결과 성적 능력이 영속적으로 쇠퇴하는 것을 배제할 수 없다고 주장했습니다.

셋째, 심리적 차원에서 자위는 가장 심각한 영향을 초래한다고 보았습니다. 그 어떤 육체적 피해보다 더욱 광범위하고 명백하게 말이지요. 가령 "욕망과 만족의 연결과 외부인의 관여를 피하고자 하여 생기는 성격의 변화", "타인과의 관계의 중단, 자위는 반사회적 행위이고, 개인을 사회와 대립시킨다는 것", "상상의 생활을 현실보다 우위에 두는 것. 기타 다른 많은 기능에 대해서도 그 우위를 인정하는 것", "상상에 의해 손상당한 개인이 자신을 결코 만족시켜주지 못하는 현실에 대하여 품는 과도한 요구", "성관계보다도 생활, 특히 부부생활을 중시해야 한다는 제한에 개인이 참을 수 없게 되는 것을 피하기 어렵다는 것", "자위는 모든 점에서 유아의 조건을 유지하는 것에 필적한다는 것, 자위의 기본적인 심리적 유해성은 여기에 있고, 그래서 자위행위자는 자신이 사랑하고 존경하는 사람과 성관계를 맺을 수 없고, 경멸하는 사람과 성관계를 맺을 수 있게 된다는 것" 등입니다.

그러나 프로이트는 자위에는 장점도 있다고 했습니다. 즉 "성적 만족을 주고, 다른 병을 야기하는 성적 긴장을 풀어주며" 전염병의 위험을 막아준다고 보았던 거예요. 나아가 자위가 초래하는 성적 능력의 감소와 연결된 공격성의 쇠퇴는 사회생활에도 유용할 수 있다고 했습니다. 즉 문명이 필요로 하는 성의 절도를 조장하기 때문이라고요. 반면 완전한 성적 능력을 갖는 자는 정조를 유지하기 어렵다고 보았습니다.

그럼에도 프로이트는 자위의 피해를 강조한 사람입니다. 그와 반대로 자위의 무해론을 주장한 대표적인 정신분석의는 프로이트의 제자였다가 1910년부터 갈라선 스테켈(Wilhelm Stekel, 1868~1940)이

빌헬름 스테켈

었습니다. 그는 『오토 에로티즘-자위와 신경증에 대한 정신의학적 연구』(1923)에서 자위가 신경증의 원인이 아니라 도리어 자위를 중단하면 신경증에 걸린다고 보았어요. 즉 자위를 그만두면 삶의 의지에 지장을 두는 경우가 많다고 했습니다. 결국 자위는 정신적 및 육체적 위험을 초래한다는 주장은 무지한 의사의 상상력이 나은 것에 불과하다는 것이지요.[61]

---

61 스테켈은 D. 셀린저의 『호밀밭의 파수꾼』에 인용된 다음 문장으로도 유명하다. The mark of the immature man is that he wants to die nobly for a cause, while the mark of the mature man is that he wants to live humbly for one. 이를 "미성숙한 인간의 특성은 대의명분을 위해 고결하게 죽기를 바라는 경향이 있다는 것이다. 반면 성숙한 인간의 특성은 동일한 상황에서 묵묵히 살아가기를 원한다는 것이다."(민음사 판)라고 번역하지만 뒷부분의 "동일한 상황에서"는 "대의를 위해"라고 고쳐야 진보주의자였던 스테켈의 사상이

스테켈보다 더 중요한 성 심리학자는 영국의 엘리스(Havelock Ellis, 1859~1937)입니다. 자위를 '오토 에로티즘'이라고 부른 사람도 엘리스였지요. 그는 1933년에 낸 『성의 심리학:학생을 위한 안내*Psychology of Sex:A Manual For Students*』에서 자위를 지극히 평범한 인간의 행동이라고 하면서 남성의 90퍼센트 이상이 자위를 한다고 보고했습니다. 또한 자위는 더 이상 정신 이상의 원인이 아니라고도 주장했습니다.

해브록 엘리스

청소년의 자유로운 성관계를 주장했다가 추방당하다
_라이히

빌헬름 라이히(Wilhelm Reich, 1897~1957)는 마르크스와 프로이트의 사상 통합을 시도했던 좌파 심리학자이자 정신분석학자입니다. 그러나 그 통합은 최근 우리 사회에서 회자되는 통섭이라는 것이 현존 가치나 사회의 강화를 목표로 하는 것과 달리 현존 가치나 사회의 해체를 목표로 삼은 것이었어요. 따라서 마르크스주의는 기계론이라는 점에서, 프로이트주의는 문화론이라는 이유에서 비판하면서 그것들이 추구한 계급 해방과 욕망 해방을 새롭게 추구했지요.

비엔나 외래진료소 멤버들, 1922.
앞줄 왼쪽에서 다섯 번째 사람이 빌헬름 라이히다.

라이히는 "열네 살 때부터 열여덟 살 사이에 자위와 섹스를 번갈아 했다"고 하고 이어 열한 살 때 첫 경험을 했다고 논문에 썼지만 사람들에게는 열세 살 때 첫 경험을 했다고 말했습니다.[62] 이 사실을 굳이 소개하는 이유는 그가 자라난 20세기 초엽의 폴란드 남부 시골은 당시 우리나라 시골 이상으로 보수적인 곳이었는데 어떻게 성적으로 그렇게 자유로울 수 있었을까 하는 의문 때문입니다. 사실 지금 한국에서도 불가능한 일이 아닌가요?

여하튼 그런 경험 때문만은 아니겠지만 그가 스물다섯 살 때 처음 쓴 논문은 「자위 형태의 특이성Über Spezifität der Onanieformen」 (1922)이라는 것이었습니다. 그 논문에서 그는 어느 환자에게서도 자위의 경우 "성행위에서 쾌감을 경험하는 환상이 수반되지 않았다"고 했습니다.[63] 이어 그는 아동의 성적 충동에 대해 연구하면서 아동의 자위에 대해 부모와 교육자가 벌을 내리거나 벌을 내리겠다고 위협하는 경우가 비일비재하다고 지적하고, 그 반대로 아동의 자위를 인정해야 오이디푸스 콤플렉스가 줄어든다고 주장했지요.

그가 이러한 주장을 하게 된 데에는 말리노프스키(Bronislaw Malinowski, 1884~1942)의 『멜라네시아 북서부 미개 사회의 성생활 The Sexual Life of Savages in North Western Melanesia』이 1929년에 나왔다는 점과 깊이 관련됩니다. 이 책은 성 억압은 사회적인 기원을 가지며, 생물학적인 기원을 갖지 않는다는 점을 분명히 밝히는 풍부한

———— 62 마이런 섀라프, 이미선 옮김, 『빌헬름 라이히』, 양문, 2005, 81쪽.
    63 같은 책, 137쪽.

자료를 담고 있었는데요. 즉 프로이트가 모든 인간에게 있다고 본 오이디푸스 콤플렉스가 그곳 사람들에게는 전혀 없다는 것입니다.

브로니슬라브 말리노프스키

트로브리안드 어린이들은 성 억압과 성 비밀을 몰랐다. 그곳 어린이의 성생활은 모든 생애의 단계를 통해 자연스럽고 자유롭게, 그리고 충분한 성만족과 함께 방해받지 않고 발달되었다. 그래서 그곳에서는 어떤 성 도착도, 어떤 기능적 정신병도, 어떤 정신신경증도, 어떤 치정 살인도 없었다. 그들은 도둑질이란 말을 몰랐다. 그들 사회에서 동성애와 자위는 성 만족의 불완전하고 부자연스러운 수단으로 정상적인 만족을 경험할 수 있는 능력이 저해되었다는 증거로 여겨졌다.

그러나 트로브리안드 섬에서 몇 마일 떨어진 암플레트 섬에는 가부장적이고 권위주의적인 가족제도를 지닌 부족이 살았다. 유럽의 신경증 환자들이 지닌 모든 특징(불신, 불안, 신경증, 자살, 도착 등)이 이미 이 섬의 사람들에게서는 분명히 나타났다.

따라서 라이히는 성 억압이 사회·경제적인 기원을 갖는 것이지 생물학적인 기원을 갖는 것이 아니라고 주장합니다. 성 억압은 일본, 중국, 인도 등에서 분명하게 찾을 수 있는 권위주의적-가부장적인 문화와 경제적 노예제의 근거를 마련하는 기능을 지녔습니다. 성생활의 측면에서 볼 때 인류의 원시 시기는 자연적인 사회성의 근거가 되는 자연법칙을 따랐고요. 그러나 4,000~6,000년에 이르는 그간의 권위주의적인 가부장제의 시기는 자연스러운 성 에너지를 억압함으로써 오늘날 사람들에게서 볼 수 있는 2차적이고 도착적이며 왜곡된 병든 성을 생산해왔습니다.

수천 년 동안 자신의 생물학적 근본 법칙을 부정하도록 강요받았고 이러한 부정의 결과 반자연적이고 2차적 본성을 획득해온 인류는 생물학적 근본 기능을 회복하길 원하면서도 동시에 그것을 두려워할 때 비합리적인 광란에 빠질 수밖에 없다고 라이히는 보았던 것입니다.[64]

이러한 라이히의 관점에서 나온 그의 자위관을 살펴볼게요. 라이히는 1930년에 낸 『성 혁명』에서 그가 역사상 처음으로 "청년들의 성의 곤궁이 단지 금욕 요구에서 시작된, 기본적으로 순전히 사회적 문제라는 것"을 밝혔다고 주장했습니다.[65] 이어 사춘기 갈등에 대해 다음과 같이 말했어요.

모든 형태의 사춘기 갈등과 사춘기 신경증이란 현상은 열다섯 살경의 완전히 성적으로 성숙한 현실 및 그와 더불어 성교를 하려는 생리적 필요성, 아이를 임신하고 출산할 수 있는 능력과, 이 연령에서 성교를 위한 법적인 틀인 결혼을 할 수 없는 경제적이고 구조적인 불가능 사이에 모순이 존재한다는 사실에서 생긴다.[66]

———— 64 빌헬름 라이히, 윤수종 옮김, 『오르가즘의 기능』, 그린비, 2005, 268쪽.

65 빌헬름 라이히, 윤수종 옮김, 『성 혁명』, 중원문화, 2010, 154쪽.

66 같은 책, 155쪽.

라이히에 의하면 "사춘기의 곤궁이 가장 명확하게 표현되는 것은 자위"라고 하면서 자위를 "성교를 하지 못함에 따른 대체물"[67]이라 정의하고, 청년에게는 금욕, 자위, 성교라는 세 가지 방법밖에 없다고 했습니다.[68] 그에 의하면 반동적인 사회, 즉 가부장주의적인 권위주의 사회에서는 성교는 물론 자위도 비난하고 오로지 금욕만을 강요합니다. 특히 교육이 그런 작용을 한다고 보았지요. 그러나 그는 "금욕이 사회 발전을 위해 필요하다는 주장은 단순히 관찰해봐도 부정확하다",[69] "금욕은 위험하며 건강에 절대적으로 해롭다"[70]고 지적합니다. 즉 신경장애나 성적 백일몽 같은 것들이 나타난다는 것인데요. 성 충동을 스포츠를 통해 전환할 수도 있다지만 마찬가지 문제만을 발생시킬 뿐이라고 라이히는 주장했습니다.[71]

라이히는 금욕은 물론 성교도 불가능하므로 "청소년들의 거의 100%가 자위를 한다"[72]고 주장했어요. 그러나 그에 의하면 "자위는 금욕의 해로움에서 벗어나는 길을 제시하"고 "확실히 건강한 청소년들이 사춘기의 첫 번째 폭풍을 뚫고 나갈 수 있도록 도와줄 수 있"지만, "단지 좁은 한계에서일 뿐", 즉 "흥분 과정에서 지나치게

——— 67 같은 책, 156쪽.

68 같은 책, 179쪽. 라이히는 이성애적인 것만이 아니라 동성애적인 것도 포함시키고 있다.

69 같은 책, 161쪽.

70 같은 책, 181쪽.

71 같은 책, 182쪽.

72 같은 책, 161쪽.

강한 죄책감과 장애 없이 이루어질 때에만 성 에너지를 제할 수 있을 뿐"[73]이어서 "결국에는 애정 대상이 없어서 곧 참을 수 없기 때문에 불만족스럽고 무척 혼란스럽게 한다"[74]고 말합니다.

라이히는 "청소년들은 성을 부정하는 교육의 작품인 내적인 금지라는 산을 넘어서야 한다"[75]고 주장하면서 어중간한 성교육의 문제점을 지적했어요. 즉 생물학적인 성교육은 관심을 다른 데로 돌리려는 술책에 불과하고, 본질적인 문제는 성적 흥분이라는 것입니다.

어린아이들을 더욱 금욕하도록 교육하고, 청소년들에게 문화가 금욕을 요구한다거나 자위는 결혼할 때까지 위로가 될 수 있다고 더 타이른다는 것은 사회적으로 일시적인 채 머문다. … 청년의 성 위기는 권위주의 사회 질서 일반의 위기의 일부이다. 청년의 성 위기는 이러한 틀 안에서는—대중의 척도에서는—해결할 수 없는 것으로 남아 있다.[76]

라이히는 이상의 논지를 더욱 발전시켜 청소년에게도 자유로운 성관계를 인정해야 한다고 주장한 『청소년의 성적 투쟁*Der Sexuelle Kampf der Jugend*』(Sexpol Verlag, 1932)을 썼다가 망명처였던 덴마크에서 추방당해 노르웨이로 갔습니다.

———— 73 같은 책, 188쪽.

74 같은 책, 189쪽.

75 같은 책, 190쪽.

76 같은 책, 193~194쪽.

1921년 자유학교의 대명사라고 해도 좋은 '서머힐'을 설립한 닐(Alexander Sutherland Neill, 1883~1973)은 앞에서 본 러셀과 비슷한 시대에 비슷한 생각과 활동을 하며 살았던 영국의 교육자로서 프로이트의 영향을 받았고 라이히와도 교분이 있었는데요.[77] 그는 '서머힐' 교육에 대해 쓴 『서머힐Summerhill』에서 라이히가 쓴 청소년들의 성적 고통에 대한 글은 닐 자신이 관여하는 중산층에게는 과장이라고 비판하면서 자위가 범죄라는 '황당한 믿음'을 깨뜨리려고 노력했다고 말했습니다.[78] 그러나 자신은 어린 시절에 자위를 하는 것은

서머힐 자유학교(1993)

———— 77 같은 책, 354쪽. 그러나 이는 닐의 『자서전』에 나오는 내용이다. 그 책에 의하면 닐은 라이히와 1937년에 처음 만났다(382쪽).

78 A. S. 닐, 한승오 옮김, 『자유로운 아이들 서머힐』, 아름드리미디어, 2006, 167쪽.

알렉산더 닐

물론 자위에 대한 이야기를 들어본 적도 없었다고 했지요.[79] 그러니 라이히가 말하는 100% 자위에 대한 예외가 되는 셈입니다.

닐의 서머힐은 자율을 기본으로 하는 학교라고 할 수 있는데, 닐은 '자율'이란 말을 라이히에게서 처음 들었다고 합니다.[80] 그리고 자율에 대해 다음과 같이 말했어요.

자율은 인간성에 대한 믿음, 즉 원죄는 과거에도 없었고 지금도 없다는 믿음을 내포한다. 자율은 어린 아기가 외부 권위의 강제 없이 자유롭게 사는 권리를 의미한다.[81]

---

79 같은 책, 162쪽.
80 같은 책, 81쪽.
81 같은 책, 81쪽.

_푸코의 자위관

『성의 역사』는 세 권으로 구성된 푸코의 마지막 저작입니다. 1976년에 나온 『앎의 의지』에서는 18세기 이후 서구 사회에서 나타난 성의 문제, 1984년에 나온 『쾌락의 활용』과 『자기에의 배려』는 각각 그리스, 로마 시대를 배경으로 한 성의 역사 연구서이죠. 푸코는 『성의 역사』에서 현대 서양의 정신적 위기는 육체를 폄하하는 '유대-기독교 전통'에 있다고 보았는데, 이는 앞에서 살펴본 바로서 크게 새로운 견해는 아닙니다.

푸코에 의하면 역사적으로 성에 대한 두 가지 관점이 있었습니다. 하나는 중국, 일본, 인도 그리고 로마 제국 등에서 성을 하나의 예술이나 특별한 경험으로 인식하고, 더럽거나 부끄러운 것으로 바라보지 않았던 태도였습니다. 반면 로마 제국 이후 서양에서는, 그것과는 완전히 다른 것이 생겨났습니다. 이는 푸코가 '성의 과학'(scientia sexualis)이라고 부른 것으로, 고백에 기초한 것이지요.

푸코는 서양의 17세기, 고전주의 시대에는 성에 관한 담론이 제한되기보다 오히려 증폭되었다고 말합니다. 즉 교회에서 고해성사를 통해 성이 거론되었기에 성 담론이 더 확장되었다는 뜻인데요. 이어 18세기에 성 담론이 활성화되었고, 정치적·경제적·기술적 선동이 일어나 성에 대해 계량적·인과적 탐구의 형태로 논의되었다는 것입니다. 인구가 경제적·정치적인 문제로 등장하면서 인구 증가에 따른 균형 문제로서 집중적으로 인구를 다루기 시작하여 공공의 이름을 빌려 성을 관리했다는 것입니다.

그러다가 19세기에 와서 성의 과학화가 이루어지는데, 성의 담론이 경제학·교육학·의학·사법의 영역까지 넓혀졌고 성의 담론을 부추기고 정리하는 다양한 기제가 나타났다고 주장합니다. 이를 푸코는 '생체 통제 권력(biopower)의 시대'라고 부르는데, 다음 네 가지 유형이 국가 통제와 제도적 조작의 수단으로 이용되었습니다. 첫째, 여성 육체의 히스테리화(여성 히스테리자), 둘째, 어린이의 성에 대한 교육화(자위하는 어린이), 셋째, 생식 행동의 사회화(맬더스적 부부), 넷째, 성 도착적 쾌락의 정신의학화(성도착적 환자)입니다. 그중 자위에 대한 푸코의 설명을 볼게요.

모든 어린이는 성적 활동에 몰두하거나 몰두하기 쉽고, 그러한 성적 활동은 부당하며, "자연스럽고" 동시에 "자연에 반하기 때문에" 육체와 정신 및 집단과 개인을 해칠 위험이 그것 자체에 도사리고 있다는 이중의 단언, 어린이는 위험한 분할선 위에서, 성의 이편에 있든 이미 성의 내부로 들어간 상태든, "예비 단계를 밟고 있는" 성적 존재로 규정된다. 그래서 부모, 가족, 교사, 의사, 그리고 나중에는 심리학자가 귀중하고 위험하고 위험에 처해 있는 그 성의 싹을 끊임없이 떠맡게 되어 있다. 이 교육화는 무엇보다도 서양에서 거의 두 세기 동안 지속되

어 온 자위에 대한 싸움으로 나타난다.[82]

 이처럼 푸코는 19세기에 자위가 비정상적인 것으로 취급되면서 대대적인 캠페인의 대상이 되었음을 『앎의 의지』나 『비정상인들』에서 밝혔는데 앞에서 보았듯이 그러한 이야기는 특별한 것이 아니라 이미 다 알려진 사실이었습니다.

 특히 19세기 이후 어린이의 자위를 교육의 영역으로 정의하여 감시하게 만든 것이 그 중요한 전환점입니다. 즉 어린이의 자위는 건전한 도덕은 물론 신체적 발육에도 매우 유해하다는 이유에서 교육의 중요한 대상이 되고, 아이의 행동은 선생이나 부모의 세심한 관찰과 감시 아래 놓이게 되었지요. 그런 감시는 아이들에게 끊임없는 죄의식을 불어넣었고요.

 자위에 대한 그런 억압의 역사에 저항한 독일의 라이히나 스테켈, 영국의 엘리스나 닐과 같은 사람들의 자위 무해론의 주장은 대단히 중요하여 1970년대의 서양에서 성 해방 담론에서 중요하게 다루어졌지만 그 무렵 등장한 푸코는 그런 주장에 대해 비판적이었습니다. 라이히 등도 프로이트와 마찬가지로 억압 가설에 입각했다는 이유에서입니다. 그런 주장과 반대로 푸코는 자본주의의 발전과 더불어 서양 근대 사회에서 성은 권력에 의해 억압되기보다 담론을 통해 확대되고 재생산되었다고 보았습니다.

 푸코의 말처럼 서양 근대 사회에서 성에 대한 담론이 많았다는

---

82 미셸 푸코, 『성의 역사』, 1권 『앎의 의지』, 이규현 옮김, 나남, 1990, 118쪽.

사실을 부정할 수 없지만 그것이 반드시 일상생활에서 성이 억압되지 않았음을 뜻하는 것은 아니에요. 이는 동양 사회에서도 마찬가지라고 볼 수 있습니다. 가령 18세기에 와서 춘화가 그려지고 도색문학이 성행했다고 하여도 그것이 조선 사회 전반의 성적 억압의 순화를 뜻하는 것이 아니었던 것과 마찬가지잖아요. 아니 18세기까지 갈 것도 없이 21세기 지금, 한국에서 각종 포르노가 판을 치고 있다고 해도 성이 결코 억압적이지 않다고 볼 수 없는 것과 마찬가지 아닐까요?

18~19세기 서양에서 성이 억압되었는가 아닌가에 대한 푸코와 라이히의 의견 대립은 보기 나름의 문제이고, 실제로 그 자체가 중요한 의미를 갖는 것도 아닙니다. 기든스가 말했듯이 억압 가설을 제외한다면 푸코나 라이히 등의 의견 대립이 심한 것도 아니고요.[83] 특히 자위의 해방에 대해 의견이 다른 것도 아닙니다.

문제는 이론이나 논리가 아니라 실천이지요. 라이히는 『들어라, 소인배야!*Listen Little Man!*』에서 성적 에너지의 억제에서 비롯되는, 인습에 얽매여 있는 사람들, 자신이 건강하다고 확신하는 신경증 환자들, 권력자의 지위에 있는 사람들을 소인배라 부르고, 그 소인배의 지배에서 그가 열정적으로 저항했던 권위주의가 비롯된다고 말했습니다. 적절하게 표현된 성은 행복의 주된 원천이고, 행복한 사람은 권력 갈망에서 벗어나 자율성을 가지고 활력 있는 삶을 추구합니다.[84] 라이히는 자위를 극복하기 위해서는 궁극적으로 성의

---

83 앤서니 기든스, 배은경·황정미 옮김, 『현대 사회의 성·사랑·에로티시즘』, 새물결, 1996, 268쪽.

84 같은 책, 257~258쪽.

해방이 완벽하게 이루어져야 한다고 주장했지만, 지금 우리가 그런 성 해방을 이 글의 결론으로 제시할 수는 없어요. 그러나 그런 결론이 유토피아라면 그것에 가까이 가기 위한 노력이 필요할 테지요. 더욱 중요한 것은 지금 우리가 왜 그런 목표에 이를 수 없는지 그 문제점을 정확하게 알아야 한다는 점입니다.

요컨대 자위는 나쁜 것이 아니에요. 죄악도 아닙니다. 자위를 적절하게 향유하는 것은 인간으로서 갖는 기본적 인권의 하나라고 해도 좋습니다. 그러나 모든 욕망이 그러하듯이 과도해서는 안 되겠지요. 어느 정도가 과도한 것이 아닌지는 스스로 알아내야 합니다. 즉 시행착오를 거쳐 스스로 성찰할 필요가 있다는 뜻입니다. 자위로 고통을 받을 필요는 없지만, 자위에 대해 고민할 필요는 있어요. 그러므로 청소년 여러분도 혹시 자위 때문에 기죽은 일이 있다면 그 모든 것을 뿌리치고 당당하기 바랍니다. 자위는 청춘이니까 하는 것입니다. 자위는 여러분 자신의 당당한 표현이어야 합니다.

또한 자위에 대한 성찰적 고뇌는 동성애를 비롯하여 지금도 여전히 금기시되는 여러 가지 성 문제에 대한 관심으로 나아가야 합니다. 이 글에서는 그 모든 것을 다룰 수 없지만 성의 해방이라는 것이 궁극적으로는 성의 자유와 평등을 존중하는 민주주의를 말하는 것임을 명심해야겠지요. 민주주의는 단순히 정치적인 문제가 아닙니다. 우리의 생활에서도 민주주의는 반드시 필요하지요. 아니, 생활의 민주주의 없이는 정치·경제·사회·문화의 민주주의는 불가능합니다. 자위는 청소년 여러분이 처음으로 접하는 성 문제로서

인간이면 누구나 경험하는 지극히 자연스러운 일임을 이해하기 바랍니다.[85]

85 나는 이 글을 쓰면서, 이 글에서 다룬 자위의 사상사는 사랑과 성에 대한 다른 생각의 역사와 무관하게 쓸 수는 없다는 것을 항상 느꼈다. 특히 비정상적 성행위의 하나로 동성애나 매춘과 함께 금기시된 역사에 대한 고찰이 필요하다. 그리고 그 금기시가 도덕적 차원만이 아니라 의학적 차원, 특히 정신의학적 차원으로 문제시된 점과 관련되어 고찰되어야 한다. 또 자위란 인간이 성과 만나는 처음이지만 결코 처음으로 끝나지 않는다. 따라서 이 글은 뒤에 이어지는 '사랑의 사상사'와 연결되어야 한다.

2

동아시아 사상

문화에서 보는

자위

자위의 기억
_서글픔과 충격으로 남은 욕망의 그림자

'자위(自慰)'라는 것을 생각하면 나는 지난날 목격했던 변태들의 기억부터 생생하게 떠오릅니다. 25년 전 겨울 고향에 들렀을 때의 일입니다. 저녁 무렵, 자동차를 몰고 읍내로 가는 도중 삼거리 길에서 좌회전을 하려던 참이었어요. 길가 마을 이름을 새긴 비석 받침대 위에 어느 중년 남성이 앉은 듯 비스듬히 누워 있는 것이 보였습니다. 쓰러져 있는 줄 알고 놀라 천천히 운전을 하며 좀 더 자세히 보려고 했는데, 이게 웬 일입니까? 바지를 내리고 자위행위를 하고 있었던 거예요. 바람에 눈발은 휘날리는데…. 변태 성욕자였을까요? 저 남성의 욕정은 왜 하필 거기서 남들이 다 보는 가운데 풀어야만 하는 것인가…. 이런저런 생각에 기분이 좀 착잡해졌습니다.

한 가지 더 기억나는 에피소드가 있습니다. 20년 전 나는 대구 수성구 만촌동의 어느 아파트 2층에 살고 있었어요. 뒤 창문을 열면 바로 언덕 위로 오르는 비스듬한 길이 보였지요. 가을 저녁 무렵, 날씨가 좋아서 창문을 열어놓았는데, 빨래를 널던 아내가 갑자기 놀라 방 안으로 뛰어 들어왔습니다. "어머나… 저기 좀 봐요!" 내가 뛰어나가서 보니 바지를 내린 중년 남성이 우리 창문 쪽을 보며 자위를 하고 있었습니다. 내가 소리를 지르니 급히 바지를 올리고 도 망가더군요. 일종의 '바바리맨'이었나 봅니다. "참 별놈이 다 있네" 하며 아내를 다독거렸지만, 같은 남자로서 마음이 씁쓸했습니다. '하필 저런 데서 왜 자위를 하지?' 그때 남들 앞에서 자위를 하는 남성의 성욕에 대해 골똘히 생각하게 되었던 것 같습니다. "성욕 때문에 자식을 낳는 '업'을 짓지 말아야지" 하고 다짐했던 어떤 시인의 결벽증과 남성성 자체에 대해서도 생각하게 되었고요.

정말 자식은 낳지 말아야지
(…)
적어도, 나 때문에, 내 성욕 때문에
내 고독 때문에, 내 무료함 때문에
한 생명을 이 땅 위에 떨어뜨려 놓지는 말아야지
―마광수, 「業」 일부[86]

하지만 정말 '자식은 낳지 말아야지'라고 다짐한다고 해서 모든 것이 끝날까요? 인간의 욕망을 완전히 거절할 수 있을까요? 완전한 순결과 업보의 청소가 과연 가능할까요?

"여기 이 사내들을 좀 보라. 눈빛으로 말해주고 있다. 이 세상에서 여인과 잠자리를 같이하는 것보다 더 좋은 일은 알지 못한다고. …순결, 그것이 어떤 사람에게는 미덕이지만, 그 밖의 많은 사람들

───── 86 마광수, 『狂馬集』, 심상사, 1980, 37쪽.

에게는 악덕에 가까운데도."[87] 이처럼 니체가 「순결에 대하여」에서 언급하듯이, 인간의 욕망은 양날의 칼입니다. 어떤 때에는 희망을, 어떤 때에는 절망을 수반하지요. 결국 욕망이라는 업보는 지울 수 없습니다. 그것을 어떻게 보고 생각하느냐, 어떻게 선순환하게 만드느냐가 문제일 뿐입니다.

87 니체, 정동호 옮김, 『차라투스트라는 이렇게 말했다』, 책세상, 2002, 89쪽.

고등학교 때 『금병매』를 읽은 적이 있습니다. 명나라의 상류 계층과 관료 등의 음탕함과 추악함을 적나라하게 드러낸 소설인데요. 책 이름은 약방 주인이면서 잡기에 능한 주인공 서문경(西門慶)의 첩인 반금련(潘金蓮)의 '금', 이병아(李甁兒)의 '병', 그리고 반금련의 시녀 춘매(春梅)의 '매' 세 글자를 따서 지은 것입니다.

탕아 서문경은 이들 여인들과 온갖 성희를 즐깁니다. 마르키 드 사드가 쓴 소설 『소돔의 120일』에서 네 명의 권력자가 120일 동안 젊은 남녀 수십 명에게 벌이는 온갖 변태적인 행위처럼, 정력이 엄청 강한 서문경이 섹스를 돕는 온갖 비기(秘器)를 활용하여 많은 여인들을 몸살 나게 하지요. 즉 구슬 달린 은사슬인 은탁자(銀托子), 유황으로 만든 구슬인 유황권(硫黃圈), 턱이 지기도 하고 잘록하기도 한 그야말로 울퉁불퉁한 콘돔 모양의 상사투(相思套), 최음 효과가 큰 약을 넣고 끓인 하얀 띠를 교접 때 남근의 뿌리에 묶어 사용한 보조 용구 약연백대자(藥煙白帶子), 망건에 다는 옥관자처럼 생긴 것으로 발기한 남근의 근본에 착용하는 옥반지로 허리에 고정되고 두 다리 사이까지 내려오는 비단 끈으로 고정되어 있는 현옥환

『금병매』(CC BY-SA 3.0)
『금병매』1부 4장에 나오는 일러스트(1617)
신윤복의 「춘화를 보는 여인」

(懸玉環), 남성의 지구력을 유지시키는 종 모양의 면령(勉鈴) 등등입니다.[88]

　주자학이 지배했던 조선시대에도 성 문제는 결코 비켜갈 수 없는 것이었나 봅니다. 도덕이 강력하게 지배하고 있더라도 음식과 남녀 문제는 항상 근저에 살아 있으니까요. 당연히 조선시대에도『금병매』같은 에로소설이 읽혔고, 남녀의 성 풍속 장면을 소재로 한 그림인 춘화(春畵)도 널리 감상되었답니다. 간송미술관에 소장된 신윤복의 그림 가운데 촛불 아래서 춘화를 즐기고 있는 조선시대 여인들을 볼 수 있는 것은 그러므로 당연한 일입니다.

──── 88 「신재용 원장의 역사 속 한의학: 금병매3-정을 단련하는 비방」(《스포츠한국》 2011. 3. 4.) 참조.

젊을 때는 성 문제를 비껴갈 수가 없습니다. 비단 젊을 때만이 아니지요. 남녀노소 평등하게, 태어나서 죽을 때까지 반드시 거쳐야 할 필수 코스입니다.

예전에 역사학을 하는 어느 분으로부터 지나가는 이야기로 들은 적이 있어요. 지금 그 정확한 근거를 밝히기는 어려우니, 그냥 '이야기'려니 하고 들어보세요. 일제강점기 때 중국에서 일본 군대와 전투를 벌이던 우리 독립군들이 다급한 상황이 종료되어 여유가 생기면 문득 욕망이 일었던 모양입니다. 당연한 일이지요. 하지만 군대의 룰 때문에 민간인 여자와는 관계를 가질 수가 없었다고 합니다. 그래서 돈을 모아 읍내에 가서 소 살코기를 사 가지고 와 거기에 십자로 칼집을 내어서 참기름을 바르고 성기를 삽입하는 식으로 성욕을 해소했다고 합니다. 웃고 넘어가기 힘든, 가슴 쓰린 이야기죠. 인간의 원초적 욕망이니 말릴 수가 없는 일입니다.

조선 후기에 편찬된 편자 미상의 설화집인 『고금소총(古今笑叢)』을 읽다가 재미있는 대목을 발견했어요. 성주에서 신혼살림을 차린 젊은 남자가 부인을 밝혀 과거시험 준비에 소홀할까 걱정이 된 부모가 그를 서울로 유학 보냈다고 합니다. 그런데 이 남자가 서울로 가지 않고 이웃집에 세 들어 살면서 밤이면 밤마다 몰래 담을 타 넘어와 아내와 사랑을 나누었다는 거예요.

성주에 어떤 사족의 아들이 있었는데 신혼에 아내를 몹시 사랑한 나머지 학업을 폐지할 지경에 이르자 아비가 아들을 타이르며 말했다.

"젊어서 경계할 것은 색이니라(少之時, 戒之在色). 하물며 남녀의 사이는 정이 지극하면서도 구별함이 있는 것이니, 그러고서야 가정의 도리를 이룰 수 있는 것이다(況男女之際, 情摯有別, 乃成家道). 서울에 유학하여 입신양명하고 어버이를 드러나게 해야 마땅할 것이다."

아들이 하직하고 나와 이웃집에 세 들어 있으면서 매일 밤마다 담을 넘어와 몰래 아내와 놀았다. 그러자 유모 할멈이 주인 영감에게 아뢰었다.

"집안에 몹시 괴이한 일이 하나 있사온데, 선비께서 서울로 가시고 난 다음부터 신부가 외간 남자와 사통하여 밤마다 종적이 이상야릇하오니, 일찍 싹을 잘라 버려야 마땅합니다."

주인 영감이 대답하였다.

"증거가 없으니 어찌하겠느냐?"

하루는 할멈이 그 뒤를 밟고 와서 주인 영감께 알렸다.

"사내가 이미 담을 넘었습니다."

주인 영감이 몽둥이를 쥐고서 큰 소리로 부르짖었다.

"어떤 죽은 개 같은 놈이 감히 이러느냐? 단번에 박살을 낼 테니 속히 나와서 죽어야 마땅할 것이다."

그런데 다시 보니 자기 아들이었다. 주인 영감은 아들과 서로 붙들고 통곡하며 말했다.

"자식을 죽일 뻔했구나. 내가 들으니, 단술을 마시는 사람은 비록 많이 마셔도 취하지 않고, 자기 처를 사랑하는 사람은 비록 깊이 빠진다고 해도 몸을 상하지 않는다 했으니, 내가 잘못했구나. 이제부터는 너 하고 싶은 대로 맡기겠다(任汝所爲)."[89]

"젊어서 경계할 것은 색이니라…"라며 타이르다가 결국 "내가 잘못했구나. 이제부터는 너 하고 싶은 대로 맡기겠다"고 한 대목은 남녀(男女) 간의 색(色)을 인정한 셈입니다.[90]

『고금소총』에는 남녀 간의 수많은 이야기들이 흐드러진 꽃처럼 펼쳐져 있어요. 그런데 여기서 한 가지 빼놓을 수 없는 것은 "남녀의 정욕은 곧 천지가 만물을 낳는 마음입니다(男女之欲, 乃天地生物之心). 옛날 아난(阿難:석가의 제자)도 마등(摩登:고대 인도의 마등가종摩登伽種, 즉 음탕한 여자)에게 미혹되었고 나한(羅漢)도 운간(雲間)에게 타락하였습니다"[91]라는 대목이지요. 그렇습니다. '남녀의 정욕은 곧

89 유화수·이월영 편역, 『고금소총』, 전통문화연구회, 2014, 41~42쪽(원문은 일부만 남기고 생략).

90 참고로 『고금소총』에는 여성의 자위행위 묘사에 해당하는 장면도 더러 있다. 즉 나뭇가지에 얹혀 있는 여성의 성기에 부채 자루를 꽂아두자 그것이 미풍에 빠르게 흔들리면서 "옥문(玉門)"을 긁어댔다. 이에 여편네는 한창 흥이 올라 축원하였다. 바람아… 수지 말고 불어다오"(유화수·이월영 편역, 『고금소총』, 전통문화연구회, 2014, 167쪽)라고 했다는 대목이다. 또는 "방 안에 물 것은 없을까? 물 것이 없으면 제 자지를 물어도 됩니다"(유화수·이월영 편역, 『고금소총』, 전통문화연구회, 2014, 300쪽)처럼 남자가 남자의 물건을 빠는 듯한 묘사도 나온다.

91 유화수·이월영 편역, 『고금소총』, 전통문화연구회, 2014, 152쪽.

천지가 만물을 낳는 마음' 아닐까요? 이 말
은 인간 세상의 진실을 짚어내고 있습니다.

중국 감숙성(甘肅省)의 둔황(敦煌)에 있는,
당나라 때의 진흙 소조 「복숭아를 먹는 원
숭이」[92]가 있어요. 한 손으로는 복숭아를 받
쳐 들었고, 한 손으로는 생식기를 어루만지
고 있는 우스꽝스러운 형상입니다.

식욕과 성욕을 만족하는 원숭이의 얼굴은
매우 만족스럽고 즐거워 보입니다. 묘한 인상

둔황의 진흙 소조 「복숭아를 먹는 원숭이」

을 쳐다보고 있으면 꼭 삶의 칠정(七情:희로애락애오욕)이 들어 있는
것 같아요. 중국 고대 전국시대 때 제(齊)나라의 사상가로 맹자와
같은 시대의 사람인 고자(告子)가 "식욕, 성욕은 타고난 본성이다(食
色, 性也)"[93]라고 말한 것처럼, 두 가지 삶의 필요충분조건을 잘 보여
줍니다.

'식색(食色)=음식남녀(飮食男女)=먹고 마시고 섹스하고 연애·결혼
하는 것'은 인생의 알파요 오메가입니다. 이것을 무시하고 이야기를
진행하는 것은 '강 건너 불구경하는 격'이지요. 이런 식의 말들은
내가 한 것이 아닙니다. 명말청초의 양명학 좌파였던 이지(李贄, 호는
탁오(卓吾), 1527~1602)의 발언이에요. 정곡을 콕 찌르고 있지 않나

<hr>

92 劉達臨, 『中國性事圖鑑』, 時代文藝出版社, 2003, 7쪽. 이 책은 한글로 번역되었다(류
다린 지음, 『중국성문화사』, 노승현 옮김, 심산, 2003.)

93 『孟子』, 「告子·上」.

요? 이지는 전통 유가(儒家)의 사고를 넘어서서 진보적인 발언을 하여 지탄의 대상이 되기도 했는데요. 분명하지는 않지만 그가 하였다고 전해지는 다음 말이 있습니다.

"술·여색·재물·(각종 잡기 같은) 끼[酒色財氣]는 모두 깨달음으로 가는 길[菩提路]에 전혀 방해되지 않는다. 이들은 마땅한 일이니, 누가 그것을 따르지 않겠는가."[94]

그래서 그는 보다 분명히 해둡니다. 옷 입고 밥 먹는 것이 바로 윤리 도덕의 기초라고 말이지요! 만일 그것을 도외시하고 말을 지껄여댄다면 모두 추상적인 이야기에 불과하다는 것입니다.

옷 입고 밥 먹는 것[穿衣吃飯]이 곧 인간의 윤리·사물의 이치[人倫物理]이다. 옷 입고 밥 먹는 것을 제외한다면 인간의 윤리·사물의 이치는 존재하지 않는다. 세상의 여러 가지 일들은 모두 옷 입고 밥 먹는 따위일 뿐이다. 그러므로 옷 입고 밥 먹는 것을 들어서 말하면 세상의 각종 일들이 자연히 그 가운데 있는 법이다. 옷과 밥을 벗어나서 일반 백성들과는 완전히 서로 다른 어떤 것이란 것은 없다.[95]

(…)

---

94 "酒色財氣 一切不礙菩提路 有此便宜事 誰不從之"(『明儒學案』卷16, 「江右王門學案 (1)·穎泉先生語錄」).

95 "穿衣吃飯, 卽是人倫物理, 除卻穿衣吃飯, 無倫物矣, 世間種種皆衣與飯類耳, 故擧 倨衣與飯而世間種種自然在其中, 非衣食之外更有所謂種種絶與百姓不相同者也."(『焚 書』卷1, 「答鄧石陽」).

그래서 그는 이런 옷 입고 밥 먹는 사사로운(=개인적인) 일들을 제외하고서 해대는 말이란 '그림의 떡'과 같은 이야기요, 수수방관하며 '강 건너 불구경' 하듯 뇌까리는 이야기 같은 것이라고 딱 잘라 말했나 봅니다.[96]

---

96 "爲無私之說者, 皆畫餠之談, 觀場之見."(『藏書』, 卷32, 「德業儒臣後論」).

_인간의 윤리는 성인의 가르침, 남녀의 정욕은 하늘의 이치

조선시대에 중국의 이지와 유사한 생각을 한 사람이 있습니다. 여러분이 잘 아는 허균입니다.

주자학자인 이식(李植, 1548~1647)은 당시 이렇게 통탄했어요. "성현의 모든 말씀은 정욕(情欲)을 절제하고 막으려는 데 있는데, 오늘날 학자들은 사람에게 정욕이 없을 수 없다고 사람들을 가르치고 있다"[97]고 말이에요. 누구를 지목한 것일까요? 바로 허균 같은 사람에게 손가락질을 해댄 것입니다.

허균은 총명하고 글재주가 있는 데다가 유명한 부형(父兄)—아버지 허엽(許曄, 1517~1580)과 형 허성(許筬, 1548~1612)·허봉(許篈, 1551~1588), 누이 허난설헌(許蘭雪軒, 1563~1589)—의 후광을 뒤에 업어 이름을 날릴 수 있었다. 그러나 행동을 단속하지 않고서 어머니 상중에도 고기를 먹고 기생을 가까이 하였다. …입으로 거론할 가치도 없지만, 일찍이 그가 한 말을 들어보면 "남녀의 정욕(情欲)은 하늘이요, 윤리기강[倫紀]의 분별은 성인의 가르침이다. 하늘은 성인보다 한 등

---

97 "聖賢欲節其情防其欲 千言萬語 無非此意 今之學者 以性不能無惡自恕 人不能無欲教人 吾不知其何說也"(『澤堂集』, 別集, 卷15, 雜著, 「示兒代筆」).

급 위에 있으니, 나는 하늘을 따를지언정 감히 성인의 가르침은 따르지 않으리라"고 하였다 한다.[98]

또한 허균은 유배지에서 자신이 전국을 돌며 맛보았던 음식을 그리워하면서 기록한 책을 지었는데요. 『도문대작(屠門大嚼)』이 그것입니다. '도문대작'이란 도문(屠門), 즉 푸줏간[屠門] 앞을 지나가면서 대작(大嚼), 즉 입맛을 크게 "쩝!" 하고 다신다는 일화에서 나온 제목이에요. 좋아하는 것을 실제로 하지는 못하지만 상상만으로 즐거워함을 비유한 것입니다. 이 책의 '서문'에서 허균은 중국 고대의 사상가 맹자와 맞상대였던 고자(告子)의 주장 "식욕[食]과 성욕[色]은 (인간의 자연스러운) 본성이다"[99]라는 입장에서 자신의 생각을 펼칩니다.

음식을 먹듯, 이성 간에도 기본적으로는 마음에 드는 상대를 '맛보고 싶은' 원초적 욕망이 도사리고 있다는 것인데요. '좋다' 혹은 '나쁘다'라는 이분법적인 윤리 도덕적 판단을 넘어서 인간에게는 누구나 기본적으로 욕망을 실현하고픈 의지가 있지 않겠습니까? 일단 이점을 인정하고 '자! 그럼 어떻게 하자는 말인가?'라는 이야기를 진행해야 할 테지요.

---

98 "許筠聰明有文才 以父兄子弟發跡 有名而專無行儉 居母喪 食肉娼 有不可掩…願嘗聞其言曰 男女情欲 天也 倫紀分別 聖人之教也 天且高聖人一等 我則從天 不敢從聖人"(『澤堂集』, 別集, 卷15, 雜著, 「示兒代筆」).

99 "食色性也"(『孟子·告子上』).

일본에서는 전해오는 말로 남성의 본성을 솔직히 드러내는 말이 있어요. "일도(一盜), 이비(二婢), 삼창(三娼), 사처(四妻)"입니다. 섹스를 음식에 비유한 것인데요. 도(盜) 즉 남의 아내를 '도둑질'하여서 맛보는 것이 제일이고, 그다음이 비(婢) 즉 데리고 있는 '하인'을 맛보는 것이고, 그다음이 창(娼) 즉 자기 돈을 주고 즐기는 '창녀(매춘부)'이고, 제일 마지막이 처(妻) 즉 '자신의 아내'라는 것입니다.[100] '남의 콩이 커 보인다'는 말이 성에도 적용되는 장면이에요. 일본에서는 어느 시대인가 "정직하고 불행하게 살다 천당에 가기보다는 행복하다면 이승에서 불륜이라도 하겠다"라는 말이 생겨났다고 하

「소년전홍(少年剪紅)」, 혜원풍속도첩(蕙園風俗圖帖)』 중에서.
서울 성북구 간송미술관 소장.
봄날 양반가의 젊은 사내가 젊은 여종의 손목을 끌고 있다.

———— 100 기시다 슈, 박규태 옮김, 『성은 환상이다』, 이학사, 2000, 53쪽 참조.

105

는데요. 일본다운 솔직한 성애의 표현법이 아닌가 합니다.

허균이 말하였다고 전해지는 "남녀의 정욕(情欲)은 하늘"이라는 생각, 그리고 "행복하다면 이승에서 불륜이라도 하겠다"는 고백에 누가 손가락질을 해댈 수 있을까요? 고자의 말처럼 식욕과 성욕은 인간의 자연스러운 본성인 터, 문제는 균형일 것입니다.

15년 전 하버드대학에서 연구년을 보냈을 때에 겪었던 에피소드 하나를 적어둘까 합니다. 캠퍼스 내 학생들이 사용하는 독서실을 겸한 컴퓨터실의 화장실에 볼일을 보러 간 적이 있어요. 그 화장실에는 남학생들이 무료로 자유롭게 가져가서 성욕 해소에 사용하도록 콘돔을 비치해놓았더군요. 현명한 학교 측의 배려에 나는 일단 놀라고 감탄했습니다. 학생들에게 성욕 해소를 금기시하는 것이 아니라 자연스럽게 유도하고 권장하다니요!

호기심이 생긴 나는 내용물이 '어떤 것일까?' 하는 생각에 한 개를 챙겨서 집으로 가져갔어요. 포장을 찢고 살펴봤더니 그 길이가 엄청났습니다. 버리기가 아까웠던 나는 그것을 입으로 힘껏 불어 나의 어린아이들이 가지고 놀도록 풍선을 만들어주었어요. 그 질긴(?) 풍선을—무엇인지도 모르고— 아이들은 천진난만하게 잔디밭 위에서 한참 가지고 놀았지요. 성장한 아이들에게 아직까지 이 진실을 공개하지는 않았지만, 내 기억 속에 '콘돔 풍선'은 둥둥 떠서 지워지지 않습니다. 하버드 대학생들의 공부 곁에 놓여 있던 콘돔은 공부라는 성취욕과 성욕 해소가 결코 둘이 아님을 잘 보여줍니다.

『노자』라는 책에는 '남녀 간의 섹스를 알지 못하여도 갓난아이[赤子]의 생식기가 빳빳하게 서는 것'은 타고난 육체적 기질이며 부정될 필요가 없는 자연스러운 본성임을 말해줍니다.[101] 아무것도 모르는 어린아이의 저 빳빳한 고추처럼, 식욕과 색욕은 삶의 본질이에요. 식과 색은 마르크스와 프로이트가 각각 해결해내려고 추구했던 본질적 과제이기도 했습니다. 어쩌면, 인류가 생존하는 한 영원히 지속되는 과제일 테지요.

---

101 未知牝牡之合朘怒, 精之至也(초간본 『노자』 갑본 17장). 최재목 옮김, 『노자』, 을유문화사, 2006, 192쪽 참조.

자연스런 성욕 해소가 이루어지지 않을 경우 타인을 강압하여 성욕구를 만족시키는 경우가 발생합니다. 과거 우리 역사 서적에도 이런 예들이 허다해요.

다산(茶山) 정약용(丁若鏞, 1762~1836)이 1822년에 편집한 책 가운데 조선시대의 형법을 다룬 『흠흠신서(欽欽新書)』가 있습니다. 여기에는 수많은 성 관련 범죄 기록이 한자리에 모여 있어요. 과거에 어쩌면 그렇게 많은 다양한 범죄들이 발생하였는지 입이 딱 벌어질 정도입니다. 2009년 OCN에서 방영되었던 8부작 연속극 「조선추리활극 정약용」은 이런 내용들을 극화한 것이지요.

정약용

『흠흠신서』에서 눈에 띄는 강제 오럴 섹스의 예를 하나 들어볼게요. 이야기는 이래요. 나무꾼 몇 명이 의논하여 가난한 한 선비의 입에 자신들의 성기를 애무하도록 강요했습니다. 아마도 돌아가면서 여러 명의 성기를 애무하는 이른바 오럴 섹스를 하다가 사이즈가 너무 커서 괴롭고, 치욕스럽고, 분함에 견디지 못해 선비는 정당방위로 그만 성기를 깨물어버립니다.

109

공주(公州)에 살던 한 가난한 선비가 걸음이 느린 말을 타고 호젓이 산 밑 길을 지나는데 산 위에는 나무꾼 십여 명이 앉아 쉬고 있었다. 이들이 말에서 내리라고 소리쳤으나 가난한 선비는 듣지 못했다. 나무꾼들은 떼 지어 내려와 가난한 선비를 끌어내리고는 그들의 생식기를 입에 빨려 욕을 보이자고 의논했다. 가난한 선비는 힘이 약해 다만 공손히 받아들일 수밖에 없었다. 한 나무꾼은 그 생식기가 대단히 강했는데 입에 물리고 왔다 갔다 하면서 한참을 뽑아내지 아니하니 가난한 선비는 분함과 괴로움을 견디지 못해 그것을 깨물어 피가 나왔으며, 저들 또한 흩어져 돌아갔다. 며칠 뒤 물린 독이 크게 덧나서 마침내 죽게 되었다.[102]

이런 나무꾼들의 강제 성추행과 사망 사건은 당시에도 자주 일어났을 법한 일 중 하나일 것입니다. 여기서 이야기하고 싶은 것은 성욕 해소가 왜곡되면 남을 추행하거나 하는 형태로 나타난다는 점이에요. 그래서 개인도 그렇고, 사회도 그렇고 무조건 성욕을 억압하는 것이 상책이 아니라 자연스레 풀 수 있는 쪽으로 유도하는 것이 바람직한 것 아닐까요?

정약용의 『흠흠신서』

102 정약용, 박석무·정해렴 역주, 『흠흠신서』1, 현대실학사, 1999, 83쪽.

허공의 쓸쓸한 손장난

_남자들의 자위

일찍 세상을 떠난 대구의 시인 이재행(1946~1996)은 시를 쓰는 행위를 마스터베이션에 비유하여 멋진 시를 남겼습니다. 제목이 「허공의 손장난」(1984년)인데요. 이 시를 읽고 있으면 시를 쓰는 행위[詩作]와 자위행위가 오버랩됩니다. 물론 어떤 의미에서 손으로 종이 위에 시를 쓰는 행위나 자위행위나 모두 허공에서 하는 '손장난'으로 볼 수 있지요. 그런데 이 시에서는 '시작=자위행위'가 '작가의 몸짓=생물학적 신체 행위'에 머무르지 않고, 우주 속에서 미적 의미를 획득하여 새로운 세계로 우리를 안내합니다. '그것을 움켜쥐고/ 폭풍의 어두운 바다를 건너' 가려는 문학적 에로티시즘의 기획이자 힘이지요.

'시=자위'의 관계는 '완성=소멸'을 은유합니다. 마광수가 "가볍게 수음(手淫)하는 기분으로 시를 쓰고 싶다"[103]고 했듯이 '시작=자위'의 관계는 '예술=에로티시즘'을 말해주는 대목이기도 하지만 '쾌락=허무'를 상징하기도 합니다.

우리 문학에서 자위행위는 여러 형태로 나타납니다. 예컨대 시인 김선우(1970~현재)의 시 「내 몸속에 잠든 이 누구신가」를 보면 남자

---

103 마광수, 「시작(詩作) 메모」, 『사랑의 슬픔』, 130쪽.

는 자위를 하고 있고 그것을 옆에서 지켜보는 듯한 착각을 일으키게 하는데요.

"그대가 밀어올린 꽃줄기 끝에서/ 그대가 피는 것인데/ 왜 내가 이다지도 떨리는지"[104]라고 읊은 대목에는 남성들이 하는 자위행위의 본질이 드러납니다. 스스로의 성욕이 "밀어올린 꽃줄기 끝에서" 스스로가 "피는 것"이 바로 자기 위로 아닌가요? 그것은 허망하겠으나 결국 생물학적인 욕망의 해소로 나쁜 것으로 금기시하거나 폄하할 일이 아니지요. 남성이든 여성이든 자위행위는 결국 "그대가 꽃피는 것", "그대가 피어 그대의 몸 안으로/ 꽃벌 한 마리 날아든 것"으로 스스로의 생리적 흐름을 저절로 따르는 매우 자연스러운 과정이니까요. 김선우는 다른 시에서 이렇게 말합니다. "옛 애인이 한밤 전화를 걸어왔습니다./ 자위를 해본 적 있느냐/ 나는 가끔 한다고 그랬습니다/ 누구를 생각하며 하느냐/ 아무도 생각하지 않는다 그랬습니다"[105]라고요. 그런데 얼마나 자연스러운 시적 고백인가요. 조금도 추하지 않습니다! 이처럼 자위는 자연스러운 행위입니다.

우리 문학 속에서 '자위' 하면 빼놓을 수 없는 작가가 있어요. 마광수입니다. 그는 그의 시집 이곳저곳에서 망설임 없이 자위행위 이야기를 쏟아냅니다. 아마도 우리나라 문학가 중에서 가장 솔직하고 용감하게 자위 이야기를 꺼낸 보기 드문 사람입니다. 이 점에서 나

———— 104 김선우, 『내 몸속에 잠든 이 누구신가』, 문학과지성사, 2007, 45쪽.
105 김선우, 「얼레지」, 『내 혀가 입 속에 갇혀 있길 거부한다면』, 창작과비평사, 2000, 32쪽.

는 그를 자위행위를 일상 차원으로 해방시킨 첫 문학인으로서 평가하고 싶어요. 그는 "가볍게 수음(手淫)하는 기분으로 시를 쓰고 싶다"[106]라며 시 작업 자체를 마스터베이션으로 보았어요. 그의 시속에는 흔하게 자위행위 묘사가 나옵니다. 적나라한 욕망도 드러내지요. 잘생긴 사내들을 수천 명 잡아다가 정액 공장을 차리고 싶을 정도로[107] 변태적인 집착을 보이기까지 합니다. 물론 자위의 언급은 남성에만 국한하지 않아요. 여성도 안중에 둡니다. 삽입성교 대신 여자가 혼자서 자위행위 하는 모습을 좋아한다[108]거나 "내가 여자라면 고드름을 가지고 자위행위를 해볼 테야"[109]라며 자위행위의 상상력을 넓혔어요. 그의 자위행위는 "그놈이 말을 들어주지 않는다/ 야한 네 모습을 상상하며 자위행위를 할 때는 잘도 서는데"[110]처럼, 남녀의 건강한 성생활을 넘어서서 자위행위 일변도로 나아가는 듯하여 위태롭기까지 합니다. 그런데 "아, 불쌍한 내 정충들이여/ (…) / 이젠 치사해서 자위행위도 안 해"[111]라고 하듯이 그의 자위행위도 결국은 흥미를 잃고 맙니다. 더욱이 나이가 들면 "사랑마저 나를 버린다 더 버틸 재간이 없다/ (…) / 수음(手淫)마저 나를

——— 106 마광수, 「시작(詩作) 메모」, 『사랑의 슬픔』, 해냄, 1997, 130쪽.

107 마광수, 「정액 공장」, 『빨가벗고 몸 하나로 뭉치자』, 시대의창, 2007, 42쪽.

108 마광수, 「꿈속의 사랑」, 『모든 것은 슬프게 간다』, 책읽는귀족, 2012, 165쪽.

109 마광수, 「여름」, 『사랑의 슬픔』, 해냄, 1997, 77쪽.

110 마광수, 「서글픈 사랑」, 『사랑의 슬픔』, 해냄, 1997, 24쪽.

111 마광수, 「중년의 우울」, 『빨가벗고 몸 하나로 뭉치자』, 시대의창, 2007, 27쪽.

버린다 더 버틸 재간이 없다"[112]처럼, 신체적 한계에 부딪히고 있음을 고백합니다. 자연스러운 현상이죠.

한 가지 새겨볼 만한 것은 마광수가 "노예들을 방석 대신으로 깔고 앉는/ 옛 모로코의 국왕이 나오는 영화를 보고 돌아온 날 밤/ (…) 나는 그만 신경질적으로 수음을 했다"[113]고 고백하는 대목입니다. 즉 노예들을 방석 대신으로 깔고 앉는 옛 모로코의 국왕이 나오는 영화를 보고 난 뒤에 작가가 겪는 내면적 신체적 욕망의 갈등 해소과정에서 드러내는 '신경질적인 수음'입니다. 그렇다면 이렇게 다시 물어볼 만하지 않을까요? 자위는 그를 넘어서서 인간의 '신경질을 해소하는' 방편인 것일까, 하고 말입니다.

───── 112 마광수, 「사랑마저 나를 버린다」, 『사랑의 슬픔』, 해냄, 1997, 51쪽.

113 마광수, 「왜 나는 純粹한 民主主義에 몰두하지 못할까」, 『狂馬集』, 심상사, 1980, 38~39쪽.

성교보다 자위행위를 선호한 철학자

_미키 키요시

'신경질'이란 국어사전에 '신경이 너무 예민하거나 섬약하여 사소한 일에도 자극되어 곧잘 흥분하는 성질. 또는 그런 상태'를 말한다고 나와 있습니다. 자위행위란 이성적 사유로 도달하는 것이 아니라 충동적·본능적 욕망의 발로입니다. 그러나 그 본능도 이성적으로 멋스럽게 '사상'을 가질 수 있어요.

예전에 나는 자위행위를 선호한 미키 키요시[三木清, 1897~1945]에 대한 글을 접한 적이 있습니다. 미키는 근대기 일본의 대표적인 학파인 '교토학파(京都學派)'의 주요 인물로, 성교보다도 자위행위를 선호했다고 합니다. 1942년 그가 육군에 징용되어 보도반원(報道班員)으로 필리핀의 마닐라에 파견되었을 때의 이야기예요. 동료 작가들이 성욕을 채우기 위하여 여자들을 찾아 나섰을 때에 그는 동행하지 않았고, 성욕이 일어날 때 세탁장 부근 마을의 남녀가 성교하는 장면을 보면서 자위행위를 했다고 합니다.[114]

미키 키요시

———— 114 金森誠也, 김하림 옮김, 『철학자의 사생활—세계 철학자들의 기행과 일화』, 열린책들, 1986, 217쪽.

남에게 해를 끼치지 않고 스스로의 성적 욕망을 해소하는 미키의 태도에 일단 나는 동의합니다. 남성이 가진 '성욕'은 자연이에요. 문제는 그것을 해소할 때 어떤 철학과 도덕을 갖느냐가 중요한 거죠. 욕망 앞에서 인간이 인간답게 산다는 것이 무엇인지를 한 번쯤 되돌아보는 능력 말입니다. 이것이 자신의 욕망을 품위 있게 문화 속으로 진입시키고 또한 인간을 서로 존중하며 원만한 상생의 구조에서 선순환해가는 지성 아닐는지요. 이런 고민은 인문학이나 철학의 선택 사항이 아니라 필수 사항입니다. 이 점을 솔직히 인정하지 않으면 실제로 반쪽의 인문학, 반쪽의 철학이 된다고 나는 생각합니다.

'설정(泄精)'의 공포

_자위에 대한 폭력의 근저

사실 동양권, 특히 한국에 살면서 '자위' 문제를 다루는 것은 좀 불편합니다. 왜냐하면 이런 문제를 거론하는 것 자체가 점잖지 못하다는 평가를 받을 수 있고, 곱지 않은 시선에 품격 없는 인간으로 전락해 불편해질 수 있기 때문이에요.

결론부터 미리 말하자면 자위는, 마치 배고플 때 혼자 밥을 먹을 수 있듯이 문제가 없는 매우 정상적인 행위입니다. 그런데 이런 자연스러운 행위가 자칫 이상성욕자, 변태성욕자로 취급되어 인간답지 못하다는 평가를 받기 십상입니다. 일반적으로 동양 사회에서는 '성' 문제를 공공연하게 이야기해서는 안 되며, 꼭꼭 숨겨야 한다는 암묵적인 '금기'의 약속이 있는 듯합니다. '성'의 문제를 너무 자세하게 알려주는 것은 온당하지 못하며 오히려 문제를 더 많이 만들어 낼 수 있다는 판단이 들어 있는 것 같아요. 마치 로저 샤툭이 『금지된 지식』의 첫머리에서 진지하게 묻고 있듯이 말입니다.

우리가 알지 말아야 할 것이 있는가? …자유로운 발상과 무한성장의 분위기 속에서 어떤 개인 또는 제도가 지식의 한계를 진지하게 제기할 수 있는가? 우리는 그러한 질문에 내포된 도덕적 측면을 파악하고 존중할 능력을 잃어버린 것은 아 닐까? 자연의 비밀에 더욱 가까이 접근하게 됨으로써 지식은 해결책보다는 오 히려 더 많은 문젯거리만을 안겨주는 지점에 도달하였는지 모른다.[115]

그렇지 않습니다. 자위, 나아가서는 성에 대해서 제대로 알려주어 야 합니다. 개개인이 자연스러운 신체적 행위에 대해 이성적이고 합 리적인 판단, 아울러 성숙한 태도를 요청할지언정 금기시하는 것은 온당하지 못하니까요.

특히 부모들은 자녀의 자위행위에 대해서 당혹스러워하거나 즉흥 적인 대응을 하기 일쑤인데요. 전통 사회에서 보여주는 대표적인 예 로 이문건의 『묵재일기』에 나온 일화를 들 수 있습니다.

조선시대에 묵재(默齋) 이문건(李文楗, 1494~1567)이란 사람이 있었 습니다. 그는 『묵재일기(默齋日記)』를 남겼는데, 이는 "현전하는 최초 의 생활일기"[116]입니다. 이 글에서 우리는 당시 청소년의 자위 장면 을 만날 수 있어요. 이문건은 그의 아들 이기성(李箕星, 1518~1557)이 행하는 자위를 두고 아들에게 엄청난 폭력으로 대응합니다. 참으로 딱하고 슬픈 장면이죠. 이런 문제는 이문건의 모친 시묘살이 기간 에 발생해요. 당시 아버지는 42세였고, 아들은 18세였습니다.

우선 1535년 11월조의 일기 내용을 볼게요. 공부를 하지 않고 게

115 로저 샤툭, 『금지된 지식 I-프로메테우스에서 포로노그라피까지』, 조한욱 옮김, 錦湖文化, 1997, 15쪽.

116 이복규, 「默齋 李文楗의 『默齋日記』에 대하여」, 『국어교육』97, 1984, 1998, 300쪽.

으름을 피우는 자식에게 과잉 폭력으로 대응하는 아버지의 모습이
나옵니다.

- 아침에 아들 기성이 시(詩)를 해석하지 못하자 분노하여, 그를 장판(長板)으로
  때렸는데, 장판이 부러졌다.(1535년 11월 23일)
- 저녁에 기성에게 화가 나서, 그를 대나무로 때려서, 기가 몹시 상하였다.(1535년
  11월 24일)
- 기성이 배운 시를 얼마 되지 않아 곧 잊어버렸다.(1535년 11월 26일)
- 기성이 (배운 것을) 익히기를 피하고 게으름을 부렸다.(1535년 11월 27일)
- 기성이 조금도 익히지 않았다.(1535년 11월 28일)

그런데 이문건의 폭력은 아들 기성의 엉뚱한 행동 즉 자위로 드
러납니다. 이 장면을 보면 당시 청소년 사이에 자위가 빈번히 일어
나고 있었음을 알 수 있어요. 1535년 12월조의 일기는 이렇습니다.

- 또 기성에게 전에 읽었던 것을 해설하라고 했지만, 조금도 하지 못하였다. 분
  노가 극에 달아 그 등을 매질하여, 마침내 전에 읽었던 것을 다시 익히도록 하
  였다. (조카) 휘가 (기성의) 눈을 관찰하고서, 밤에 (기성이) 다시 자위행위[泄精]
  를 하였다고 말하였다. 그것을 (기성에게) 물으니 곧 감추지 못하였다. 지금 그
  짓을 다시는 못하도록 엄금하고자, 그 이불을 덮어주고 그것을 핥으라고 모욕
  을 주었다.(1535년 12월 3일)
- 기성을 때렸다.(1535년 12월 6일)

위에서 '다시 자위행위를 하였다'는 대목에서 자위행위가 이전에도 이루어졌음을 알 수 있는데요. 조카인 휘가 기성의 '눈을 관찰하고서'라는 대목에 이르면 '설정(泄精)' 즉 자위를 하여 정액을 배출한 뒤의 몸 상태를 눈동자를 통해서 살폈음을 알 수 있고요. 자위행위로 '정액'이 빠져나가자 기진맥진하여 아마도 기성의 눈동자가 쏙 들어가고 풀려 있었나 봅니다. 당연히 피로해져서 공부에 집중할 수 없는 상태였을 테지요. 더 놀라운 것은 그 아이에게 자신이 배설한 정액을 스스로 핥으라고 종용하는 대목입니다. 읽기에 민망할 정도예요.

그러나 그렇다고 해서 자위행위가 그친 것은 아닙니다. 폭력에 대응하여 반발심 혹은 스트레스 해소 차원으로 다시 자위행위를 계속하지요. 그러자 또 폭력이 이어집니다.

- 기성에게 매질하였다. …기성이 자위행위를 하였다.(1535년 12월 7일)
- 기성을 때렸는데, (배운 것을) 익히기를 쥐새끼처럼 피하기 때문이었다.(1535년 12월 7일)

아들의 자위행위에 대해 아버지는 폭력을 가하지만, 자위행위는 그치지 않습니다. 스트레스를 받으면 받을수록 자위는 계속 더해만 가요. 머리카락을 뽑아버리고, 배출한 정액을 핥도록 강요해도 자위는 매일매일 이어지고, 아버지는 다시 폭력을 휘두릅니다. 참혹할 정도지요.

- 아침에 기성의 뺨을 짓밟고 또 머리채를 뽑아버렸다. 대단히 분노하였다. 묻는 데도 대답하지 않았기 때문이다.(1535년 12월 8일)

- 기성이 다시 자위행위를 하여 눈이 들어갔다. 크게 꾸짖으면서, 그 더러운 것을 혀로 핥아먹으라고 모욕을 주었다. 개같은 마음을 어찌 고칠 수 있겠는가? 단지 나만 힘들 뿐이다.(1535년 12월 8일)

- 기성이 다시 자위행위를 해서 눈이 들어갔다. 크게 꾸짖으면서 때렸다. 사납게 옷을 벗기고, 너무도 화가 나서, 얼굴과 손에 타박상과 피가 맺었다. 나의 사나움이 이와 같았다. 대단히 분노했던 것은 (내가) 가르치고 명령한 뜻을 매번 살피지 않았기 때문이다.(1535년 12월 9일)

『묵재일기』에서도 알 수 있듯이 조선시대 수험생들은 평소 자위행위를 했던 것 같습니다. 공부에 지친 수험생들이 욕구불만을 자연스레 자위를 통해 해소한 것은 사실 이상할 리 없는 일입니다. 다만 여기서 아버지 이문건이 아들 기성의 자위행위를 나무란 배경에 공부 소홀의 원인이라는 측면도 있었겠으나 그보다 더 근본적으로는 '정액'이 몸 밖으로 배설된다는 '설정(泄精)'에 대한 금기가 철저했음을 추정해볼 수 있겠지요.

무인들만 그런 것이 아닙니다. 문인 선비들도 성욕을 비껴 갈 수는 없었나 봅니다. 박종평은 『선비의 번뇌, 색욕』에서 퇴계와 남명이 섹스에 대해서 논한 이야기를 소개합니다. 참고로 들어볼게요.

유몽인(柳夢寅, 1559~1623)의 『어우야담(於于野談)』에는 재미있는 얘기가 나온다. (…) 퇴계가 물었다. "술과 여자를 좋아하지 않는 사람은 없습니다. 술은 그래도 참을 수 있으나 여자 욕망[色]은 참기가 어렵습니다. 선생은 어떠십니까?" 남명이 웃으면서 대답했다. "여자에 대한 욕망에 대해선 (저는) 이미 패배한 장수입니다. 말도 꺼내지 마십시오." 물론 이 이야기는 사실이 아니다. (…) 묵재 이문건이나 미암 유희춘이 남긴 기록에도 여색을 탐하는 대목이 있다. (…) 이문건의 아내는 남편에게 "당신이 바람을 피우지 않았다면 어찌 투기를 하겠습니까?"라고 소리치며 남편의 베개를 칼로 찢었다. 유희춘의 아내도 복직한 남편이 한양에서 몇 달간 독수공방한 것을 자랑하자 이렇게 면박을 줬다. "나는 시어머니 3년상도 홀로 치렀는데, 그게 뭐 힘든 일이라고…."[117]

<hr>

117 박종평, 「난중일기로 만난 이순신과 조선: '칼의 노래' 속 여진은 상상의 인물? '이순신의 여자' 미스터리」, 《新東亞》 666호, 동아일보사, 2015. 3, 444~445쪽.

「쌍육삼매(雙六三昧)」, 혜원풍속도첩(蕙園風俗圖帖) 중에서. 서울 성북구 간송미술관 소장.
기생들을 데리고 야외에서 쌍육놀이를 하는 모습을 그렸다.(위)
「기방무사(妓房無事)」, 혜원풍속도첩(蕙園風俗圖帖) 중에서. 서울 성북구 간송미술관 소장(좌)

어디 그 뿐일까요? 퇴계와 관기 두향(杜香)과의 러브스토리, 화담 서경덕과 황진이의 에피소드 등등 수많은 이야기들이 회자되었지요.

조선시대라고 해서 성욕도, 식욕도 없었던 것은 아닙니다. 그리고 성에 대한 이런저런 이야기를 쉬쉬하며 애써 묻어둘 필요도 없고 요. 모두 있을 수 있는 그렇고 그런 이야기들이니까 말입니다. 입에 담아서는 안 되는, 금기시할 특별한 비밀 이야기가 아니지요.

젊을 때뿐 아니라 나이 들어서도 자위행위를 합니다. 일반인이든 수행자든 살아 있는 인간에게 모두 자연스러운 현상이지요. 종교집단 내에서도, 군대 내에서도 있을 수 있는 일입니다.

지금의 네팔 남서쪽에 인접해 있던 코살라(kosala) 국의 도읍지인 사위성(舍衛城)에 석가모니가 머무를 때의 일이었어요. 제자 중한 사람인 가류타이(伽留陀夷, 산스크리트어로는 Kāodāyin, 팔리어로는 Kāludāyī)라는 비구가 음욕을 이기지 못해 자위를 했습니다. 가류타이는 일반적으로 석가모니가 생존해 있을 당시에 나쁜 짓을 많이한 비구로 알려져 있는데, 그가 자위를 한 사실이 알려진 이후 그것을 금지하는 계율이 만들어졌다고 합니다.[118]

이런 기록으로 미루어 보면 젊은 남성 수행자들이 자위를 통해 성욕을 해소하는 예가 있었음을 알 수 있어요. 물론 자위는 남성 수행자들에게만 해당되는 것은 아닙니다. 당연히 여성 수행자에게도 적용되지요. 여성 수행자 중에서도 자위 등 성적으로 음란한 행

---

118 "若比丘故弄陰出精. 除夢中僧伽婆尸沙"(『四分律比丘戒本』, 大正藏, Vol.22, No.1429, p.1016a.)

위를 하는 이도 있을 수 있습니다. 그래서 이러한 일련의 행동을 금지하도록 한 계율이 생겼는데, 이는 무거운 죄부터 가벼운 죄까지 불교의 계율서인 『율장(律藏)』과 『사분율(四分律)』 등에 잘 정리되어 있습니다.

가장 무거운 죄는 '바라이법(波羅夷法, pārājika)'을 어긴 죄입니다. 바라이란 계율 가운데, 하지 말라고 가장 엄하게 금지한 것인데요. 저지를 경우 승단에서 추방되어 비구·비구니의 자격이 상실되는 가장 무거운 죄입니다. 비구의 바라이에는 ⑴음란한 짓을 함, ⑵도둑질을 함, ⑶사람을 죽임, ⑷깨닫지 못하고서 깨달았다고 거짓말을 함의 네 가지가 있어요. 비구니는 여기에 '염오심(染汚心:음욕을 품은 마음)이 있는 남자와 함께 몸을 서로 만지거나 닿게 하면 안 되는 계' 등의 다른 네 가지를 더하여 여덟 가지를 지켜야 해요. 이것을 범한 사람은 승려로서의 자격을 잃게 되며 대중에게 쫓겨나 함께 살지 못합니다.

다음은 '승잔법(僧殘法)'을 어긴 죄로서 성(性)에 관한 죄 등이 포함되어 있습니다. 그다음이 '부정법(不定法)'을 어긴 죄로서 비구가 여성과 자리를 함께한 경우고, 이어서 '사타법(捨墮法)'을 어긴 죄로서 소유가 금지되어 있는 물건을 소지한 경우입니다.

그다음에 있는 것이 바일제법(波逸提法)을 어긴 죄입니다. 바일제법([波逸提], 산스크리트어로 pāyattika, 팔리어로는 pācittiya)이란, 망어(妄語:거짓말)·악구(惡口:험한 말) 등의 가벼운 죄를 모아놓은 것으로 저질렀을 경우 참회를 하면 속죄될 수 있는 법[應懺悔法]을 말합니다. 여기에서는 성과 자위에 관련된 몇 건만을 제시하고[119] 약간의 해설을 덧붙이겠습니다.

- 체삼처모계(剃三處毛戒): '세 곳의 털을 깍지 말라!'는 계이다. 세 곳이란 '대소변 처(大小便處) 및 겨드랑 밑'을 말한다. 이 세 곳의 털을 깎는 행위는 재가자들에 게 수행자가 음욕을 행하려는 것으로 비쳐질 수 있다. 따라서 비구니들의 품 행을 규제하는 것이다.

- 세정과분계(洗淨過分戒): "세정할 때 손가락 한 마디 이상 넣지 말라"는 계이다. 비구니가 물로 소변처(음부)를 씻을 때에는 두 손가락의 각 한 마디까지로 한 정한다. 이것을 넘으면 안 된다는 것이다. 그 이유는 자위라는 음행을 금하고 자 하는 것이다.

- 호교작남근계(胡膠作男根戒): "호교(胡膠:나무진액, 고무)[120]로 남근을 만들지 말 라"는 계이다. 비구니가 호교로써 남근을 만들면 음욕을 품거나 자위행위로 이어질 수 있기에 금지하고자 한 것이다.

- 상박계(相拍戒): 즉 "비구니끼리 서로 문지르지 말라"는 계이다. 비구니가 함께 서로 문지르면 안 된다는 것은 동성끼리 이루어지는 신체 접촉을 통한 음행을 금지하는 것이다.

---

119 이에 대해서는 김수연, 「比丘尼 不共戒에 나타난 女性觀—『四分律』을 중심으로」, 『동국대학교 대학원 석사학위논문』, 동국대학교대학원, 1997. 6, 43쪽을 참조.

120 호교(胡膠)란 팔리어 jatu 혹은 jantu를 한역한 것이다. 수교(樹膠), 수지(樹脂), 자 교(紫胶)로도 번역한다. 수목이 분비하는 끈적끈적 찐득찐득하고 차진 액체(=진, 진액) 즉 천연수지 고무(=胶)인데 그것이 굳어 고체화된 것까지 두루 일컫는 말이다. 팔리어 jatumatthaka라는 말을 수교성구(樹膠性具)로 번역하는 것을 보면 남방에서 흔히 천연수 지 고무 성분을 가지고 여성들이 남자 성기 모양의 자위 도구를 만들었음을 알 수 있다.

- 여남입병장처계(與男入屛障處戒): "남자와 함께 가려진 곳에 들어가지 말라"는 계이다. 병장처란 '나무, 담장, 울타리, 옷 기타 따위로 막혀 있는 장소'인데, 남자와 함께 있으면 음행이 이루어질까 해서이다.

- 유반여남자병처계(遺伴與男子屛處戒): "(마을에 들어가서) 동행을 멀리 떠나보내고 골목에서 남자와 귓속말을 하지 말라"는 계이다. 신체접촉으로 음행이 이루어지거나 남들이 오해를 할까 해서이다.

- 이인공상계(二人共床戒): "(병이 들어서가 아니라면) 두 사람이 한 평상에 눕지 말라"는 계이다. 동성 간의 피부, 신체 접촉을 방지하려는 것이다.

- 이인피욕계(二人被褥戒): "한 요와 한 이불 속에 함께 눕지 말라"는 계이다. 동성 간의 접촉이 남들로부터 오해를 불러일으킬 수 있고 또한 동성 간의 신체 접촉을 방지하기 위해서이다.

  비구와 비구니 사이에서만이 아니고 비구니 사이에서도 신체 접촉을 금하는 것은 신체 접촉이 동성연애로 이어지기 때문이며, 남들로부터 오해를 살 수 있어서입니다. 더구나 몸을 씻을 때에도 특정 부위를 자극하지 않도록 하는 것은 수행자들의 엄격한 규칙을 잘 살필 수 있는 대목이겠지요.

『논어』를 보면 "공자가 말했다. 군자가 경계해야 할 세 가지가 있다. 소년기에는 혈기가 안정되어 있지 않으므로 여색을 경계하고, 청·장년기에 이르러서는 혈기가 왕성하므로 싸움을 경계하고, 노년기가 되어서는 혈기가 쇠잔했으므로 (이익이나 명예 등에 대한) 탐욕을 경계해야 한다"[121]는 문장이 나옵니다. 삶의 지혜를 언급한 내용이지요.

공자는 우리가 흔히 말하는 정력(精力)도 마구 허비해서는 안 된다고 보았습니다. 사람의 육체를 살리는 근원을 정(精)이라 하는데요. 정(精)이란 쌀[米]에 붙은 푸른 눈[靑, 쌀눈]을 말합니다. 그 눈이 떨어져나가면 싹이 돋을 수 없지요. 거기에 벼가 생장하는 에너지가 응축되어 있는 탓입니다. 사람의 몸도 마찬가지예요. 인간의 신체 가장 밑바닥을 받쳐주는 기운이 바로 정(精)입니다. 이것이 고갈되면 신체는 허물어지고 말아요. 그러면 '정신[神]'이 혼미해져요. 정(육체)과 신(정신)이 결합해서 우리의 몸이 있는 것이니 말입니다.

———— 121 "孔子曰 君子有三戒 少之時 血氣未定 戒之在色 及其壯也 血氣方剛 戒之在鬪 及其老也 血氣旣衰 戒之在得"(『論語』「季氏篇」)

좀 더 분석하면 정에서 '얼=백(魄)'이 나오고, 신에서 '넋=혼(魂)'이 나옵니다. 다시 얼에서 '지(志:숨은 마음의 지향성)'가 나오고, 넋에서 '의(意:드러난 마음의 지향성)'가 나오지요. 전자는 음기이고, 후자는 양기인데요. 이 둘이 분리되면 죽음에 이릅니다. 이른바 혼비백산(魂飛魄散)이죠. 양기인 '넋'은 정신적인 것으로 공중으로 날아 '나가고', 음기인 '얼'은 육체적인 것으로 아래로 '빠집'니다. '넋 나가고, 얼빠진다'는 말이 여기서 유래한 것인데요. 정력을 과다 허비하면 얼빠진 사람, 곧 죽음에 이르게 된다는 뜻입니다. 살아 있다는 말은 곧 정력이 있다는 것을 이릅니다. 죽음은 정력이 다 빠져나간 상태이고요.

물론 여색을 경계하라는 충고가 청소년기에만 해당되는 것은 아닙니다. 나이가 들어도 마찬가지죠. 소설 『금병매』에서 대단한 성욕의 소유자 서문경은 "하늘은 양이고 땅이 음이란 이야기도 못 들은 모양이지. 남자와 여자가 짝을 맞추는 것은 자연적이란 말이야"[122]라고 하나, 그는 성욕을 과다 해소하여 죽음에 이르는 병을 얻게 됩니다. 그래서 "서문경은 색을 즐기고 간음을 탐할 줄만 알았지 기름이 마르고 등잔이 꺼지고 골수가 다하면 목숨을 잃는다는 것은 알지 못했다"라고 말한 뒤 옛 사람들의 격언을 시로 풀어냈어요.

알아두시라, 색이란 사람 잡는 칼날이오니
세상사람 다 죽어도 세상사람 막지 않는다네

───── 122 소소생, 『완역 금병매4』, 박수진·박정양 옮김, 청년사, 1993, 65쪽.

이팔 미녀 고운 몸매 우윳빛 나도

…사나이 잡네…

그대 골수 남 몰래 마르게 하오.[123]

서문경은 색을 너무 밝혀서 결국 병이 듭니다. 성욕에 탐닉한 결과이죠. 하지만 이미 때는 늦었군요.

포식하고 거나해서 여색 찾으니

정신도 혈맥도 모두 마르네

유정(遺精)하고 피를 쏟고 고름 흘리니

기름 잔등 기름 없듯 현수 말랐네

그전 날 기쁨 적다 한탄했건만

오늘날 오히려 질병 많구려[124]

등잔불의 심지에 기름이 마르듯, 정(精)이 고갈되어버린 것입니다. 옛날부터 남자는 문지방 넘을 힘, 숟가락 들 힘만 있으면 밝힌다고 했는데요. 여기서 밝히는 힘이 곧 정력이에요. 정(精)이 있는 한 색욕이 살아 있는 거고요. 우리 몸은 살아 있는 한 계속 사용해야 합니다. 그래서 기능을 유지해야 해요. 만일 사용하지 않는다면 그 기관은 퇴화하게 마련이니까요. 하지만 성욕은 과도로 탐닉하게 되

———— 123 소소생, 『완역 금병매5』, 박수진·박정양 옮김, 청년사, 1993, 340~341쪽.

124 소소생, 『완역 금병매5』, 박수진·박정양 옮김, 청년사, 1993, 354쪽.

면 '신(神)=정신'이 혼미해지고 건강한 삶은 끝나고 노(늙음)→병(병들)→사(죽음)의 과정을 밟게 됩니다.

식욕, 성욕도 자연스러운 것이 좋습니다. 배고프면 먹고, 배를 채우면 숟갈을 놓는 식으로요. 무조건 참을 수는 없습니다. 자연이 과하거나 모자람이 없는 균형을 찾듯이 몸도 마음도 균형을 찾는 것이 중요합니다. 이 점에 충실한 것이 도교인데요. 도교는 '스스로/저절로 그러한(=自然)' 만물의 법칙을 모범으로 삼습니다. 도법자연(道法自然)[125]이지요. 세상만물의 '도'는 자연 즉 세상만물의 '스스로/저절로 그러한' 법칙성에서 '본받은=따온' 말이라는 것입니다.

─── 125 『노자』(왕필본) 25장.

몸은 부모의 유체(遺體)
_유교의 마음

유교에서는 효(孝)를 중시합니다. 효의 정의는 『효경(孝經)』 등에 잘 드러나 있는데요. '효'라는 것은 무엇일까요? 여러 가지 뜻이 있지만, 이것을 요약하면 다음과 같습니다.[126]

첫째 '부모를 존경하는 것'[尊親], 둘째 '부모를 욕되게 하지 않는 것'[弗辱], 셋째 '부모를 봉양하는 것'[能養], 넷째 '조상을 제사지내는 것'[招魂再生], 다섯째 '자손을 영속시키는 것', 여섯째 '자신의 신체발부를 훼손하지 않는 것'(=부모에게서 타고난 대로 죽어 묻히는 것), 일곱째 '자기의 명성을 후세에 남기는 것' 등.

『효경』의 첫 페이지(1826년)

126 이에 대해서는 최재목, 「인간복제에 대한 유교의 입장」, 『자연과학대학 소식지』, 서울대학교 자연과학대학, 2001 참조..

증자와 그의 어머니를 형상화한 동상이다.

이러한 효의 의미 가운데서도 여섯째의 의미는 매우 중요합니다. 공자의 수제자 증자(曾子)는 공자가 "몸뚱이·머리털·피부는 부모에게서 받은 것이니, 함부로 훼손하지 않음이 효의 시작이다[身體髮膚, 受之父母, 不敢毀傷, 孝之始也]"(『효경』)라고 한 말을 평생의 신조로 삼았습니다. 그는 죽음에 이르러 그 제자들에게 "내 발을 벌려라! 내 손을 벌려라!"고 하여, "전전긍긍하며 살얼음을 밟는 것 같이" 자신의 몸을 다치지 않도록 살아왔음을 보여주었어요.

유교에서 본다면 나의 몸은 내 개인의 몸이 아닙니다. 자자손손 대를 이어가기 위한 의무적 몸이에요. 이것을 보여주는 이야기가 있습니다. 증자의 제자 악정(樂正) 자춘(子春)의 고사이죠.

악정 자춘이 당(堂)을 내려오다가 발을 다쳤다. (그런데 상처가 다 나았는데도) 몇 달 동안이나 밖에 나가지 않고 오히려 슬픈 기색을 보였다.

문하생들이 말했다.

"선생님의 발이 나으셨는데 몇 달 동안 나가시지 않고 오히려 슬픈 기색을 보이시는 것은 무엇 때문입니까?"

악정 자춘이 말했다.

"너의 물음이 좋구나! 나는 이것을 증자에게서 들었고, 증자는 이것을 공자에게서 들었다. 하늘이 낳은 바와 땅이 기르는 바가 사람보다 더 큰 것은 없다. (천지의 뜻을 이어받아) 부모가 온전히 하여서 이것(=몸)을 낳았으니, 자식은 이것을 온전히 하여서 (천지에) 되돌려주어야 한다. 이것을 효라고 한다. 그 몸을 일그러뜨리지 않고 그 몸을 욕되게 하지 않는 것을 온전히 한다고 말할 수 있다. 그러므로 군자는 반 발자국을 내딛더라도 감히 효를 잊을 수 없는 일이다. 지금 나는 효의 도리를 잊었다. 나는 이 때문에 슬픈 기색을 보이는 것이다. 한 발자국 발을 내딛더라도 감히 부모를 잊지 못하고, 한마디 말을 하더라도 감히 부모를 잊지 못할 것이다. 이 때문에 길을 가더라도 (바른길로 가지) 지름길로 가지 않고, (강을 건너더라도) 배를 타고 가지 헤엄쳐 건너지는 않는다. 감히 돌아가신 부모의 유체 [父母之遺體]를 위태롭게 행동하지 않는다. 한 마디 말을 하더라도 감히 부모를 잊지 못한다. 이 때문에 악한 말을 입에 내지 않고 분한 말이 내 몸에 돌아오지 않게 한다. 그 몸을 욕되게 하지 않고, 그 부모를 부끄럽게 하지 않는 것을 효라고 말할 수 있는 것이다."[127]

이렇게 악정 자춘은 증자와 마찬가지로 부모에게서 받은 완전한 몸을 그대로 죽을 때까지 잘 보존해야 한다고 생각했습니다. 이것은 공자가 "몸뚱이·머리털·피부는 부모에게서 받은 것이니, 함부로 훼손하지 않음이 효의 시작이다"라고 한 것을 모범으로 삼은 것입니다.

중국에 불교가 들어왔을 때 유교에서는 '삭발'하는 이유 때문에 이를 비판했는데요. 마찬가지로 우리나라에서 구한말 단발령이 내려졌을 때, 최익현과 같은 유학자는 "내 머리는 자를 수 있을지언

_____ 127 『禮記』, 「祭義篇」

정 머리털은 자를 수 없다"고 하여 '단발(斷髮)'을 목숨을 앗아가는 것과 동일시하여 거부한 바 있습니다. 부모의 유체를 훼손하지 않는다는 효의 정신이죠. 이전에 젊은이들이 '머리를 빡빡 밀면' 주위 사람들이 "너 사회에 불만 있니?"라고 묻곤 하던 것[128] 또한 신체를 중시하는 효의 맥락에서 이해가 가능하지 않을까요?

나의 신체는 부모의 유체라는 유교적 효의 맥락에서 이해한다면, 자위는 일단 몸을 축내고 훼손하는 것이니, 절대 해서는 안 되는 '불경스러운 행동'이 될 것입니다. 앞에 든 예로서, 이문건이 자식 기성이 자위를 했다고 폭력을 가한 것은 공부를 하지 않았다는 차원도 있겠으나 신체를 함부로 다루는 "불효막심한 놈!"이라는 유교 관습적 판단일 수도 있습니다.

채용신이 그린 최익현 초상

———— 128 DJ DOC의 노래, 「DOC와 춤을」 참조.

중국 고대의 점서(占書)인 『주역(周易)』에는 "동요본말약야(棟橈本末弱也)"라는 구절이 나옵니다. 동요의 '동(棟)'은 대들보를, '요(橈)'는 '휘다'는 뜻인데요. 즉 "대들보가 휨은 본말이 약한 것이다"라고 풀이할 수 있어요. 이에 대해 김흥호라는 분이 재미있게 설명했는데,[129] 이를 줄이고 다듬어서 인용해볼게요.

대들보가 휘는 것은 본말(本末)이 약해서 그렇다. 아래와 위의 문(=구멍)들이 약해서 그렇다. 입을 잘 지키지 못해서 모든 병이 들어가고, 아래 문을 잘 지키지 못해서 모든 죽음이 나온다. 먹는 문제는 병과 연결되고 남녀 문제는 죽음과 연결된다. 이 세상의 가장 큰 문제가 먹는 문제요 남녀 문제다. 본말이 약하다는 것은 먹는 문제(=식욕)와 남녀 문제(성욕)에 대해서 약하다는 말이다. 욕(欲)이란 골짜기 곡(谷) 자와 비어 있다는 흠(欠)이 합해진 글자로 모두 비어 있어 무저항 상태를 나타낸다. 밑 빠진 독 같은 것이다. 그래서 아무리 먹어도 끝이 없고 아무리 남녀가 만나도 끝이 없다.

성(性)에는 두 가지의 중요한 뜻이 있다. 성욕(性欲)이라 할 때의 '성'과 성리(性理)

---

129 김흥호, 『周易講解1』, 사색, 2003, 478~479쪽을 축약하여 인용함.

(=성리학)이라 할 때의 '성'이다. 성리라 할 때의 성이란 인의예지(仁義禮智)로 문화현상을 말한다. 성리학이란 철학이나 종교나 예술이나 과학 등을 생각하는 학문이다. 그런데 성욕이라 할 때는 '남녀 문제'를 가리키는 것이다. 생식을 위해서 성(性)처럼 중요한 것은 없다. 생식과 관련된 남녀의 만남은 진리이나 그것 없이 만나는 것은 욕(欲=욕망)이다. 욕망이 지나쳐서 만나면 '사랑(死浪:죽음의 물결)'이 된다. '성욕'이란 언제나 죽음과 연결된다. 심리학적으로 말하면 타나토스(Thanatos)라는 죽음의 본능이다. 사실 죽음이라는 것이 없으면 생식이라는 것도 없다.

욕망 중에 가장 큰 것이 식욕과 성욕입니다. 특히 성욕은 자제 없이 일어나는 대로 추구하다 보면 생명을 끝장내게 마련이죠. 위에서 표현한 것처럼 삶의 '대들보가 휘게' 됩니다.

좀 다른 이야기 하나를 추가해볼까요? 앞서 이야기했던 『흠흠신서』에는 남녀 간에 정을 통하다가 성기가 마찰하여 불이 나서 사망한 사건을 조사하는 기록이 있어요. 이해하기 힘들겠으나, '드물고 이상한 형사사건'―간음하려고 서로 껴안았다가 음욕의 불이 몸에서 일어났다―는 사건입니다.[130]

남녀 간의 음욕이 불을 낼 정도라는 가설을 적고 관련된 자료들을 열거해두었는데요. 성욕은 일종의 불꽃입니다. 음욕의 불꽃 즉 음화(淫火)라 하지요. 음란한 욕구가 극에 달해 화기(火氣)가 치솟아 본인의 성기 부분은 물론 성관계를 하는 상대의 신체 부위마저

――――― 130 정약용, 박석무·정해렴 역주, 『흠흠신서3』, 현대실학사, 1999, 212~220쪽.

태운다는 것입니다. 남녀 간에 사랑의 불, 정욕의 불이 붙으면 막을 수가 없나 봅니다. 그 불이 심하면 결국 성관계를 하는 두 사람이 타서 죽고, 가옥이 불타고, 주위 사람들에게도 피해를 가져온다는 은유를 겸한 이야기 같습니다.

_사물은 왕성한 다음 쇠퇴하기 마련

중국에는 고대 이래 인간을 만물의 영장(靈長)으로 간주하는 사상이 전해집니다. 영장이란 '영특하다, 총명하다, 훌륭하다'의 뜻인 '영'과 '낫다, 맏, 우두머리'의 뜻인 '장'을 합한 말인데요. 따라서 '영묘한 힘을 가진 우두머리'로서 '사람'을 일컫는 것이지요. 예컨대 『서경(書經)』에서는 "천지는 만물의 부모요, 사람은 만물의 영장이다"[131]라고 했습니다.

　이것은 북송 시기의 사상가인 주돈이(周敦頤, 호는 염계濂溪, 1017~1073)가 제시한 「태극도(太極圖)」와 그 설명인 「태극도설(太極圖說)」에 잘 나타나 있습니다. 즉 그는 음양(陰陽)과 오행(五行:목·화·토·금·수)에 의해 인간 및 우주 만물이 생성되는데, 그 과정에서 인간과 만물과의 차별이 이루어진다고 보았어요. 인간은 오행의 기운 가운데서 가장 훌륭한(탁월한) 요소를 얻어 탄생하였기에 정신[神]을 얻어 영장의 위치를 차지합니다. 핵심은 '인식-지성능력[知]'이지요.[132] 인간이 인간답다는 것의 근거는 바로 이 '인식-지성능력'입니다.

─────────
131 "惟天地萬物父母, 惟人萬物之靈"(「泰誓」상)
132 "惟人也, 得其秀而最靈, 形旣生矣, 神發知矣."(周惇頤, 『太極圖說』)

옆의 그림은 퇴계 이황의 『성학십도(聖學十圖)』 중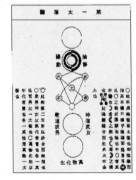
첫 번째 그림인 「태극도」인데요. 음양과 오행이 만
나서 인간 및 만물이 형성되는 과정이 도식적으로
표현되어 있습니다.

인간의 기운은 타고난 것인데, 그것은 무한한 것
이 아니라 각기 한정되어 있습니다. 태어날 때부터
타고난 사람의 혈기(血氣)는 왕성하였다가 소멸해
요. 그것이 자연이지요. 마치 『노자』라는 책에서 "사물은 왕성한 다
음 쇠퇴하기 마련이다[物壯則老]"[133]라 했듯이—우주의 작용을 빼
놓고는—지상에 영원히 왕성한 것이란 없습니다.

고대 생활 문화의 매뉴얼을 적어 둔 『예기(禮記)』에는 "사람이 태
어나서 일곱 살을 도(悼), 열 살을 유(幼), 스무 살을 약(弱), 서른 살
을 장(壯), 마흔 살을 강(强), 쉰 살을 애(艾), 예순 살을 기(耆), 일흔
살을 노(老), 여든·아흔 살을 모(耄), 백 살을 기(期)로 부른다"고 규
정되어 있습니다. 이런 룰에 따라 스무 살에는 성인식을 올리고, 서
른 살에는 장가를 들도록 했던 건데요. 일곱 살에는 아직 판단 능
력이 없으므로 범죄를 저지르더라도 처벌할 수 없다고 하였습니
다.[134] 사람의 신체적 특성을 규정해두고 그에 맞춰서 삶을 영위하
도록 한 것이지요.

———— 133 『노자』, 왕필본 30장.

134 "人生十年曰幼, 學. 二十曰弱, 冠. 三十曰壯, 有室, 四十曰强, 而仕. 五十曰艾, 服官
政. 六十曰耆, 指使. 七十曰老, 而傳. 八十九十曰耄. 七年曰悼, 悼與耄, 雖有罪, 不可刑焉,
百年曰期, 頤"(『禮記』「曲禮·上」)

『성학십도』 중 「태극도」

제철 음식처럼 인생에도 철이 있고 단계가 있습니다. 흐름에 따라 균형감 있게 사는 것이 가장 중요한 이유이지요.

접이불루(接而不漏), 환정보뇌(還精補腦)
_정과 신, 남과 여의 조화가 이루어져야

어떤 유명인은 "싱글로 50대인 나는 자위를 '밥 먹듯이' 한다"며 큰소리를 쳤다고 합니다. 물론 좋습니다. 나이, 건강, 심신의 상태에 따라 성욕을 해소하는 방법은 다를 수 있고, 욕망을 자연스레 해소하는 것은 권장할 만하니까요. 지나친 경우에 문제가 될 뿐입니다.

　예전에 들은 이야기가 떠오릅니다. 원숭이에게 자위를 가르쳐주었더니 하루 종일 식음을 전폐하고 그 짓만 해대다가 결국 기진맥진, 기력을 잃고 말더라는 것인데요. 사람도 마찬가지입니다. 성에 대한 탐닉과 중독은 심신을 망가뜨릴 수 있습니다.

　도교에서는 정액을 체내 원기가 액화된 것으로 보아 함부로 방출하면 체내의 정이 고갈되어 노쇠에 이르게 되므로 섹스를 하되 가급적 사정하지 말기를 권합니다. 현대에도 이런 방법이 논의되기도 했고요.[135] 잘 알려진 것 가운데 도교에서 말하는 '접이불루(接而不漏) 환정보뇌(還精補腦)'가 있습니다.

　불로장생에 이르는 섹스 기법이나 금기를 정리한 것이 이른바 '방중술(房中術)'입니다. 방중술이란 남녀의 교합에 의해서 불로장생을

───── 135 유계준, 『마스터베이션』, 도서출판 사람과사람, 1998, 124쪽 참조.

얻으려는 양생술인데, 최근 호남성(湖南省) 장사(長沙)의 마왕퇴한묘(馬王堆漢墓)에서 출토된 『양생방(養生方)』에는 기(氣) 체조 방식이 드러나 있습니다. 후세 방중술서의 원형을 보여주는 것인데요(아래 왼쪽 그림 참조. 오른쪽 그림은 발견 이후 순서를 매긴 것). 과거 중고등학생 시절에는 친구들끼리 '접이불루, 환정보뇌'라는 말을 많이 했습니다. 실제로 이런 방법을 순진하게 원용하는 친구도 보았고요.

　도교에서 비전하는 남녀 교합술에서 남성이 취하는 기법인 '접이불루'란 교접하되 사정하지 않는다는 것, 정액을 외부로 새나가게(유출)하지 않는다는 것입니다. 자위를 할 때에도 마찬가지예요. 사정을 하지 않도록 호흡을 가다듬고 정신을 바짝 차려서 참아내거나 아니면 사정하는 순간에 전립선의 안쪽을 눌러서 인위적으로 막아보려는 것입니다. 의학적으로는 위험하기도 하고 도리어 전립선에 무리를 주어 건강에 좋지 않다는 의견도 있는데요. 그럼 왜 그렇게 사정을 꺼리는 것일까요? 바로 '환정보뇌' 때문입니다. 환정보뇌란 정액을 되돌려서 뇌를 보강한다는 뜻입니다. 뇌란 하늘의 태양과 같습니다. 정신을 관장하는 곳이지요. 그런데 정액이 빠져나가면 나갈수록 신(神), 즉 정신이 바닥난다고 본 것입니다. 끝장이 난다, 즉 정액이 빠져 골수가 마르면 한정된 신체 에너지가 고갈되어 정신은 혼미해지고 죽음에 이르게 된다는 것입니다. '정'(육체의 근원적 힘)을 잘 관리하여 '신'(정신, 의식)을 또렷하게 유지하며 살라는 철학에 다름 아니지요. 물론 도교는 골수가 마르지 않게 정액을 보존하여 건강을 유지하는 목표를 '늙지 않고 장수한다'는 이른바 '불로장생'에 둡니다만, 이것이 과학적으로 가능한지는 다른 차원의 이야기인 듯합니다.

방중술에 대해서 좀 더 이야기해볼게요. 방중술에는 남녀의 생리(生理)에서 윤리, 정력의 양성, 정력제 등등 성에 대한 모든 항목이 망라되어 있습니다. 그래서 중국 고대의 성과학·지식의 집대성이라 할 만한데요. 섹스의 경우 여성의 황홀감-절정감-희열 즉 엑스타시(ecstasy)가 중요하다고 봅니다. 즉 충분한 정감의 고조(=화합)를 기다린 뒤에 성교가 이루어져야 한다는 뜻이지요. 전통 사회에서 보여주듯 남성 위주(=주도)의 일방적인 성이 아니라 남녀평등이라는 매우 진보적인 의미를 담고 있습니다.

이것을 상징적으로 잘 드러내는 것이 옆의 그림이에요.[136] 이 그림은 여성=음부인(陰婦人)이 남성=양씨(陽氏)와 결합하여 우주적인 하나 됨=태일(太一)을 지향하는 모습을 나타냅니다. 꼭 껴안은 두 사람(=음양)은 우주를 품은 알[卵]입니다(왼쪽 그림 참조). 태극도(太極圖)(오른쪽 그림)를 구현한 것이라 할 수 있는데요. 태극도는 흰 쪽이

---

136 내용과 그림은 大森崇 외 편집, 『道教の本』, 少年社, 1993, 114쪽 및 118쪽을 참조하고 인용하였다.

144

양=남성원리, 검은 쪽이 음=여성원리입니다. 물론 남성원리는 여성원리를, 여성원리는 남성원리를 서로 껴안은 채 영원히 순환하고 있음을 상징합니다.

태극도를 구현한 음부인과 양씨의 화합도를 보면 폴란드 출신 화가 즈지스와프 백신스키(Zdzislaw Beksinski, 1929~2005)가 그린, 죽음의 풍경을 표현한 무제 작품(1984)이 떠오릅니다. 이 그림은 폼페이에서 발견된 미라로 둔갑하여 떠돌기도 하는데, 철학적 내용면에서 보면 백신스키의 작품은 우주성이 결여된 죽음, 즉 절망과 허무감을 표현하고 있답니다. 따라서 음양이 화합하여 영원히 순환하는 태극도와는 정취가 다르지요.

이쯤에서 더 들어 두고 싶은 그림 하나가 있습니다. 도교에서 흔히 볼 수 있는 「내경도(內經圖)」(혹은 「내경도(內景圖)」라고도 함)인데요.

'내경(內經)'이란 '경맥(經脈)' 즉 한의학의 경락(經絡)에서 몸 위 아래로 연결된 '기'와 '혈'이 순환하는 기본 루트가 장부(臟腑:내장)에

백신스키의 작품

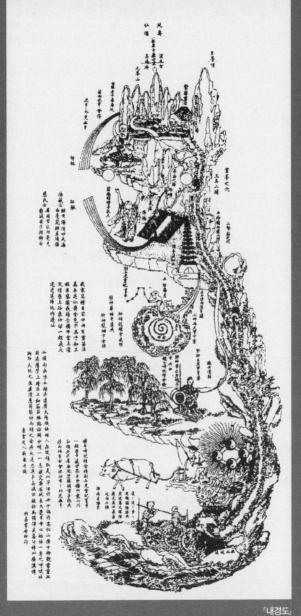

「내경도」

들어 있는 것을 말합니다. 우리 신체의 내부에는 기가 순환하는 우주(소우주)가 존재하는데요. 이 그림은 우리 몸이 대우주를 집어삼킨 이른바 '신체 우주도'입니다. 그림의 위쪽, 즉 사람의 머리 부분에는 신선들이 사는 산[仙山]이 뾰족이 솟아 있고, 해와 달과 별들이 에워싸고 있는데요. 위에서 아래로 순환하는(=등 쪽으로 통하는 기맥) 독맥(督脈), 아래에서 위로 순환하는(=배 쪽으로 통하는 경맥) 임맥(任脈)이라는 두 가지 경맥을 묘사하고 있습니다. 중국의 신화에서 반고(盤古)가 죽은 뒤에 그의 왼 눈이 태양[=陽:남성적 상징]이 되고 그의 오른 눈이 달[=陰:여성적 상징]이 되었다고 한 것처럼, 왼쪽은 양을 오른쪽은 음을 나타냅니다.

그림의 제일 아래를 보면, 왼쪽에는 양근(陽根, 남성 성기)을 보여주는 바위가 돌출해 있는데요. 바위는 중국의 춘화에서 많이 보는 구멍 뚫린 태호석(太湖石)이 일반적이에요. 석회암이 용해하여 기이한 모양을 한 덩어리 돌로 중국의 태호(太湖) 지방에서 나는 것이 가장 아름답고 기이하기에 그 이름을 따서 태호석이라 부릅니다. 남근을 상징하지요.

바위 위쪽을 보면 '음양현빈차(陰陽玄牝車)'가 보입니다. 음(여자아이)과 양(남자아이)이 현빈(玄牝) 즉 '만물을 낳는 근원'의 수차(水車)를 돌리고 있는데요. 『노자』에 보면 '곡신불사(谷神不死) 시위현빈(是謂玄牝)'[137] 즉 '신령스러운 골짜기에 서려 있는 신은 죽지 않는다. 이것을 현묘한 암컷(=골짜기, 여성성, 도)이라고 부른다'는 구절이 있는

---

137 『노자』(왕필본) 6장.

데, 여기에 근거를 둔 것입니다. '음양현빈'의 수차를 돌리는 것은 앞서 말한 '독맥'(위에서 아래로 순환. 등 쪽으로 통하는 기맥)과 '임맥'(아래에서 위로 순환. 배 쪽으로 통하는 경맥)을 순환하는 기(정액)를 관리하는 것입니다. 수차 아래의 수문에 '감수역류(坎水逆流)'라고 적혀 있는데, 감(坎 ☵)은 『주역』 64괘 중 29번째의 괘명으로 양효가 음효 사이에 빠져 있는 형상이지요. 다르게 말하면 여자의 몸속에 남자의 성기(남근)가 들어가 있는 형상입니다. 따라서 남성으로서 최고로 중요한 과제인 '접이불루(接以不漏), 환정보뇌(還精補腦)'의 양생법을 상징한 것입니다.[138]

이것은 주로 남성에게 해당하는 것으로, 정의 문을 열고 닫는 것은 남성 자신이 마음먹기에 따라 가능하다고 봅니다. 성을 컨트롤하는 주인은 바로 남성 자신이며, 여기서 성의 문을 열고 닫는, 그런 이치를 꿰뚫고 있어야 하는 이른바 성학(性學)=성리학(性理學)이 요구된다는 것이지요.

김흥호는 이렇게 말합니다.

도교의 사상도 마찬가지다. 신(神)과 기(氣)는 모두 같은 것이라 한다. 사람은 신과 기는 맘대로 할 수 없는데 정(精)만은 맘대로 할 수 있다는 것이다. 이것은 아래 문과 관련된 말이다. 이 수도꼭지를 닫아놓을 수도 열어놓을 수도 있다. 이것은 사람이 마음대로 할 수 있는데 이것을 자꾸 열어 정(精)을 모두 흘려보내면 기도 신도 다 없어지고 만다. 정이 흘러가면 기도 다 빠지고 만다. (…) 이렇게 위

---

138 이 부분은 中野美代子, 『中國春畵論序說』, (講談社, 2010), 317~319쪽을 참조.

문은 병과 연결이 되고 아래 문은 죽음과 연결된다. 인위적으로 열고 닫는 것이 가능한 이 문들을 잘 닫아두지 못하면 병과 죽음에 휩싸이게 된다. 성(性)이 성리(性理)가 되어야 한다. 그런데 성(性)이 성욕(性慾)이 되면 무력하게 빠져들어 죽음이 오는 줄도 모르게 된다. (…) 중국의 왕들은 명대로 산 사람이 거의 없다. 부인 하나만 있어도 힘든데 수많은 빈들이 있고 후궁들이 잔뜩 있어서 몇 천 명이 달려들어 빼먹는데 견딜 재간이 없다. 그런데 빼먹히면서도 먹히는 줄도 모르고 그냥 죽고 만다. 벌은 교미하는 순간 수컷이 죽는다. (…) 성리학자 정이천(程伊川)은 이것을 벼농사에 비유했다. 농사지어 수확한 벼의 일부는 다시 뿌려야 할 종자로 남기고 나머지는 사람이 먹는다. 벼라는 식물이 자기의 종족을 유지하기 위해서는 약간의 종자가 필요하다. 그 나머지는 모두 자기보다 더 높은 차원에게 바쳐져야 된다. 사람도 자기의 정(精)을 아주 일부만 종자로서 생식을 위해 쓰고 그 나머지는 모두 사람보다 더 높은 신(神)을 위해서 바쳐야 한다. 이것이 정이천의 생각이다. (…) 정이 빠져나가는 것은 곧 기가 빠지는 것이요, 신이 빠져나가는 것이다.[139]

동아시아 사상사에서는 이처럼 정(精)을 함부로 빼버리는 일을 골수를 마르게 하는 일이며, 기를 빼고 신을 빼버리는 일이라 보았습니다. 정은 신을 위해 바쳐져서 정신 및 인격 고양을 위해 쓰여야 한다는 철학을 가지고 있었기 때문인데요. 이문건이 그의 아들 기성이 자위를 했다고 때렸던 중요한 이유도 바로 여기에 있지 않았을까요?

───── 139 김홍호, 『周易講解』1, (사색, 2003), 478~482쪽을 축약하여 인용함.

_자연스러운 인간 삶의 통과의례 성(性)

예전의 '먹방'(먹는 방송)이 요즘에는 '쿡방'으로 진화했나 봅니다. 쿡방이란 '쿡(Cook, 요리하다)'과 '방송'을 합성한 말이잖아요? 따분한 정치 이야기보다도 먹고사는 즐거움에 푹 빠져가는 세상이 어딘지 모자라는 것 같기도 하나 어쩌면 매우 자연스러운 현상처럼 보입니다. 결국 고상한 척해봤자 삶은 이념보다도 먹고사는 현실로 향하는 것이니까요.

그런데 요즘 청춘남을 구분하는 용어 가운데, 일본에서 건너온 '초식계(草食系)', '절식계(絶食系)', '승려계(僧侶系)'라는 말들이 있습니다. 연애나 이성관계에 서툰 것이 초식계이고, 사귀고자 하는 의지 자체가 없는 것이 절식계라 합니다. 나아가 성(性), 섹스 자체를 초탈한 것이 승려계이죠. 승려계는 열반계라 불러도 되겠어요. 이들은 "내 취미생활도 바쁘다! 그러니 무슨 연애와 섹스를?" 하고 외친답니다. 아뿔싸! 연애도 섹스도 없다면 아이를 낳을 인연마저 끊기니 출산도 인구 증가도 기대하기 어렵지요. 3포·5포·7포 세대라는 말도 이런 불길한 징조를 대변하는 것들 아닐까요? 자위를 한다는 것은 그나마 성욕이 살아 있다는 말인데, 이제 그런 힘마저도 빠져버린 모양입니다. 건강한 개인과 가정과 사회를 위해서도 식욕, 성욕의 기본적 배양과 건전한 해소는 필수적입니다. 이런 일들이 잘 이루어지지 않는다면 그것 또한 큰 문제일 테지요. 개인도, 사회도 이 문제를 은폐하거나 도외시하거나 또한 억압해서는 안 되는 이유입니다.

한편으로 생각하면 우리가 꼭 식욕과 성욕만을 머리에 넣고 살 수는 없습니다. 섹스의 눈으로 이성을 바라볼 수만도 없어요. 인간으로, 인격적 대상으로 남녀 간에 서로가 서로를 바라볼 수 있어야 합니다.

서양에서는 낭만주의 하면 가끔 섹스적인 요소를 갖는 수도 있습니다. 그런데 중국의 진대(晉代)의 신도가(新道家) 사상가들은 섹스에 대해서 감각적이라기보다는 순수 미적인 차원에서 관조하는 태도를 보여주었답니다. 완적(阮籍) 등의 사상가들은 남의 부인과 어울려 술도 마시고 가끔 술이 취해서 그 옆에서 잠이 들기도 하였으나 아무런 일도 일어나지 않았다고 해요. 남녀 간에 오로지 각각의 미적인 측면만 관조할 뿐 감각적인 쾌락에는 관심이 없었다는 이야기인데요. 그 시대의 풍류였나 봅니다.[140] 요즘 말하는 '썸족'(썸 타는 족:서로 쳐다보면서 이야기만 주고받을 뿐 서로 그 선을 넘어서서 책임질 일을 하지 않는 젊은이들을 일컫는 말)과도 닮은 면이 있네요. 다만 성을 신체적 면에서, 또는 정신적 면에서 일방적으로만 바라보거나 규정해서는 안 됩니다. 균형감이 중요하지요. 진나라 시대의 성에 대한

---

140 풍우란, 정인재 옮김, 『간명한 중국철학사』, 형설출판사, 2007, 341~342쪽 참조.

관조도, 요즘의 썸족도 어딘지 좀 부족하다는 생각이 듭니다. 너무 쉽게 세상을 달관해버리면 인생이 좀 허무하지 않을까요?

다른 한편에서 보면 섹스를 하고 싶어도 할 수도 없는 신체 조건의 사람들도 있습니다. 그러나 그들도 여러 가지 다른 형태로 사랑을 나눌 수 있어요. 꼭 섹스나 성욕 해소를 통해서만 사랑하는 것은 아니니까요. 다음의 조선시대 때 이야기를 들어보세요. 어느 객이 북관(北關)의 기녀가 밤에 통곡한 사연을 적은 것입니다.

함흥의 기녀로서 이름이 '가련(可憐)'이란 이가 있었는데, 얼굴이 매우 아름다웠고 성격이 소탈하고 기재가 있었다. 시문(詩文)을 제법 이해하여 제갈량(諸葛亮)의 「출사표(出師表)」를 낭랑하게 외웠고, 술을 잘 마셨으며, 노래를 잘할 뿐 아니라 검무에도 능하고, 거문고를 타고 퉁소를 품평하기도 잘하며, 바둑과 쌍륙(雙六)에도 능하였다. 사람들이 모두 그를 '재기(才妓)'라고 일컬었는데, 스스로는 여협(女俠)이라고 자부하였다.

일찍이 태수(太守)를 따라 낙민루(樂民樓)에 올랐다가 만세교(萬歲橋)로부터 오는 사람이 있어 바라보니 미소년이었다. 옷차림이 산뜻하고 고왔으며, 얼굴 생김이 수려하여, 그 풍채와 운치가 능히 사람의 마음을 움직일 만하였다. 열 명이 검정 말을 타고 호위해 오는데, 그 뒤에는 따로 한 필의 말에다 금낭(金囊)·시통(詩筒)·술항아리를 싣고 따라오고 있었다. 가련은 그가 필시 자기에게로 올 줄 알고 병을 핑계하여 자기 집으로 돌아와 보니, 나귀가 이미 문밖 작은 복숭아나무에 매여 있었다. 드디어 그를 중당(中堂)으로 맞아들여 즐거워하기를 평소에 친숙한 사람과 같이 하였다. 이에 문을 닫고 촛불을 밝힌 다음, 방에서 유흥을 펼쳤다.

그와 더불어 시를 지음에 가련이 화답하면 소년이 부르고, 소년이 화답하면 가련이 불렀으며, 더불어 거문고를 타고 노래를 함에 가련이 거문고를 타면 소년이 노래하고, 가련이 노래하면 소년이 거문고를 탔다. 더불어 술을 마심에 가련이 부어주면 소년이 마셨고, 소년이 술을 따르면 가련이 마셨으며, 더불어 바둑을 둠에 소년이 이기면 가련이 졌고, 더불어 쌍륙을 함에 가련이 이기면 소년이 졌다. 더불어 퉁소를 불매 한 쌍의 봉황이 와서 그 만남을 기뻐해주는 듯하였고, 더불어 칼춤을 춤에 한 쌍의 나비가 합하여 헤어질 줄 모르는 것 같았다.

가련이 매우 기뻐하여 과분하게 여기고 스스로 '내가 이 세상에서 이 사람 하나를 만난 것으로 족하다. 내가 이 세상을 헛되게 살지 않았다'라고 생각하고, 즐거운 기분으로 도리어 자신이 합당한 상대가 되지 못할까 염려하였다. 이에 먼저 쪽진 머리와 치마를 풀고서 술기운에 의탁하여 잠을 청하였다. 소년은 마지못한 듯, 즐거워하는 기색이 아니었다. 등불이 꺼지고 향로의 향기가 사람에게 풍기게 되자, 소년은 다만 벽을 향해 모로 누워서 긴 한숨과 짧은 탄식을 할 뿐이었다.

가련이 처음에는 오히려 기다리고 있었으나, 한참 후에는 의심이 들어 가까이 다가가 확인해보니 고자였다. 가련이 드디어 벌떡 일어나 손으로 땅을 치며 통곡하기를 "하늘이여, 하늘이여, 이 사람이여! 이 사람이여, 하늘이여!" 하며 한바탕 통곡을 하였다.

문을 열고 내다보니, 달이 지고 이미 새벽인데 새가 울고 꽃이 지고 있었다.[141]

───── 141 전통예술원 편, 「북관기야곡론-병원(北關妓夜哭論-幷原)」, 『조선후기 문집의 음악 사료』, 민속원, 2002, 121~122쪽.

이 내용처럼 성적인 사랑을 나누고 싶어도 나눌 수 없는 신체적 조건이 있습니다. 가련이 통곡한 것을 두고 기록한 사람은 이렇게 평가했어요.

논하여 말하였다.

가련은 통곡을 잘한 사람이라고 하겠다. 가련의 통곡이 어찌 그가 정욕을 이루지 못함을 상심해서이겠는가? 가련이 통곡한 것은 아마도 천고에 '만남'이 어려운 것을 울었던 것이리라. 천지간에 사람으로서 '만남'이 두 가지가 있으니 하나는 임금과 신하의 만남이요, 또 하나는 남자와 여자이다. 오직 사람과 사람이 만나서 되는 것이다. 그러므로 그 사이에는 비애와 환락이 있게 마련이니, 이는 인지상정이다.[142]

남녀 간의 사랑에도 '만남'이 어렵다는 것을 말하는 것인데요. 가련의 통곡이 단순히 '정욕을 이루지 못함을 상심'했던 것만이 아니라는 뜻입니다. 만남은 육체적인 것만이 아니라 정신적이고 미적인 차원까지 모두 포함하잖아요. 그 균형을 이루지 못할 때 번민과 비애가 따르는 거고요.

얼마 전에 노래를 들었습니다. 사랑하는데 외롭다는 내용이었어요. '사랑에 빠지고 싶다'는 제목에 끌렸는데, 다 듣고 나니 쓸쓸하고, 슬프고, 공허했답니다.

---

142 전통예술원 편, 「북관기야곡론-병원(北關妓夜哭論-幷原)」, 『조선후기 문집의 음악 사료』, 민속원, 2002, 122쪽.

…난 너무 잘살고 있어 한데 왜/ 너무 외롭다 나 눈물이 난다// 내 인생은 이토록 화려한데/ 고독이 온다 넌 나에게 묻는다/ 너는 이 순간 진짜 행복하니… 사랑이 뭘까 난 그게 참 궁금해/ 사랑하면서 난 또 외롭다/ 사는 게 뭘까 왜 이렇게 외롭니…

지금 우리 젊은이들이 느끼는 것은 쓸쓸함, 슬픔, 공허함뿐인가, 하는 생각에 내 마음도 서글퍼졌지요. 늘어만 가는 비혼(非婚), 잃어버린 경제적 전망…. 노인들은 또 어떤가요? 무연사회(無緣社會) 속에서 서성이고 있잖아요. 무연고의 독거노인, 늘어가는 무연고 죽음과 묘지, 중년 이후 무연고의 고독, 사랑, 성(性) 그리고 쓸쓸함…. 수명은 자꾸 길어지는데 우리 인간은 과연 어떤 준비를 해야 할까요?

이쯤에서 우리의 성과 자위를 다시 생각해봅니다. 물론 우리 사회에서 자위를 바라보는 시선은 여전히 불편합니다. 정면 돌파하려 하지 않고 자꾸 회피하지요. 그러나 서양의 사상문화사에서도 비슷한 면이 있다는 것, 자위에 대한 시선을 바로잡는 데도 오랜 시간이 소요[143]되었다는 것을 이해해야 할 것입니다.

결국 자위는, 나아가서 성은 자연스러운 인간 삶의 통과의례입니다. 원초적인 것입니다. 그러나 또 한편으로 유한한 존재로서의 인간이 자신의 죽음을 넘어서는 수단이자 통로이기도 해요. 그것은 허무와 허공에서 버티는 안간힘입니다. 보기에 따라서 처절하게 아

---

143 이에 대해서는 이시카와 히로요시, 김승일 옮김, 『마스터베이션의 역사』, 해냄, 2002 참조.

름다운 것이고 또한 추한 것입니다. 추한 것인 동시에 너무나 인간적인 것이기도 하지요. 고전적인 동시에 낭만적인 것이고요. 우리에겐 이 양면을 다 바라볼 줄 아는 자세가 필요합니다. 특히 갈등과 생각이 많고, 호기심과 에너지가 충만한 청소년 여러분에게 말입니다.

3

자
위
와

법

- **헌법 제10조** 모든 국민은 인간으로서의 존엄과 가치를 가지며, 행복을 추구할 권리를 가진다. 국가는 개인이 가지는 불가침의 기본적 인권을 확인하고 이를 보장할 의무를 진다.

- **헌법 제37조** ①국민의 자유와 권리는 헌법에 열거되지 아니한 이유로 경시되지 아니한다. ②국민의 모든 자유와 권리는 국가안전보장·질서유지 또는 공공복리를 위하여 필요한 경우에 한하여 법률로써 제한할 수 있으며, 제한하는 경우에도 자유와 권리의 본질적인 내용을 침해할 수 없다.

인권, 기본권, 자유와 권리의 용어가 혼용되어 사용되고 있는데, 우선 이를 구분할 필요가 있습니다. '인권'이란 '인간이면 마땅히 가지는 권리'인데요. 과거 노예제, 신분제 등이 존재했던 시대에는 인간의 권리가 상당히 제한되어 있었습니다. 선거권 등 일부 권리는 아예 인정되지도 않았고요. 일반적으로 인권보장의 역사를 논할 때, 영국(1215년의 마그나카르타, 1628년의 권리청원, 1640~1660년의 청교도혁명, 1688년의 명예혁명, 1689년의 권리장전)과 미국(1776년 버지니아권리장전, 1776년 7월 미국 독립선언) 및 프랑스(1789년 프랑스대혁명), 그리

❶ 마그나카르타(1215)
❷ 권리청원(1628)
❸ 권리장전(1689)
❹ 바이마르 헌법 표지
❺ 바이마르 헌법의 마지막 페이지. 프리드리히 에버츠와 정부 인사 바우어의 서명이 보인다.

고 독일(1849년의 독일제국헌법, 1919년의 바이마르공화국헌법, 1949년의 독일기본법)의 경우를 예로 듭니다.

그러나 마그나카르타나 권리장전 등을 통한 권리보장은 소수자의 권리만을 보장하는 것이어서 보편적 권리를 내용으로 하는 근대적 의미의 인권보장이라고 할 수 없습니다. 그래서 인권이라는 개념은 18세기부터 성립되었다고 보는 것이 일반적이지요.[144] 즉 '인권'이란 자신이 누려야 할 마땅한 권리를 몰랐거나 억압당하였다가 시민들의 자각 및 투쟁과정 속에서 발굴하고 쟁취해온 것으로서, 앞으로도 개개인의 다양한 생활경험 속에서 새롭게 발견하고 쟁취할 수 있는 열린 개념입니다.

'기본권'이란 용어는 우리 헌법에는 있지도 않은 것으로서, 독일의 바이마르헌법과 독일기본법에서 사용되고 있는 용어를 독일 등 유학파 헌법학자들이 우리나라에서도 사용하면서 일반화된 용어이다.[145] 정강곤 박사의 「기본권의 침해에 관한 연구」에 의하면, 기본권과 인권을 다음과 같이 구별할 수 있다. "일반적인 용례로서의 기본권과 인권을 구별한다면 인권은 인간의 자연적 권리에 기초한 권리에서 비롯된다는 점에서 법학적인 용례뿐만 아니라 철학적, 사회학적인 용례로 널리 사용되고 있다. 반면에 기본권이라는 용례는 인간의 자연권 내지 천부인권사상에 기초하여 그것이 한 국가의 실정헌법 체계하에 편입되어 일련의 헌법적 가치를 갖는 국민으로서의 자유와 권리까지를 포괄하는 용례로 보아야

---

144 인권법교재발간위원회, 『인권법』, 아카넷, 2011, 16~19쪽.

145 정강곤, 「기본권의 침해에 관한 연구」, 호남대, 2007[박사논문], 9쪽.

할 것이다(김철수, 「헌법학개론」, 229쪽).[146]

정리하자면, 인권과 기본권 모두 인간의 자유와 권리를 내용으로 하고 있다는 점에서는 공통되지만, 기본권은 인권이라는 보편적 권리가 발굴되고 쟁취되어 실정법 속으로 편입된 것이라고 할 수 있습니다. 그런데 우리 헌법은 "국가는 개인이 가지는 불가침의 기본적 인권을 확인하고 이를 보장할 의무를 진다(제10조 제2문)", "국민의 자유와 권리는 헌법에 열거되지 아니한 이유로 경시되지 아니한다(제37조 제1항)"라고 개방적으로 규정하고 있어요. 따라서 개개인의 다양한 생활경험 속에서 자신의 자유와 권리를 새롭게 발견하고 요구하여 쟁취할 수 실정법적 근거가 마련되어 있는 셈입니다. 실제로 헌법재판소를 통해 과거 개개인의 자유와 권리를 억압하던 법률이 위헌 결정되어 폐지됨으로써 자신의 자유·권리를 쟁취한 사례가 상당수 나오고 있답니다. 또한 이러한 현대 인권의 흐름과 민주주의적 요청에 부응하여 대법원 역시 헌법 해석을 적극적으로 내놓고 있는 실정이고요. 그러므로 나는 박홍규 교수의 다음과 같은 정리를 좋아합니다.

"우리 헌법 제10조는 인권의 기초인 '인간의 존엄과 가치'에 근거한 포괄적인 인권으로서 행복추구권을 규정한다. 이러한 포괄적 인권은 헌법 제11조~제36조에서 규정한 개별적 인권과 다른 새로운 인권이 필요한 경우 이를 헌법상 인권으

---

146 같은 논문, 9쪽 재인용.

로 인정할 수 있는 근거규정으로서 가치가 있다. 현행 헌법의 해석으로도 여러 가지의 새로운 인권이 헌법 제10조에 의해 인정된다."[147]

"인권이란 '인간의 존엄과 가치'라는 관점에서 '인간으로서의 행복에 불가결한 권리=인간의 존엄'에 기본적으로 관련되는 권리를 말한다. 따라서 헌법 제10조 의 '행복추구권'이란 인권의 총칭을 뜻하는 것으로서 헌법에 명문으로 규정되지 않는 인권도 이에 근거하여 인정된다는 것을 의미한다. 이는 헌법 제10조에서 '국가는 개인이 가지는 불가침의 기본적 인권을 확인하고 이를 보장할 의무를 진다', 그리고 제37조 제1항에서 '국민의 자유와 권리는 헌법에 열거되지 아니한 이유로 경시되지 아니한다'고 확인되어 있다."[148]

행복추구권의 주요 내용은 크게 의사 측면에서의 자기결정권(내 뜻대로 내 스스로 결정하거나 하지 않을 자유)과 행동 측면에서의 일반적 행동자유권(내가 하고 싶은 것을 행할 자유나 내가 하고 싶지 않은 것을 행하지 아니할 자유)으로 구분할 수 있습니다.

먼저 자기결정권을 살펴볼게요. 그 내용으로 ①성적 자기결정권(性과 관련하여 개인의 운명을 결정하는 권리로서 결혼 상대방의 선택의 자유, 결혼의 자유, 자위나 섹스 등 성생활의 자유가 포함된다), ②생활양식에 대한 자기결정권(내 라이프스타일은 내가 결정한다는 권리로서 외모 치장·헤어스타일·옷 입는 방식 기타 취미나 기호의 자유가 포함된다) 등이 있습니다.

---

147 박홍규, 『대한민국 新 권리장전』, 21세기북스, 2010, 110쪽.
148 같은 책, 113~114쪽.

다음으로 일반적 행동자유권은 자기결정에 따라 행동하거나 행동하지 아니할 자유로서 예컨대, 내 스타일인 상대방과 혼인하는 것, 내 스타일의 음식을 먹는 것, 아무리 위험해 보이더라도 번지점프 등 위험한 놀이를 행하는 것 등을 포함하지요. 다만 헌법 제10조에서 파생되는 모든 권리 역시 헌법 제37조 제2항에 따라 법률로써 제한될 수 있는데요. 예를 들어, 도로에서 자동차 좌석 안전띠를 매지 않을 자유가 헌법 제10조에 의하여 보호되는 권리이기는 하지만 더불어 살아가는 사회공동체의 상호이익(공공복리)을 위하여 법률(도로교통법)로써 제한하는 것이 헌법 제37조 제2항에 의하여 허용됩니다.[149]

내가 이 책에서 이야기하고 싶은 자유인 자위행위의 자유(내 스타일에 맞는 성적 판타지 속에서 내 스타일대로 자위의 방법 등을 선택해서 행동할 자유)[150] 역시 헌법 제10조에서 보장되는 자유이며, 구체적

<hr />

149 자동차 운전자에게 좌석안전띠를 매도록 하고, 이를 위반했을 때 범칙금을 납부하도록 통고하는 것이 일반적 행동자유권을 침해하는지 여부(소극): 자동차 운전자에게 좌석 안전띠를 매도록 하고 이를 위반했을 때 범칙금을 납부하도록 통고하는 것은, 교통사고로부터 국민의 생명 또는 신체에 대한 위험과 장애를 방지·제거하고 사회적 부담을 줄여 교통질서를 유지하고 사회공동체의 상호이익을 보호하는 공공복리를 위한 것으로 그 입법목적이 정당하고, 운전자의 불이익은 약간의 답답함이라는 경미한 부담이고 좌석 안전띠 미착용으로 부담하는 범칙금이 소액인데 비하여 좌석 안전띠 착용으로 달성하려는 공익은 동승자를 비롯한 국민의 생명과 신체를 보호하고 교통사고로 인한 사회적인 비용을 줄여 사회공동체의 이익을 증진하는 것이므로 달성하고자 하는 공익이 침해되는 청구인의 좌석 안전띠를 매지 않을 자유라는 사익보다 크며, 제도의 연혁과 현황을 종합하여 볼 때 청구인의 일반적 행동자유권을 비례의 원칙에 위반되게 과도하게 침해하는 것이 아니다.(헌법재판소 2003. 10. 30. 2002헌바518)

150 물론 자위행위를 하지 아니할 자유 역시 헌법 제10조에서 보장된다.

으로는 행복추구권에서 파생된 자기결정권 중 성적 자기결정권 및 일반적 행동자유권에 속합니다. 자위행위의 자유 역시 헌법 제37조 제2항에 따라 법률로써 제한될 수 있는데요. 현행 법률상 공중장소에서 자위행위를 할 경우, 행위태양 및 정도 등에 따라 공연음란죄, 강제추행죄 등으로 형사 처벌될 수 있습니다.

성(性)과 관련된 생각이나 행동은 그 자체로 악한 것도 아니고 선한 것도 아니에요. '당신은 사랑받기 위해 태어났다'는 노래 가사처럼 그 자체로 존엄하고 가치 있는 존재인 내가 나의 스타일대로 인생을 설계하고 내가 추구하는 행복의 개념에 따라 생활하는 것은 원칙적으로 자유니까요. 이는 우리나라 최고의 법인 헌법이 보장하는 자유이기도 합니다. 그런데 어떤 경우에는 법률이 이러한 자유를 제한하기도 해요. 문제는 시대에 따라 급변하는 상대적 가치를 반영하지 못한 법률을 근거로 개인의 자유를 과도하게 제한하여 침해한다는 데 있습니다.

도덕을 법률로 강력히 규제해야 하는지에 대하여 전통적으로 두 가지 견해가 대립합니다.[151] 먼저, 도덕성을 강조하는 입장으로서 '후견적 간섭주의(paternalism)'가 있어요. 좋게 말하면 법이 도덕에 뿌리를 두고 있으니 법이 도덕을 뒷받침하는 역할을 하는 것은 당연하다는 이야기인데요. 도덕을 법으로 강제하는 것이 너무 지나치

---

151 자세한 논의는 강경선·정태욱, 『법철학』, 한국방송대학교출판부, 2001, 213~222쪽 참고.

게 되면 자율적 판단과 자율적 행위를 생명으로 하는 도덕을 약화 시키는 결과를 초래할 수 있다는 한계를 지닙니다.[152] 또한 부도덕한 행위를 한 어린아이에게 체벌을 가하는 식으로 국가가 국민을 지나치게 간섭하는 것은 국가의 권력을 비대하게 하여 도리어 개인의 존엄과 자유를 억압하는 독재정권으로 이어질 수도 있고요. 성적 생각과 표현, 행동의 도덕성에서도 그렇습니다. 강경선·정태욱 공저의 『법철학』에 나오는 다음과 같은 지적을 볼게요.

"참된 성도덕이란 각 개인이 주체적으로 판단하여 그리고 시행착오를 거쳐 양심상 어떤 확신이 설 때 만들어지고 또 유지될 수 있는 것이지, 국가가 무조건 억제하거나 강제한다고 유지될 수 있는 것은 아니다. 국가의 과도한 간섭은 오히려 성도덕의 형성에 역효과를 낳을 수도 있다."[153]

이러한 지적과 더불어, 진정한 도덕성은 지난한 실천에서 얻어진다는 다산 정약용의 주장[154]을 마음속에 새겨둘 필요가 있습니다. 『정약용, 조선의 정의를 말하다』에 나오는 다음과 같은 말을 들어봅시다. "다산은 조선 후기에 주자학적 덕목을 향촌의 모든 백성에게 요구하면서 무분별한 책임의식이 넘쳐나는 것을 목격했다. 넘치는 도덕적 책임의식은 사적 폭력으로도 나타났다. 폭력의 주인

---

152 같은 책, 214쪽.

153 같은 책, 215쪽.

154 김호, 『정약용, 조선의 정의를 말하다』, 성안당, 2013, 274쪽.

은 우애 없는 형제를 때려죽이고, 동네에서 술주정하는 이를 구타하며, 자연사한 남편을 따라 목숨을 버리거나, 효를 앞세워 상대방을 죽이고도 당당한 백성들이었다. 다산은 이들 만백성이 '정당한 폭력'을 주장하기에 앞서 '진정한 도덕성'을 갖춰야 한다고 강조했다."[155] 이는 소크라테스가 말한 "너 자신을 알라"라든가 예수가 말한 '너희 중에 죄 없는 자가 돌로 쳐라'와 같은 사랑[仁]의 개념과 맥이 통합니다. 진정한 도덕성은 강요한다고 세워지는 것이 절대 아니잖아요? 부단한 노력으로 자신의 도덕성을 정말로 바르게 세운 사람은 사랑[仁] 그 자체에 가까워 있을 것이 분명하므로 그는 다른 사람을 억압하거나 지배하려 들지 않을 것입니다. 오히려 끊임없는 사랑으로 지지해주고 위로해주며 감싸 안으며 그들 스스로의 덕성이 세워지기를 오래 참으며 기다릴 테지요.

다음으로, 법과 도덕의 분리를 기본 입장으로 하는 견해로서 자유주의(법·도덕 이원론)가 있습니다. 자유주의는 타인에게 해를 끼치지 않는 한 도덕을 법으로 강제할 이유가 없다고 봅니다. 즉 법이 도덕적인 영역에 관여하는 것은 최소한으로 줄여야 하며, 다만 비도덕적 행위가 타인에게 유해한 결과를 초래하는 경우에만 법이 나설 수 있다는 것인데요. 이를 '해악의 원칙(harm principle)' 또는 '사회유해성의 원칙'이라 부릅니다. 강경선·정태욱 공저의 『법철학』에서 이 원칙을 다음과 같이 평가해요. "이러한 해악의 원칙은 후견적 간섭주의에 비해 근대의 자유주의의 이념에 보다 가깝고, 개인

---

155 같은 책, 274쪽.

주의적 사회에 보다 적합하며, 사회의 개방성에 기여하는 장점이 있다. 그러나 해악의 원칙에 따른 법의 절제가 반도덕성의 옹호와 법의 책무의 포기로 이해되어서는 안 된다. 해악의 원칙은 법의 절제를 말하지만, 동시에 일정 수준을 넘는 반도덕적 행위에 대한 단호한 제재를 말하기도 하는 것이다."[156] 따라서 공중이 밀집한 장소에서 공공연하게 행하는 자위행위나 상대방의 의사에 반하여 자신의 자위행위를 보게 하는 행위는 사회공동체에 해악을 초래하므로 제재되고 처벌되어야 하는 것이지요.

오늘날에는 후자의 입장을 지배적 견해로 받아들입니다. 도덕을 법으로 관철하는 것은 법관, 검사, 경찰 등 인적 자원이 매우 한정되어 있다는 점 등 여러 여건상 현실적으로 많은 어려움이 있는데요. 강경선·정태욱 공저의 『법철학』에서도 이러한 점을 지적합니다. "도덕의 법적 강행화는 커다란 사회적 비용을 수반하는 것으로 비효율적이며, 또 도덕에 대한 명확한 기준이 없으므로 그 시행 자체에 어려움이 크다."[157] 헌법재판소도 도덕이라는 가치개념을 구체화하지 않고 지나치게 추상적으로 모호하게 사용하여 개인의 자유를 규제한 법률을 헌법위반이라고 판시하고 있고요.[158] 더욱이 앞에서

---

156 강경선·정태욱, 앞의 책, 217쪽.

157 같은 책, 216쪽.

158 일반적으로 공중도덕이라 함은 '공중의 복리를 위하여 서로 지켜야 할 덕의(德義)'를 말한다. 개인이 공동체의 일원으로서 사회생활을 해나가려면 그 공동체가 요구하는 사회적 질서나 제도를 준수하여야 하고, 또한 이렇게 해야만 개인이 소속된 공동체가 존속할 수 있다. 공동체가 요구하는 사회적 질서나 제도는 도덕규범·윤리·법률 등여러 가지 사회적 준칙들로 나타나는데 이것들을 한 마디로 공중의 도덕이나 사회도덕

도 강조하였듯 진정한 도덕성은 구체적 상황에 처해 매순간 판단의 기로에 서서 도덕의 판단심급인 양심에 따라 각 개인이 스스로 판단하여 오랫동안 실천할 때 갖추어지는 것입니다. 강경선·정태욱 공저의 『법철학』에서도 이러한 점을 강조하지요. "도덕은 국가가 관여하기보다 가능한 한 각 개인들에게 그리고 사회 자체에 맡겨 자발적으로 숙고하고 판단하여 축적되는, 자생적 질서로 두는 것이 옳다. 그럴 때 비로소 각 개인과 사회의 성찰에 기초를 둔 바람직한 도덕이 형성될 수 있을 뿐더러, 만약 국가가 나서서 개인과 사회에 대하여 강제로 도덕교육을 시키려고 하면 이는 종국에는 개인의 자유와 존엄을 억압하는 독재적 정권으로 귀결될 우려가 큰 것이다."[159]

다시 강조하지만 그렇다고 해서 도덕에 반하는 행위들을 그대로 내버려두자는 것은 아닙니다. '제1의 형사정책은 사회정책'이라는 말이 있듯이 국가가 가장 강력한 조치인 국가형벌권을 앞세우기보다는 먼저 각종 교육정책 등의 수립·시행으로 국민 스스로 도덕성을 함양하도록 힘쓰는 편이 훨씬 합리적이고 실효성이 있다는 이야기입니다. 지도층에 있는 성직자, 정치인, 법관, 검사 등은 그 옛날 조선시대 사람인 정약용이 어째서 오늘날까지도 균형 잡힌 인물이자 전인격적인 종합 예술인으로 칭송받는지를 항상 생각해보아야

<hr>

이라고 할 수 있고, 이는 개인이 처한 구체적인 상황에 따라서 다르거나 혹은 시간적·공간적인 배경에 따라 변할 수 있으며 실제로도 변해왔다. 즉 공중도덕은 기술적 개념이 아니라 가치개념을 포함한 규범적 개념으로서 구체적인 행위의 지침으로 사용될 경우 개인에 따라서 그리고 시간과 장소, 구체적 사정에 따라서 위반 여부가 크게 달라질 수밖에 없다.(헌법재판소 2005. 3. 31. 2004헌바29[위헌] 결정 이유 중)

159 같은 책, 216쪽.

합니다. "다산은 평민들을 우둔하고 어리석게만 여기고 차별하는 우민론(愚民論)의 함정에 빠지지 않았고, '심(心)의 자율성' 즉 인간 스스로 도덕성을 회복할 수 있다고 확신했다."[160] 물론 앞에서 살폈듯이 도덕에 반하는 행위의 정도가 지나쳐 타인에게 해를 끼친다면 단호하게 법적 제재조치를 가해야 할 것입니다.

─── 160 김호, 앞의 책, 280쪽.

이제 자위행위에 꼭 필요하다고 할 수도 있는 성적 환상을 다양하고 풍부하게 제공해주고 만족시켜주는 포르노를 둘러싼 법과 도덕의 구분에 대해 이야기해봅시다.

포르노(porno)는 포르노그래피(pornography)의 약자로서 더 줄여서 폰(porn)이라고도 쓰입니다. 네이버 국어사전에서는 "인간의 성적(性的) 행위를 묘사한 소설, 영화, 사진, 그림 따위를 통틀어 이르는 말"이라고 정의하고 있어요. pornography는 현대 그리스어 πoρvoγραφία(pornographia)[161]와 유사하지만 그리스에서 이 단어의 사용이 언제부터 이루어졌는지는 알려져 있지 않습니다. 프랑스어 Pornographie가 1800년대에 사용되었고, 영어 pornography는 1857년에야 처음으로 등장했다고 하지요.[162]

XXX는 미국을 비롯한 대부분의 나라에서 포르노그래피 소재를 다루고 있음을 나타내는 기호로 사용된다.

---

161 πoρvoγραφία(pornographia)는 πόρνη(porné "prostitute[매춘부]") 혹은 πoρvεία (porneia "prostitution[매음]")와 γράφειν(graphein "to write or to record[쓰다, 기록하다]") 및 접미사 -ία(-ia)의 합성어로서, "a written description or illustration of prostitutes or prostitution[매춘부 내지 매음에 관한 묘사나 삽화]"를 의미한다.

162 위키백과 영어판(https://en.wikipedia.org/wiki/Pornography)

포르노그래피가 급격히 확산되고 있는 현실을 비꼰 19세기 프랑스의 풍자화

우리는 흔히 막연한 선입견에서 포르노를 보면 정신적으로 매우 나쁜 영향을 받는다고 생각하기 쉽고, 실제로 우리 사회에도 이러한 통념이 만연해 있습니다. 이는 과거에 많은 전문가들이 포르노가 여성을 비하하고 성적 폭력을 조장하게 한다고 주장했고, 명백한 성적인 폭력의 묘사가 실제로 성적 폭력의 발생을 증가시킨다는 몇몇 실험 결과가 알려지면서 더욱더 고착화되었는데요.

그중 하나의 예를 볼게요. 도너슈타인(1993)이 몇 명의 피검자에게 '폭력적이고 성적인 포르노'의 일부를 보여주었답니다. 두 남자와 젊은 여자가 나온 영화였는데, 남자들은 술을 마시고, 여자는 그들 사이에 앉아서 음주를 강요받아요. 거기서 두 남자는 '여자를 묶고, 옷을 벗기고, 때리고 강간'합니다. 한편 다른 피검자에게는 폭력적이긴 해도 성적 암시나 접촉이 없는 영화를 보여주었어요. 그러고 나서 실험 보조자에게 충격을 주게 했더니 폭력적이고 성적인 영화를 본 남자가 '다른 조건에서보다 실험 보조자에게 더 강한 충격을 주었'다는 결과가 나왔습니다. 이처럼 여러 연구에서 실제로 '폭력적인 성행위의 시청은 여성에 대하여 폭력적인 쪽으로 자세를 취하게 한다'는 것이 드러났으며, '여성이 다양한 성행위를 하는 것이 강요되는 것, 또는 심지어 강간당하는 것을 즐긴다는 잘못된 신념'을 무의식적으로 받아들이는 데 기여한다는 것이 밝혀졌어요.[163]

그러나 윤가현 교수는 『성 문화와 심리』에서 다음과 같이 지적합니다. "사회과학의 방법론에서는 상관관계에서 인과관계의 추론을

---

163 이수정, 『최신 범죄심리학(제2판)』, 학지사, 2014, 80쪽 참조.

금하고 있다. 그래서 도너슈타인 등은 폭력성 포르노의 효과를 고립시키기 위하여 폭력성과 성에 관한 측면을 정교하게 분리하였다. 결국, 비폭력성 포르노에 노출되는 것은 개인의 태도에 영향을 미치지 않았음이 밝혀졌다. 마찬가지로 포르노에 노출된 모든 남성이 여성을 착취하려는 태도를 취한다는 연구 결과도 아직 없다."[164]

포르노가 남성을 폭력적으로 묘사하고 있고 여성을 몸 중심으로 지나치게 왜곡하여 다루고 있다는 것이 문제라는 인식에는 충분히 공감할 수 있습니다. 다만 그 결과를 맹신하여 포르노가 모든 성적 폭력의 원인이므로 이를 전적으로 차단하고 위반시 국가가 강력한 형벌권을 행사해야 한다는 논리에는 신중한 접근이 필요하다고 봅니다. 범죄심리학자로 잘 알려진 이수정 교수 역시 미디어 폭력에 대한 실험실 연구의 외적인 타당성의 문제를 다음과 같이 지적했어요.

"이러한 연구의 대부분은 아주 드문 성 접촉을 묘사하는 짧은 포르노 영화를 보여준다. (…) 영화에서 성적으로 학대당하는 여자의 짧은 단막을 보고 난 다음에, 다른 여자에게 충격을 주도록 하거나 또는 폭력에 대한 태도를 표현하도록 요구하는 것은 눈에 띄게 서로 연결되어 있어서 요구된 가설의 편중된 검증을 가져온다. 하나의 해결책은 분리된 사후실험을 하는 것이다. Malamuth와 Ceniti(1986)는 분리된 사후실험으로 충격과 학습기술을 사용한 실험을 실시하였는데, 이전의 영화는 폭력행위에 아무런 영향도 미치지 못하였다. 이러한 사실은 미디어 안의 성적 폭력이 공격행동에 영향을 미칠 것이란 가정이 풀리지 않

———— 164 윤가현, 『성 문화와 심리』, 학지사, 2014, 464쪽.

는 의문점으로 남게 하였다."[165]

전 대한신경정신의학회장을 지낸 유계준 박사는 포르노가 인간 행동에 미치는 영향에 대하여 다음과 같이 말합니다.

"미국이 1980년대에 외설물과 포르노그라피에 대한 특별위원회를 구성하여 2년 이상 조사한 연구 결과에 의하면, 성적 매체를 접한 사람들 중 일부는 마스터베 이션이나 섹스 행위가 증가했다고 했다. 감소하는 경향도 있었지만, 대체로 변화 가 없었다고 했다. 성적으로 증가된 사람들에서도 변화된 행동은 48시간 이내 에 안정되었다고 한다."[166]

이러한 발언들을 종합하여 볼 때, 포르노가 강간 등 성적 폭력에 직접적 원인이 된다고 볼 수는 없습니다. 사실상 우리 주변에 포르 노나 에로영화를 보는 사람 중 대부분은 그저 평범한 사람이고 무 탈한 생활을 하고 있어요. 위키백과 영어판에서는 다양한 최근 연 구결과를 근거로 다음과 같이 적시하고 있습니다.

"(포르노의) 시각적 이미지와 영화가 중독성이 있다는 결론을 내릴 만한 증거는 매우 희박하다. 몇몇 연구는 사회의 포르노 개방이 강간이나 성적 폭력의 비율 을 감소하는 데 연관되며, 그것이 성적 폭력에 영향을 미치지 않거나 (미치더라

---

165 이수정, 앞의 책, 80~81쪽.
166 유계준, 『마스터베이션』, 사람과사람, 1998, 170쪽.

도) 결정적인 것은 아니라는 점을 시사한다."[167] 또한, 1969년 설치된 미국의 외설·포르노그래피에 관한 대통령위원회(President's Commission on Obscenity and Pornography)의 위탁을 받아 수행한 쿠친스키(Kutchinsky)의 연구보고서 「덴마크의 포르노그래피와 성범죄에 관한 연구(1970)」는 덴마크의 포르노 합법화가 예상과 달리 성범죄 증가에 영향을 미치지 않았다고 밝힌 바 있다.[168]

유계준 박사는 다음과 같이 성적 매체의 단점을 수긍하지만 포르노를 보는 것과 도덕성과는 구분해야 한다고 주장해요.

"물론 성적 매체가 갖는 부작용은 한두 가지가 아니다. 도덕적, 윤리적 측면을 강조하는 사람들은 성도덕의 파괴와 성관계의 문란을 가져온다고 반대한다. 이들은 청소년기의 성욕을 적절히 통제해야만 학습에 집중할 수 있을 뿐더러 사회적 관습과 규범, 그리고 기존의 도덕에 대한 사회화가 정상적으로 이루어지게 된다고 주장한다. (…) 그런가 하면 페미니스트들은 여성 비하적이라는 점을 지적한다.[169] (…) 그러나 성적인 내용의 책이나 화보가 성적 자극을 돋워준다는 것은 역사적으로도 이미 확인된 사실이다. 고대 그리스나 인도, 아프리카, 일본 등의 선정적인 예술품들을 보면 현대의 도덕적 관념을 뛰어넘는 과감한 성애를 묘

---

167 위키백과 영어판 검색(https://en.wikipedia.org/wiki/Effects_of_pornography)

168 위키백과 영어판 검색(https://en.wikipedia.org/wiki/Hardcore_pornography#Impact_on_society)

169 다만 페미니스트들 가운데는 자유주의의 입장에서 머릿속에서는 무슨 역할도 할 수 있음을 강조하여 포르노를 수용하는 쪽도 상당수 있다. 서양에는 남성 위주의 포르노를 탈피하여 여성을 위한 포르노도 다수 존재한다.

사하고 있다. 포르노그래피를 권장할 필요는 없지만 포르노를 보았기 때문에 도덕적 결함이 생긴다는 것은 잘못된 선입견이다."[170]

　어떤 사람은 포르노가 주는 불쾌한 느낌 내지 죄의식 등 때문에 이를 혐오할 수도 있습니다. 이는 그의 자유이고 존중되어야 합니다. 반면 어떤 사람에게는 포르노가 자신의 행복한 성생활에 활력을 주는 재미있는 재료가 될 수도 있으므로 이 또한 마땅히 존중되어야 하지요. 포르노를 선택하거나 선택하지 아니할 자유 역시 우리 헌법 제10조의 행복추구권에 포함되는 인권인 까닭입니다. 한편 포르노를 즐기는 것의 전제로서 생성하고 배포하는 것은 헌법 제21조의 언론·출판의 자유(표현의 자유)에 해당합니다. 이 역시 헌법 제37조 제2항에 따라 법률로써 제한될 수 있는데요. 여기서 법과 도덕의 구분이 매우 중요한 역할을 합니다.

　포르노를 "인간의 성적(性的) 행위를 묘사한 소설, 영화, 사진, 그림 따위를 통틀어 이르는 말"이라고 정의했을 때, 이는 너무 추상적이고 포괄적이어서 법과 도덕 모든 측면에서 전혀 문제가 되지 않는 행위까지도 포함하게 되는데, 보다 구체적인 구분이 필요해 보입니다. 포르노는 일반적으로 하드코어(hardcore) 포르노와 소프트코어(softcore) 포르노로 구분할 수 있어요. 노골적인 성기 노출이나 성행위 장면을 담은 포르노를 하드코어 포르노라 하고, 이보다 덜한 것을 소프트코어 포르노라 합니다. 법적으로 문제되는 것은 대부

170　같은 책, 170쪽.

'사랑을 나누다(Love scene)'.
고대 인도의 숭가 왕조 유물로 현재 인도의 메트로폴리탄 아트 뮤지엄에 소장되어 있다.

분 하드코어 포르노이죠. 그러나 단순히 성기를 노골적으로 노출한 것만으로 법적으로 규제하고 형사 처벌해야 하는지와 관련하여 외설이냐 예술이냐의 문제가 등장합니다. 몸문화연구소 김종갑 소장은 이렇게 말해요.

"과거 권위적이던 시대, 특히 신분사회에서는 소수의 지배자와 엘리트, 관료들이 예술과 문학, 학문적 담론을 지배했다. 어떤 작품이 외설인지 아닌지 판단하는 주체도 그러한 소수의 엘리트였음은 두말할 나위가 없다. (…) 그러나 근대 이후 민주주의 사회로 접어들면서 상황이 일변하기 시작하였다. 이제 모든 국민들이 읽고 쓸 수 있으며, '나'가 이해하고 생각하는 바를 자유롭게 말할 수 있는 시대가 된 것이다. (…) 이러한 민주주의적 상황에서 독자들은 독서와 해석의 자유를 마음껏 누릴 수 있다. (…) 예술과 외설의 경계를 설정하는 일이 불가능하다면 검열의 대상 자체도 애매모호해진다. 또 포르노를 절대적인 악으로 볼 이유도 없다. (…) 문학과 예술이 판타지의 세계라면 포르노도 마찬가지로 현실이 아니라 성적 판타지의 세계이다. 그렇다고 우리는 해악과 역기능을 상쇄할 정도로 포르노의 순기능이 많다고 주장하려는 것은 아니다. 다만 성적 자기결정권을 포함해서 선택의 자유가 민주주의 사회의 본질이라는 사실을 강조하고 싶을 따름이다."[171]

오늘날처럼 인터넷, 스마트폰 등을 누구나 쉽게 접하는 디지털 시

---

171 몸문화연구소, 『포르노 이슈: 포르노로 할 수 있는 일곱 가지 이야기』, 그린비, 2013, 15~18쪽.

대에는 맘만 먹으면 언제 어디서든 다양한 종류의 포르노에 접근할 수 있게 되었습니다. 이러한 시대 상황에 역행하여 부모가 어린아이에게 사사건건 잔소리하는 것과 마찬가지로 국가가 다 큰 성인인 국민을 일률적으로 감시하고 통제하는 것은 바람직하지 못합니다. 고려대 법학전문대학원 이준일 교수는 그의 저서 『인권법: 사회적 이슈와 인권』에서 포르노를 둘러싼 인권 문제를 다루면서 "국가는 이미 알 것 다 아는 국민을 어린아이 취급하지 말"자고 말했습니다. 또한 "본인도 모르게 이미 어른이 되어버린 자식을 고치겠다고 회초리를 들고 설치는 어리석은 부모처럼 행동하지 않기를 기대"한다면서 "현재의 음란물에 대한 형법의 태도는 형법상 금지되는 포르노그래피와 함께 형법상 금지되지는 않지만 단지 타인에게 혐오감이나 불쾌감을 줄 수 있는 포르노그래피까지 포함시킴으로써 국가의 감시와 통제를 과도하게 확장하고 있다"고 결론지었어요.[172]

그렇다면 현재 음란물에 관한 우리 사법부의 태도는 어떨까요? 먼저 우리 대법원의 판례는 과거 후견적 간섭주의 입장에 머물러 있었습니다. 2005년 대법원은 1심과 2심 모두 무죄 선고된 중학교 미술교사 사건에서 하급심 판사들과 달리 일부 미술작품을 음란물로 보아 파기환송판결을 내렸는데, 이때 대법원의 음란물 판단 기준은 다음과 같았습니다.

"'음란'이라 함은, 일반 보통인의 성욕을 자극하여 성적 흥분을 유발하고 정상적

───── 172 이준일, 『인권법-사회적 이슈와 인권』(제3판), 홍문사, 2010, 219~220쪽.

인 성적 수치심을 해하여 성적 도의 관념에 반하는 것을 말하고, 표현물의 음란 여부를 판단함에 있어서는 당해 표현물의 성에 관한 노골적이고 상세한 묘사·서술의 정도와 그 수법, 묘사·서술이 그 표현물 전체에서 차지하는 비중, 거기에 표현된 사상 등과 묘사·서술의 관련성, 표현물의 구성이나 전개 또는 예술성·사상성 등에 의한 성적 자극의 완화 정도, 이들의 관점으로부터 당해 표현물을 전체로서 보았을 때 주로 그 표현물을 보는 사람들의 호색적 흥미를 돋우느냐의 여부 등 여러 점을 고려하여야 하며, 표현물 제작자의 주관적 의도가 아니라 그 사회의 평균인의 입장에서 그 시대의 건전한 사회 통념에 따라 객관적이고 규범적으로 평가하여야 한다."(대법원 2005.07.22. 선고 2003도2911 판결)

대법원이 음란물의 판단 기준으로 들고 있고 '일반 보통인, 성적 도의 관념, 평균인의 입장, 건전한 사회통념'이 하나같이 모두 추상적이고 애매모호해서 판단자의 선입견에 따른 자의가 개입될 가능성이 높아 학계와 시민단체의 비판이 제기되었지요.

이러한 대법원의 입장에 비하여 헌법재판소는 과거 음란표현과 저속표현을 구분하여 성적 표현물에 대한 국가의 과도한 제재를 자제시키는 엄격한 기준을 제시했는데요.[173] 이러한 헌법재판소의 입장은 국민이 저속한 문화를 즐길 자유를 보장했다는 차원에서 긍정적 의미를 지니고 있었지만, 여전히 음란표현 자체를 보다 구체화하는 시도를 포기한 채 아예 음란표현은 헌법에서 보장되지 않는다고 했다는 점에서 문제가 있었지요.

한편 대법원은 실추된 사법부의 신뢰를 회복하는 차원에서 국민의 목소리에 귀 기울이고 나아가 적극적 헌법 해석도 내놓았는데요. 2008년의 다음과 같은 판시는 보다 진일보한 입장을 취했다고 평가됩니다.

"형사법이 도덕이나 윤리 문제에 함부로 관여하는 것은 바람직하지 않고, 특히 개인의 사생활 영역에 속하는 내밀한 성적 문제에 개입하는 것은 필요 최소한의 범위 내로 제한함으로써 개인의 성적 자기결정권 또는 행복추구권이 부당하게 제한되지 않도록 해야 한다는 점, 개인의 다양한 개성과 독창적인 가치 실현을 존중하는 오늘날 우리 사회에서의 음란물에 대한 규제 필요성은 사회의 성윤리나 성도덕의 보호라는 측면을 넘어서 미성년자 보호 또는 성인의 원하지 않는 음란물에 접하지 않을 자유의 측면을 더욱 중점적으로 고려하여야 한다는 점 등에 비추어 볼 때, 구 정보통신망 이용촉진 및 정보보호 등에 관한 법률(2007. 12. 21. 법률 제8778호로 개정되기 전의 것) 제65조 제1항 제2호에서 규정하고 있는 '음란'이라 함은 사회통념상 일반 보통인의 성욕을 자극하여 성적 흥분을 유발하고 정상적인 성적 수치심을 해하여 성적 도의관념에 반하는 것으로서, 표현물을 전체적으로 관찰·평가해 볼 때 단순히 저속하다거나 문란한 느낌을 준다는

173 음란표현과 저속표현의 헌법적 평가의 상이: "음란"이란 인간존엄 내지 인간성을 왜곡하는 노골적이고 적나라한 성적 표현으로서 오로지 성적 흥미에만 호소할 뿐 전체적으로 보아 하등의 문학적, 예술적, 과학적 또는 정치적 가치를 지니지 않은 것으로서, 사회의 건전한 성도덕을 크게 해칠 뿐만 아니라 사상의 경쟁 메커니즘에 의해서도 그 해악이 해소되기 어려워 언론·출판의 자유에 의한 보장을 받지 않는 반면, "저속"은 이러한 정도에 이르지 않는 성적 표현 등을 의미하는 것으로서 헌법적인 보호영역 안에 있다.(헌법재판소 1998. 4. 30. 95헌가16) 이후 2009년 결정에서 "음란"표현까지도 헌법적인 보호영역 내에 있다고 하여 선례를 변경하였다.(헌법재판소 2009. 5. 28. 2006헌바109 등)

정도를 넘어서서 존중·보호되어야 할 인격을 갖춘 존재인 사람의 존엄성과 가치를 심각하게 훼손·왜곡하였다고 평가할 수 있을 정도로, 노골적인 방법에 의하여 성적 부위나 행위를 적나라하게 표현 또는 묘사한 것으로서, 사회통념에 비추어 전적으로 또는 지배적으로 성적 흥미에만 호소하고 하등의 문학적·예술적·사상적·과학적·의학적·교육적 가치를 지니지 아니하는 것을 뜻한다고 볼 것이고, 표현물의 음란 여부를 판단함에 있어서는 표현물 제작자의 주관적 의도가 아니라 그 사회의 평균인의 입장에서 그 시대의 건전한 사회통념에 따라 객관적이고 규범적으로 평가하여야 한다."[174]

그 후 헌법재판소는 2009년, 음란표현은 헌법 제21조가 규정하는 언론·출판의 자유의 보호영역에 해당하지 아니한다는 취지로 판시한 위 선례를 변경하여 음란표현도 헌법 제21조가 규정하는 언론·출판의 자유의 보호영역에 해당한다고 보았습니다.[175] 그러나 2009년 결정에서 헌법재판소가 '음란' 개념을 보다 구체화하는 것이 바람직함을 인정하면서도 위 2008년 대법원판결을 들어 헌법재판소의 '음란' 개념에 대한 입장과 크게 다르지 아니한 입장이라고 평가하면서 "현 상태로도 수범자(국민)와 법집행자(경찰, 검찰, 법원, 관계

174 대법원 2008.03.13. 선고 2006도3558 판결.

175 [모든 음란표현에 대하여 사전 검열을 받도록 하고 이를 받지 않은 경우 형사처벌을 하거나, 유통목적이 없는 음란물의 단순소지를 금지하거나, 법률에 의하지 아니하고 음란출판에 대한 불이익을 부과하는 행위 등에 대한 합헌성 심사도 하지 못하게 됨으로써, 결국 음란표현에 대한 최소한의 헌법상 보호마저도 부인하게 될 위험성이 농후하게 된다는 점을 간과할 수 없다. 이 사건 법률조항의 음란표현은 헌법 제21조가 규정하는 언론·출판의 자유의 보호영역 내에 있다.(헌법재판소 2009. 5. 28. 2006헌바109 등).]

행정기관)에게 적정한 판단 기준 또는 해석 기준을 제시하고 있다고 볼 수 있고, 이와 같은 기준에 따라 어떤 표현이 '음란' 표현에 해당하는지 여부에 관한 자의적인 법해석이나 법집행을 배제할 수 있다"고 하여 더 이상의 진일보한 해석 없이 그대로 안주하고 말았다는 아쉬움을 남겼지요.

이와 같은 대법원판례 및 헌법재판소 결정의 동향에 비추어볼 때, 사법부의 전반적 입장은 과거 후견적 간섭주의에서보다 자유주의 방향으로 조금씩 접근해간다고 평가할 수 있습니다.

실제로 "형사법이 도덕이나 윤리 문제에 함부로 관여하는 것은 바람직하지 않고, 특히 개인의 사생활 영역에 속하는 내밀한 성적 문제에 개입하는 것은 필요 최소한의 범위 내로 제한함으로써 개인의 성적 자기결정권 또는 행복추구권이 부당하게 제한되지 않도록 해야 한다"는 입장이 우세하게 된 결과, 다 큰 성인의 일방을 미성숙한 어린아이 취급하며 국가가 일방적으로 개입하여 후견했던 혼인빙자간음죄도 위헌결정[176]으로 사라졌으며, 부부간의 마음의 이

─────── 176 여성을 유아시(幼兒視)함으로써 여성을 보호한다는 미명 아래 사실상 국가 스스로가 여성의 성적 자기결정권을 부인하는 것이 되므로, 이 사건 법률조항이 보호하고자 하는 여성의 성적 자기결정권은 여성의 존엄과 가치에 역행하는 것이다.(헌법재판소 2009. 11. 26. 2008헌바58, 2009헌바191(병합) 전원재판부결정 중)

동 문제인 간통을 형사 처벌하던 것이 위헌결정[177]으로 폐지되었고, 개인의 행복관념에 따라 향유할 자유가 있는 자위기구의 수입·판매·전시에 대해서도 허용하는 추세에 있습니다.[178,179]

<hr/>

[177] 사회 구조 및 결혼과 성에 관한 국민의 의식이 변화되고, 성적 자기결정권을 보다 중요시하는 인식이 확산됨에 따라 간통행위를 국가가 형벌로 다스리는 것이 적정한지에 대해서는 이제 더 이상 국민의 인식이 일치한다고 보기 어렵고, 비록 비도덕적인 행위라 할지라도 본질적으로 개인의 사생활에 속하고 사회에 끼치는 해악이 그다지 크지 않거나 구체적 법익에 대한 명백한 침해가 없는 경우에는 국가권력이 개입해서는 안 된다는 것이 현대 형법의 추세여서 전 세계적으로 간통죄는 폐지되고 있다. 또한 간통죄의 보호법익인 혼인과 가정의 유지는 당사자의 자유로운 의지와 애정에 맡겨야지, 형벌을 통하여 타율적으로 강제될 수 없는 것이며, 현재 간통으로 처벌되는 비율이 매우 낮고, 간통행위에 대한 사회적 비난 역시 상당한 수준으로 낮아져 간통죄는 행위규제규범으로서 기능을 잃어가고, 형사정책상 일반예방 및 특별예방의 효과를 거두기도 어렵게 되었다. 부부간 정조의무 및 여성 배우자의 보호는 간통한 배우자를 상대로 한 재판상 이혼청구, 손해배상청구 등 민사상의 제도에 의해 보다 효과적으로 달성될 수 있고, 오히려 간통죄가 유책의 정도가 훨씬 큰 배우자의 이혼수단으로 이용되거나 일시 탈선한 가정주부 등을 공갈하는 수단으로 악용되고 있기도 하다. 결국 심판대상조항은 과잉금지원칙에 위배하여 국민의 성적 자기결정권 및 사생활의 비밀과 자유를 침해하는 것으로서 헌법에 위반된다.(헌법재판소 2015. 2. 26. 2009헌바17·205, 2010헌바194, 2011헌바4, 2012헌바57·255·411, 2013헌바139·161·267·276·342·365, 2014헌바53·464, 2011헌가31, 2014헌가4(병합))

[178] 남·여성용 자위기구가 풍속을 해치는 물품에 해당하는 것으로 보아 수입통관을 보류한 처분의 당부: 대법원은 쟁점물품(성기의 일부 특징만을 정교하지 아니한 형상으로 간략하게 표현했을 뿐 그 색상 또한 사람의 실제 피부색과는 차이가 있게 만든 물품[필자 주])과 같은 자위용 물품에 대하여 동 물품들이 모두 음란한 물건이라거나 풍속저해 물품이라고 단정할 수 없음에도 불구하고 「관세법」 제234조 제1호 소정의 '풍속을 해치는 물품'에 해당한다고 하여 수입통관을 보류한 처분은 위법하다고 일관되게 판시(대법원 2008.9.25. 선고 2008두9133 판결, 2009.6.23. 선고 2008두23689 판결, 2011.2.24. 선고 2010두28175 판결 등)한 바 있다. 위의 내용을 종합하여 살피건대, 쟁점물품과 같은 자위기구는 통상 자위행위에 사용되는 물품이기는 하나, 자위행위 자체를 비정상적인 성행위로 보기 어렵고, 특히 장애인·고령자의 성 문제 해결에도 유용하게 사용될 수 있다는 점에서 쟁점물품에 대한 시대적 수요와 개인의 행복추구권 등 순기능이 있는 점을 인정하지 않을 수 없으므로, 쟁점물품이 자위기구라는 이유만으로 자위기구가 곧 풍속을 해치는 물품이라 하여 수입통관을 보류하는 것은 국민 개개인의 성적 자기결정권에 대한 지나친 간섭으로 보일 여지가 충분한 점 등을 고려해 보면, 쟁점물품에 대하여는 원칙적으

로 통관을 허용하는 것이 합리적이라고 판단된다.(조심 2014관0140, 2013관226, 2013.12.19.
외 다수의 조세심판원 결정)

179 이 사건 물건은 사람의 피부에 가까운 느낌을 주는 실리콘을 소재로 하여 여성의
음부, 항문, 엉덩이 부위를 재현하였다고는 하나, 여성 성기의 일부 특정만을 정교하지
아니한 형상으로 간략하게 표현한 것에 불과하고 그 색상 또한 사람의 실제 피부색과는
차이가 있는 점 등을 알 수 있다. 사정이 이와 같다면, 이 사건 물건은 전체적으로 관찰·
평가하여 볼 때 그 모습이 상당히 저속한 느낌을 주는 것은 사실이지만 이를 넘어서서
형사법상 규제의 대상으로 삼을 만큼 사람의 존엄성과 가치를 심각하게 훼손·왜곡하였
다고 평가할 수 있을 정도로 노골적인 방법에 의하여 사람의 특정 성적 부위를 적나라
하게 표현 또는 묘사한 것이라고 단정할 수 없다. 따라서 이 사건 물건이 사회통념상 일
반 보통인의 성욕을 자극하여 성적 흥분을 유발하고 정상적인 성적 수치심을 해하여
성적 도의관념에 반하는 물건에 해당한다고 보기 어렵다.(대법원 2014.06.12. 선고 2013도
6345 판결[음란물건전시])

_'차이'는 '다름'이다

과거의 낡은 경직된 이분법적 도식인 소수자-다수자 구분을 예로 들어볼게요. 최재목 교수는 『'사이間'에서 놀다遊』에서 "동성애, 홈리스, 정신병원 수용자, 문맹자, 문제아, 약물중독자, 학업중단 청소년 등등만 소수자이고 그렇지 않은 사람은 다수자인가. 그 구분 방식이 과연 옳기나 한가. 나아가서 전자는 '소수/비정상/무능(不才)/약자/부정적/악'이고, 후자는 '다수/정상/능력(才)/강자/긍정적/선'일 수 있는가. 누군가 이러한 양자의 '차이'를 구분해내고 이것을 끝내 '차별'로 둔갑시켜 사회에 유통시킨다. 이러한 '차이의 구분'→'차별'이라는 못된 관습을 교정하는 인문학에 더욱 힘이 실려야 한다"[180]고 말했습니다.

미국의 사상가이자 시인인 에머슨도 『세상의 중심에 너 홀로 서라Self-Reliance』에서 이렇게 말했어요.

랠프 월도 에머슨 동상

"자신의 어리석은 일관성, 즉 평소에 자신이 일관되게 철

---

180 최재목, 『'사이間'에서 놀다遊』, 해조음, 2008, 76쪽.

석같이 믿고 있는 '자기만의 논리'를 버리고 달아나라. 어리석은 일관성은 옹졸한 마음의 장난이다. (…) 지금 생각하는 바를 오늘 단호한 어조로 말하라! 그리고 내일은 내일 생각하는 바를 확실하게 말하라! 비록 그것이 오늘 당신이 이야기한 모든 것과 모순된다고 할지라도. (…) 오해받는 일이 그렇게나 나쁜 일인가? 피타고라스도 오해받았다. 소크라테스도, 예수도, 루터도, 그리고 코페르니쿠스와 갈릴레오도, 뉴턴도…. 실체화되었던 모든 순수하고 현명한 영혼들은 오해받았다. 위대한 것은 오해받게 되어 있다."[181]

"우리는 성(性)과 사람과 차별을 모르는 사랑, 어디를 가든 덕과 지혜를 추구하는 사랑을 훈련해야 한다. 우리는 본래 관찰자이며 따라서 학습자이다. 우리는 영원한 학생이다."[182]

이번에는 탈무드에 나오는 이야기를 들어볼까요?[183]

어느 날 심하게 부부싸움을 한 두 사람이 랍비(율법사)를 찾아 누가 옳고 그른지를 가려달라고 요청했다. 랍비는 먼저 남편을 불러 그의 이야기를 들었다. 고개를 끄덕이기도 하고 "음", "그렇지"라며 맞장구까지 쳐가면서 그의 말이 옳다고 했다. 잠시 후에는 아내 말을 들었는데 그녀 말에도 일리가 있다며 모두 수긍을 했다. 이를 지켜본 랍비의 아내가 불평했다. "남편 말이 다 맞다 하고, 또 아내

———— 181 랠프 월도 에머슨, 강형심 옮김, 『세상의 중심에 너 홀로 서라*Self-Reliance*』, 씽크뱅크, 2011, 43~44쪽.

182 같은 책, 177쪽.

183 http://www.jejunews.com/news/articleView.html?idxno=1860501(《제주일보》 2015년 1월 27일자 오택진 논설위원 오피니언 「'다르다' vs '틀리다'」에서 탈무드 이야기)

말도 다 옳다고 하는 그런 해괴한 논리가 어디 있느냐"고 따져 물은 것이다. 이에 랍비 왈, "당신 말도 옳소."

상황 논리에 따라 둘 다 맞기도 하고 둘 다 틀리기도 할 수 있다는 이야기인데요. 즉 사람은 누구나 개성이 있고 자기의 생각이 있으며 살아온 환경이며 오랫동안 내재화한 가치관이 모두 다를 수 있으므로 어느 한편의 생각과 행동만을 '맞다', '틀리다'라고 명확하게 말할 수 있는 경우는 그리 많지 않다는 뜻입니다.

모든 국민이 나라의 주인(임금)인 민주주의에서 과거 원님 재판하듯 是是(나는 맞고)—非非(너는 틀리다)는 특별한 경우(스스로 잘잘못을 시인하는 경우이거나 증거가 확실한 경우 등)를 제외하고는 일상생활에서 별 의미가 없게 되었어요. 그러므로 이제는 새롭게 구분하여

탈무드를 읽고 있는 랍비들(아돌프 베어만 作)

생각하고 적용하는 연습을 할 필요가 있습니다. 즉 是非(맞을 수도 있고, 틀릴 수도 있다)—是非(맞을 수도 있고, 틀릴 수도 있다) 구분을 생각해볼 수 있다는 뜻이에요.[184] 성숙한 사람이라면 자신의 생각과 행동이 항상 옳은 것은 아님을 시인할 텐데요. 따라서 어떤 문제가 첨예하게 대립될수록 이렇게 새롭게 구분해볼 수 있는 여유로운 태도를 취하는 것은 복잡다기한 현대사회를 살아가는 하나의 지혜가 될 수 있을 것입니다.

이런 새로운 구분 습관은 '내 의견하고 다르니 저 말은 처음부터 틀렸다'[185]가 아니라 상호의견이 다르니 한번 이야기해보자는 자세로 이어질 수 있게 해주는 장점이 있습니다. 즉 자신의 견해가 왜

---

184 탈무드에서도 善/惡을 대립하는 두 방향으로 보지 않고 본질적으로 닮은 것으로 인식하고 있다(부버, 1952, 42쪽[강선보, 『마르틴 부버의 「만남」의 교육』, 양서원, 1996, 150쪽 재인용]). 마르틴 부버 자신 또한 "善과 惡은 좌·우와 같이 서로 반대되는 것이 아니다. 惡은 회오리바람으로써 우리에게 접근하며 善은 방향으로써 우리에게 접근한다"(부버, 1966, 80쪽[강선보, 같은 책, 150쪽 재인용])고 하였다. 동시에 "악도 또한 선이며, 그것은 완전한 선의 가장 낮은 단계이다. 따라서 인간이 선을 행하면 악도 또한 선이 된다"(부버, 1958, 207쪽[강선보, 같은 책, 150쪽 재인용])고 하였다. 사실 惡이란 언어도 그 자체로는 나쁜 의미도 좋은 의미도 없는 중성으로서 하나의 상징(Symbol)이다. 예컨대, 악마는 우리가 사회통념상 나쁘다고 생각하지만, 대한민국 축구 응원단 '붉은 악마'를 떠올리면 알 수 있듯 상황에 따라서는 좋은 것으로 얼마든지 새롭게 구분해낼 수 있다. 한자사전을 보더라도 惡에는 '악하다(나쁘다)'는 뜻 외에 '미워하다, 부끄러워하다'는 뜻이 모두 들어 있다. 예컨대, 지위를 이용하여 자기보다 지위가 낮은 자를 함부로 대하는 행동(소위 '갑질')을 사회공동체의 많은 사람들이 '미워하고 부끄럽게 여긴다(惡)'면 우리 사회는 한결 행복해질 것이다. 달리 말하면 악한 행동을 보고 악하다고 생각한다면 이는 선한 것이다. 악한 행동을 보고도 못 본 채 방치한다면 이는 악한 것이라고 할 수 있다. 악한 행동을 하던 사람이 스스로 깨닫고 자신의 악한 행동을 미워하면 얼마든지 선한 사람으로 변화될 수 있는 것이다.

185 박경서, 『인권이란 무엇인가』, 미래지식, 2012, 146쪽.

옳은지 여러 다양한 근거로 상호 설득하고, 받아들일 것은 받아들이는 등 소통을 가능하게 해주어 각기 자기만이 옳다고 우기고 서로 뿔뿔이 흩어지지 않고, 상대의 옳은 논리를 수긍하고 자신의 고집을 반쯤 버릴 수 있게 되지요. "산수에서 1+1=2이지만 1/2+1/2=1이듯이 하나가 되려면 나를 절반으로 줄여야 한다."[186] 이는 법률문제뿐 아니라 인간관계 전반에 적용될 수 있는 지혜랍니다. 내 속의 다른 나와의 관계뿐만 아니라 나와 너의 관계(부부관계, 남북관계, 남녀관계, 친구 사이, 교사와 학생 사이, 부모와 자녀 사이 등)에 모두 적용해볼 수 있지요.

자신이 왜 옳은지 그 다양한 근거를 제기할 때는 다양한 각각의 플러스(긍정적인 측면, 장점)와 마이너스(부정적인 측면, 단점)를 생각해보는 것이 유용합니다. 모든 사물은 중립적 성격, 즉 중성적인 성격을 지니거든요.[187] 그 자체로 백 퍼센트 좋거나 나쁜 것은 없다는 뜻

---

186 같은 책, 148쪽.

187 이에 대해서는 다른 생각이 있을 수 있다. 그러나 나는 오늘날처럼 모두가 임금님인 세상에서 자신의 행복과 권리·이익에 관해 첨예하게 대립할 경우 한쪽 측면만을 고집하는 것은 바람직하지 않다고 본다. 따라서 우선 중립적 입장에서 시작하는 것이 보다 건설적이라고 생각한다. 맹자와 순자의 일화가 좋은 보기가 될 수 있겠다. 순자는 '위(僞)'를 강조했다. 즉 성인은 인위적인 노력으로 악한 천성을 바로 잡은 사람이라고 하였다. 이에 대해 맹자는 사람은 본래 선하다고 반박하며 성선설을 주장했다. 성선설의 장점(+)은 만져지거나 알 수 없는 불변의 진리 내지 인간적 가치·존엄성을 선험적으로 존중하고 따를 수 있게 해준다는 점이고, 가장 큰 단점(-)으로는 불평등한 현실을 그저 순응하도록 억압하는 논리로 쓰일 수도 있다는 점을 들 수 있다. 순자는 '위(僞)' 주장의 플러스 논증을 다음과 같이 한다. "주나라의 개국 이후 종족들의 혈연관계를 세습화하고 중요시한 점에 대해, 순자는 아무리 경대부(卿大夫)의 자식이라 해도 예(禮)에 힘을 쓰지 않으면 서인(庶人)으로 내리고, 서인의 자손이라도 예에 힘쓰면 경대부로 올려야 한다고 주장하였다. 즉 봉건제도를 기초로 하던 세습제도를 인정하지 않은 것이다(강영수,

도 됩니다. 그런데 관심[心]을 어디에다 모으고(의사결정) 행동을 어떻게 일으키느냐(행동결정)에 따라 건설적 목적으로도, 파괴적 목적으로도 사용될 수 있어요. "불은 몸을 녹여 추위를 견디는 데도 쓰이지만 집을 태워 없애기도 한다. 전기와 원자력도 마찬가지다."[188]

자유는 자신이 결정한 마음과 행동으로 행복한 삶을 자기만의 방식으로 개성 있게 추구할 수 있게 해주는 측면이 있지만, 타인을 배려하지 않을 경우 제멋대로 행동하게 하는 부정적 측면도 지닙니다.[189] 탐욕, 정욕, 소유욕, 권력욕과 같이 부정적 의미로 자주 언급

『신 이야기 중국사』, 343쪽)." 그런데 성악설의 극단은 다음과 같은 치명적 단점(-)을 내포한다. "우리가 인간성은 본래 파괴적인 경향을 갖고 있고 힘과 폭력을 사용하는 필요성도 이러한 인간성에 뿌리박고 있다고 확신한다면, 점점 늘어나는 야만화에 대한 우리의 저항은 점점 더 약화될 것이다(에리히 프롬, 『인간의 마음』, 12쪽)." 오히려 극단적 성악설은 폭군의 행동을 정당화하는 논리로 쓰일 수 있다. 맹자가 폭군에 대한 혁명(역성혁명, 저항권)을 주장했다는 점은 성선설의 가장 큰 플러스 논증이다. 이처럼 모든 사물에는 플러스와 마이너스 논증이 모두 가능하다. 결국 구체적 상황에서 그때그때의 상황에 가장 적합한 논증이 잠정적으로 타당하다고 하게 될 것이다. 다만 우리가 과거 히틀러 나치정권의 경험에서 깨달았듯 모든 판단기준으로 놓쳐서는 안 될 최상위의 기준이 있는데, 바로 인간의 존엄과 가치이다. 이러한 인간성이 지닌 모순(성선/성악)에 대한 자각과 함께 항상 갈등 속에서 보다 올바른 선택을 하고자 끊임없이 노력하는 불굴의 의지가 또한 인간의 진가이다. 이러한 인간의 정신은 고정관념 내지 획일화된 지식을 '설명하는 정신'이 아니라 모두가 행복한 세상을 만들기 위해 늘 새롭게 구분하여 투쟁하는 '해석하는 정신'인 것이다(김기곤, 『욕망의 인간학』, 15쪽). 참고로 세계적 석학인 러셀도 『러셀의 자녀교육론』에서 "본능이라는 원료는 윤리적으로 중성이며, 환경의 영향에 따라 선하게 형성될 수도 있고 악하게 형성될 수도 있다"고 주장하였다(102쪽). 교육사상가 페레 역시 "교육은 그 내용에 따라 매우 좋을 수도 있고 매우 나쁠 수도 있다. 예컨대 과학처럼 합리적인 것을 가르치면 좋다. 반대로 종교와 같은 형이상학적인 것을 가르치면 나쁘다"고 언급했다(페레·박홍규, 『꽃으로도 아이를 때리지 말라』, 210쪽).

188 미하이 칙센미하이, 이희재 옮김, 『몰입의 즐거움FINDING FLOW』, 해냄, 2002, 184쪽.

189 박홍규, 『자유란 무엇인가』, 문학동네, 2014, 131~132쪽.

되는 욕망도 슬기롭게 사용된다면 꿈과 희망을 향해 노력할 수 있게 해주는 생명활동·생산활동(창조활동)의 원천이 되기도 하잖아요?[190]

성(性) 역시 생식과 쾌락과 인간관계의 모든 영역에서 행복한 삶을 추구할 수 있게 해주기도, 각종 인간관계를 파괴해버리기도 합니다. 부정적 의미로만 알려진 권태(게으름이나 싫증) 역시 각종 일로지치고 피로해진 심신을 쉬게 하여 창의력을 회복시키는 면이 있는 것처럼요. 러셀도 『행복의 정복The Conquest of Happiness』에서 비슷한내용을 언급했습니다. "권태를 전적으로 나쁘다고만 여겨서는 안된다. 권태에는 두 가지 종류가 있는데, 하나는 건설적인 권태이고다른 하나는 파괴적인 권태이다."[191]

종교도 마찬가지예요. 무엇이 인간을 이타적으로 만드는지에 대한 어떤 연구를 보면, 교육, 수입, 연령은 이타주의와 무관하고 종교가 사람을 이타적으로 만드는 데 가장 중요하게 나타났다고 하는데요. 즉 이타적 정신을 만드는 최적의 환경은 종교적 환경이라는 뜻입니다. 테레사 수녀, 마틴 루터 킹 목사, '울지 마 톤즈'의 이태석 신부, 만해 한용운, 김수환 추기경, 법정, 손양원 목사 등 일일이 열거하기가 불가능하지요. 이는 우리 공동체사회를 비폭력과 비소유로,나아가 인간의 존엄과 가치를 이 땅에 실천할 수 있게 해주는 플러

───── 190 김기곤, 『욕망의 인간학』, 세종, 1997, 16쪽.

191 버트런드 러셀, 박유정 옮김, 『행복의 정복The Conquest of Happiness』, 다문, 1994,58쪽.

린든 존슨, 로버트 케네디와 함께한 마틴 루터 킹(1963.7.22.)
마더 테레사(CC BY 2,5)
만해 한용운

스(+)입니다. 반면, 국가화와 권력화, 제도화와 교리화, 자본화와 기술화, 세속화와 상업화 등으로 점철된 기성종교(旣成宗敎)가 기복종교와 침략종교로서 인간의 이기적인 면을 부추겨온 엄연한 역사적 사실은 종교의 마이너스(-)적인 측면이지요.[192]

인물도 마찬가지입니다. 위인이라고 알려진 인물도 우리의 건강하고 균형 잡힌 사고형성[193]을 위해서는 각 인물에 대한 플러스와 마이너스를 항상 새롭게 하여 바라볼 필요가 있어요. 즉 그들도 우리와 똑같은 본능을 가진 인간이기 때문에 어떤 경우에는 더러운 모습 내지 부정적인 모습을 보일 때도 많다는 사실을 자각하는 것이 우리의 건강한 정신에 도움이 됩니다. 그래야 인간을 지나치게 신격화하여 바라보거나 지나치게 괴물 취급하지 않고 객관적으로 바라볼 수 있게 되며, 또 '나' 개인이 다소 실수투성이라도 다른 무수한 나의 장점을 생각하며 꿈의 성취를 향해 즐겁고 행복하게 앞으

---

192 보다 자세한 이야기는 박홍규 교수의 『까보고 뒤집어보는 종교』를 읽어보라.

193 나는 균형 잡힌 사고형성의 전형적 인물로 다산 정약용을 꼽는다. 그는 편견의 폐해를 정확히 인식하고 관찰할 때에는 공평하게 해야 함을 한시도 잊지 않았다. 그는 다음과 같이 말했다. "'평(平)'이란 무엇인가? 바로 저울질이다. 그런데 먼저 하나의 저울을 마음속에 두었다면 어찌 공평할 수 있겠는가!"(김호, 앞의 책, 289쪽) 또한 다산은 법의 심판관들이 사건을 정확히 이해하고 정의롭게 판단할 수 있는 지혜를 단련해야 똑같이 보이는 현상을 제대로 구분해낼 수 있다고 강조했다(같은 책, 235쪽). 다산은 인간에 대한 믿음과 사랑(仁)을 잃지 않았기 때문에 당시의 편견과 맞설 수 있었고 올바른 판단을 위해 항상 새롭게 구분해보는 노력을 게을리 하지 않았다. 프롬은 『소유냐 존재냐』에서 이 시대의 새로운 인간형이 가지는 성격구조 속에 드러나는 자질 중 한 가지를 이렇게 언급했다. "방종이 아니라 자기 자신이 되는 가능성으로의 자유. 탐욕스러운 욕망의 덩어리가 아니라 언제나 성장이냐 쇠퇴냐, 삶이냐 죽음이냐의 양자택일에 직면하는, 미묘하게 균형을 유지하는 구조로서의 자유."(204쪽)

로 나아갈 수 있게 되니까요. 예컨대 노예 해방 선언으로 유명한 에이브러햄 링컨도 실은 불변의 위대한 인물이 아니라 노예해방을 거부했던 제국주의자였답니다.[194] 또한 구약성경의 위대한 인물 중 하나인 다윗 왕은 자신의 충신 우리야가 전쟁터에 나가 목숨을 걸고 싸우고 있던 때에 그의 아내 밧세바를 간음하였고, 그 사실을 숨기기 위해 우리야를 전쟁터에서 적국에게 죽도록 조치하였던 크나큰 범죄를 저질렀습니다.[195] 미국 독립선언문을 기초했고 미국의 제3대 대통령, 교육자, 철학자인 토머스 제퍼슨의 성적인 일탈은 잘 알려진 사실이고요.[196] 미국 예일대 로스쿨 졸업, 아칸소법대 교수, 아칸소주 법무장관 겸 검찰총장, 아칸소주 주지사, 제42대 미국 대통령을 역임한 빌 클린턴은 백악관 자신의 집무실에서 인턴직원과 각종 성행위를 한 성추문으로 1998년에 정치적으로 심각하게 이슈화됐지요.[197] 그 밖에도 정치권력을 추구했던 루즈벨트, 케네디 같은 사람은 말할 것도 없고, 톨스토이, 간디, 마틴 루터 킹처럼 비폭력, 무저항, 평화를 설파하며 성인의 반열에 오른 지도자들도 비슷한 성적

---

194 보다 자세한 이야기는 박홍규 교수의 『독서독인』 34~47쪽을 읽어보라.

195 위키백과 한국어판 검색(https://ko.wikipedia.org/wiki/%EB%8B%A4%EC%9C%97)

196 마이클 리프·미첼 콜드웰, 금태섭 옮김, 『세상을 바꾼 법정And the walls came tumbling down』, 궁리, 2013, 419쪽.

197 참고로 클린턴은 성추문 사건이 있기 4년 전인 1994년에 다음과 같은 해고결정을 했는데, 이는 오늘날의 관점에서 보면 매우 우스꽝스럽다. "1994년, 그해에 제정된 세계 에이즈데이를 기념하는 국제연합에서의 연설에서 마스터베이션 옹호 발언을 한 공중위생장관(Joycelyn Elders-필자 주)이 다음날 클린턴 대통령에게 해고되었다(Ishikawa Hiroyoshi, 『마스터베이션의 역사』, 250쪽)."

결점을 갖고 있었답니다.[198] 19세기 영국을 대표하는 소설가로 셰익스피어에 버금가는 인기를 누린 찰스 디킨스는 성추문 사건으로 거의 매장될 뻔한 적도 있어요.[199] 프랑스 왕들의 병적으로 음란했던 성추문은 위인들을 나열하는 이곳에서 언급할 필요도 없습니다. 왜냐하면 적어도 오늘날까지 위인으로 남은 인물들은 이러한 마이너스보다 전반적인 삶의 궤적이 인간의 가치와 존엄성 고수에 기여하는 플러스가 더 많고 크다고 평가되기 때문입니다.

오늘날에는 전문 직종을 가진 인물들이 성적 일탈 사건으로 곤란을 당하기도 합니다. 지옥의 고통을 강조하던 미국 전도사 지미 스워가트는 창녀들과 즐긴 사실을 자백했고,[200] 최근 자위행위를 비롯한 성행위를 죄악시하던 보수개신교 전도사·목사 등이 국내외를 막론하고 각종 성범죄로 처벌되고 있고, 지하철 성추행을 하다가 입건된 서울고등법원 판사, 공연음란행위를 한 제주지방검찰청장 등 셀 수가 없이 많잖아요.

현재, 우리나라도 더 이상 간통(결혼한 배우자가 다른 이성과 간음하는 행위)을 형사 처벌하지 않습니다. 다만 사적 자치가 지배하는 민법상 간통은 부부간 정조의무 위반(간통보다 넓은 개념으로 부정행위·불륜을 포함)으로서 불법이죠. 이는 이혼사유에 해당하고 불법행위에 기한 손해배상청구도 가능합니다. 2005년 8월 24일, 미국 침례교

198 김두식, 『욕망해도 괜찮아』, 창비, 2012, 168쪽.

199 리처드 솅크먼, 임웅 옮김, 『세계사의 전설, 거짓말, 날조된 신화들Legends, lies and cherished myths of world history』, 미래M&B, 2002, 98쪽.

200 마이클 리프·미첼 콜드웰, 앞의 책, 478쪽.

에이브러햄 링컨의 암살 장면
(왼쪽에서부터 헨리 래스본, 클라라 해리스, 메리 토드 링컨, 에이브러햄 링컨, 그리고 존 윌크스 부스)
다윗의 사자(使者)와 함께 있는 밧세바, 왼쪽 위에서 밧세바를 보고 있는 사람이 다윗이다(장 매시 作, 1562)

『Barnaby Rudge』는 디킨스의 작품 중 대중적인 호응을 얻는 데 실패한 작품이다.
그러나 여주인공 돌리 바든의 "예쁘고, 지혜롭고, 섹시한" 이미지는 이후 수많은 연극에 차용되었다.

목사이자 신학대 교수인 존 깁슨(56세)이 집에서 숨진 채 발견되었는데요. 최근의 해킹으로 유출된 '불륜 조장 사이트' 애슐리 매디슨 회원의 정보에 그 회원 가입 사실이 밝혀진 후 죄책감에 시달리다 극단의 선택을 한 것이었죠. 고인의 아내는 CNN과의 인터뷰에서 "다른 사람들에게 품위 있고 늘 자상하며 자비를 베푸는 데 모든 것을 쏟아 부었던 남편이, 자신에게만큼은 관대하지 못했다"고 안타까워했습니다.[201] 기사의 내용이 사실이라는 전제에서 생각할 때, 그는 법적으로나 도덕적으로 절대 죽을 정도의 범죄를 저지른 사람이 아니에요. 기사에 의하면 "깁슨 목사는 훌륭한 교수이자 학생들의 차량을 무료로 고쳐 주던 상냥한 이웃이었다고 미국 언론들은 소개했다"고 합니다. 이 세상에는 오히려 자신에게는 철저히 관대하고 자신의 경제적 이익 등을 위해 타인에게는 두려움과 죄의식 등을 마구 불러일으키는 온갖 협박성 설교를 하는 성직자들이 정말 많은데, 깁슨 목사의 죽음은 안타깝기 그지없습니다. 〈경향 비즈ⓝ 라이프〉의 다음과 같은 기사 내용을 보세요.

"미국에서는 '애슐리 매디슨'을 이용한 사실이 들통 난 목사, 장로, 집사 등 교회 지도자들 400여 명이 현지시간(8월 30일)에 사직할 예정이다. 여기에는 반동성애 기독교 단체인 '가족연구위원회행동' 소속이었던 조시 두거 목사가 포함된 것으로 알려져 있다. …(중략)… 영국에서는 공직자 124명, 국방부 직원 92명, 경찰

201 http://www.christiantoday.co.kr/view.htm?id=285758 《크리스천투데이》 2015년 9월 11일자 이혜리 기자 「애슐리 매디슨 가입했던 목회자 자살」)

50여명, 의료시스템(NHS) 직원 56명, 교육계 관계자 65명, 대학 관계자 1716명이 포함된 것으로 알려지고 있다. 캐나다 수도 오타와는 '불륜도시'라는 불명예까지 얻었다. 인구수 88만 3,000명인 오타와의 애슐리 매디슨 회원수는 18만 9,810명으로 나타났다. 시민 5명 중 1명이 불륜 사이트 가입자라는 것이다. 국내에서도 벌벌 떨고 있는 사람들이 있다. 애슐리 매디슨엔 최소 5만 6,000명의 한국인이 가입한 것으로 나타나고 있다."**202**

　이 같은 인간의 부정적 측면(-)을 객관적으로 바라봄으로써 얻는 이익은 우리가 각자 자신 또는 다른 사람의 실수나 결점에 대해 다소 너그러울 수 있게 해주는 여유(관용의 정신)입니다. 이런 균형 잡힌 사고로 성(性) 문제를 바라볼 때 보다 현실에 부합하고 건설적인 해결책 모색이 가능하지 않을까요?

　스스로의 쾌감을 즐기는 자위행위는 다른 사람들에게 해를 끼치지 않는 한 합법입니다. 오늘날의 성과학 지식에 의하면 "자위행위는 건강하다는 증거이고 매우 정상적인 행동이며, 매우 다양한 장점(+)이 있다"고 합니다. 이러한 관점을 스스로 받아들인다면 자위행위는 도덕적으로도 죄가 아니고 오히려 자신의 모든 감각을 오롯이 느낄 수 있게 해주는 그 무엇이 될 테지요. 이러한 관점을 자연스레 습득하는 데 독서가 큰 도움이 됩니다. 잘못된 지식과 편견

───── 202 http://bizn.khan.co.kr/khan_art_view.html?artid=201508301526311&code=920509&med=khan(〈경향 비즈⑩라이프〉 2015년 8월 30일자 비즈앤라이프팀 기사 「애슐리 매디슨은 짧았다」 중)

때문에 죄책감에 휩싸여 자기비하하며 자위행위를 강박적으로 하는 사람들에게, 잠시 자기중심적 사고에서 관심[心]을 돌려 사물을 다양하고 객관적으로 바라볼 수 있는 마음의 눈을 길러주려면 각종 독서를 통한 인문학적 교양 함양이 정말 큰 도움이 되거든요. 내가 만나본 성상담자와 성교육자들은 하나같이 "올바른 성교육은 단순한 지식전달이 아니라 인문학적 소양을 통한 성에 대한 건전한 사고 함양"이라고 말합니다. 다시 말해서 이러한 사고 함양은 인생에서 부딪히는 각종 선택의 기로에서 어떠한 행동으로 나아가기에 앞서, 각각의 선택이 가지는 각 플러스(장점)/마이너스(단점)들을 다각도로 조명해보고 신중히 비교·검토한 후 각 결과를 예측하여 올바른 선택을 하도록 심력(心力)을 길러주는 것이라 하겠습니다.

이러한 심력이 형성되었을 때, 어느 사악한 인물이 아무리 자위행위는 큰 죄이고 펄펄 끓는 불지옥에 떨어져 영원히 지옥에서 살 것이라며 인간의 연약한 마음을 동요시켜 불안과 죄의식, 걱정·근심에 휩싸이도록 획책을 하더라도 이에 눈길도 한 번 안 주면서 자신의 행복한 삶을 자유롭게 영위해나갈 수 있겠지요.

고아, 과부, 병자 등 각종 소외된 사람들을 치료하고 돌보았던 위대한 스승 예수는 "진리가 너희를 자유케 하리라"고 했습니다. 모든 것을 용서하고 죄인을 보듬어 안았던 사랑의 예수를 진심으로 알고 느낀다면 인간의 본능이자 신의 축복인 성감(性感)을 스스로 느끼는 것 즉, 자위행위를 더 이상 죄의식 없이도 자유롭게 할 수 있을 거예요. 크리스티안 프리드리히 헤벨은 "사랑에 의해서만 인간은 자신으로부터 해방될 수 있다"[203]고 말했고, 에리히 프롬은 "사랑은 지배(억압, 금욕, 권위—필자 주)하는 것이 아니라 자유를 주는 것이다"[204]고 했으며, 베티나 폰 아르님은 "세상의 삶은 감옥, 자유의 열쇠는 사랑. 사랑이 세속의 삶에서 천국과 같은 삶으로 이끈다"[205]고 했습니다.

스스로가 고통당하는 중생임을 자각하고 다른 중생들과 끊임없이 관계를 맺은 위대한 스승 붓다는 자비를 강조했어요. 인간은 누구나 사랑받기 위해 태어난 소중한 존재입니다. 이러한 존엄하고 가치 충만한 인간이 자기를 사랑하고 다른 사람을 사랑한다면 모두가 건강한 관계 속에서 행복한 삶을 살 수 있겠지요? 일체유심조(一切唯心造)라 했던가요! 모든 것은 오로지 마음이 지어내는 것임을 항상 염두에 두어야 합니다. 행복의 처음이자 끝은 바로 나의 마음 지키기에 달린 것이니까요.

203 박홍규, 『사랑수업 : 아리스토텔레스부터 괴테까지, 2천 년 지혜의 숲에서 건져낸 260가지 사랑법』, 추수밭, 2014, 179쪽.

204 같은 책, 186쪽.

205 같은 책, 184쪽.

『법구경』의 첫머리에는 "모든 것은 마음에 지배되고, 마음을 주인으로 하고, 마음으로 이루어진다"[206]는 말이 반복적으로 나옵니다.

마음을 다스리는 데 있어 사물을 중립적 입장에서 관찰하는 것은 매우 중요해요. 실생활에 정말 많은 도움이 됩니다. 고대 중국의 철학자 순자의 다음 예화가 좋은 보기가 될 것입니다.

"하수(夏首)의 남쪽에 연촉량(涓蜀梁)이라는 사람이 살고 있었는데 그는 지혜가 다른 사람만 못한 데다 겁이 많았다. 어느 날 달이 몹시 밝은 날 길을 가게 되었다. 그는 길을 가다가 문득 걸음을 멈추었다. 앞에 기다랗게 늘어선 자신의 그림자가 마치 귀신의 형상처럼 보였기 때문이었다. 그는 혼비백산하여 집으로 달려왔는데 숨이 끊어졌다는 것이다."[207]

이것은 사물의 객관적 현상을 있는 그대로 바라보지 않고, 자꾸만 자기 식으로 고집스럽게 확대·해석하고 비딱하게 보려 하기 때

---

206 마스터니 후미오, 이원섭 옮김, 『불교개론(佛敎槪論)』, 현암사, 2001, 112쪽.

207 강영수, 『신 이야기 중국사 1』, 좋은글, 2001, 343쪽.

문에 나타나는 현상입니다. 기우(杞憂)라는 말도 있잖아요? 아직 일어나지도 않은 일을 벌써부터 쓸데없이 노심초사한다는 뜻인데요. 옛날 기(杞)나라에 살던 어떤 사람은 '만일 하늘이 무너지면 어디로 피해야 할까?' 고민하며 끼니도 거르고 잠도 제대로 자지 못하였다는 데서 유래한 고사성어입니다.

또 『성경』에 "마음의 근심은 뼈를 마르게 한다"고 했습니다. 지나친 걱정·근심은 없던 병도 생기게 하지요. 대체로 예민하고 감성적인 사람에게 이런 지나친 걱정·근심 경향이 나타난다고 합니다. 성(性) 문제와 관련해서 이야기하면, 어떤 사람들은 자위행위 후 죄의식 때문에 심한 노이로제(강박증)에 걸리기도 한다고 해요. 또한 "일시적인 조루 증상을 스스로 '이건 조루증이야' 하고 자가진단한 후 섹스를 할 때마다 '과연 얼마나 참을 수 있을까' 불안에 시달리다 그만 진짜 조루증 환자가 되는 경우도 있다"고 하고요.[208]

유계준 박사는 "남자가 발기력을 의심하고 우울하게 받아들이기 시작하면 악순환에 빠지게 된다. 불안감이 페니스의 무기력을 초래하기 때문이다. 그리고 결국에는 진짜 임포텐츠(발기불능)가 되기도 하는데, 불안감이 악화되는 가장 큰 원인은 스스로 자신이 불능이라고 판단해버리는 것이다"[209]고 말했습니다. 그런데 이렇게 공포와 불안으로 인한 심인성 질병은 얼마든지 치료가 가능하지요.

이러한 이야기들은 자위행위의 죄책감이 과도할 경우 자신의 행

---

208 유계준, 앞의 책, 231쪽.
209 같은 책, 269쪽.

복한 삶 내지 꿈의 성취를 위한 학업이나 그 밖의 각종 일에 몰입하는 것을 방해한다는 점을 생각해보는 데에도 유용합니다. 오늘날 일반적으로 알려진 과학적 지식을 무시하고 지나치게 미신과 편견에 휩싸인 자기중심적 사고는 자기 내면의 어두움 속으로 침잠하여 우울증 등 각종 정신질병에 시달리게 만드는 부작용을 낳으니까요.

나는 이러한 공포·불안·근심·걱정·죄의식에서 벗어날 수 있도록 해주는 일은 오직 과학적 지식을 스스로 받아들이게 하여 각자의 심력(心力)을 길러주는 길밖에는 없다고 굳게 믿습니다.[210] 이러한 공포 등은 이미 심력이 강한 사람에게는 존재하지 않는데요. 공포 등에 쉽게 사로잡히는 사람만이 사이비종교 등에 빠질 확률이 높답니다. 심력이 약한 사람은 이 세상의 각양각색의 흥미로운 일을 찾기보다 차라리 불행하지만 그런대로 안정된 현재의 삶에 안주하기를 택할 텐데요. 죽음에 대한 지나친 생각, 과도한 죄책감, 막연한 근심 속에 갈 바를 몰라 이리저리 방황하며 헤매지 말고, 이러한

---

210 프롬은 『소유냐 존재냐To Have or to Be』에서 이렇게 말했다. "진정으로 죽음에 대한 두려움을 극복하려면 오직 한 가지 방법 즉 붓다, 예수, 스토아학파의 철학자들, 마이스터 에크하르트가 가르친 방법밖에 없다. 그 방법은 '생명에 집착하지 않는 것, 생명을 소유물로 경험하지 않는 것'이다. 죽음에 대한 두려움은 얼핏 삶의 정지(停止)에 대한 두려움처럼 보이지만 실은 그렇지 않다. (…) 현명한 사람은 삶에 대해서 생각하고 죽음에 대해서는 생각하지 않는다. 어떻게 죽을 것인가에 대한 가르침은 실제로 어떻게 살 것인가에 대한 가르침과 똑같은 것이다. 모든 형태의 소유에 대한 갈망, 특히 자아의 속박을 버리면 버릴수록 죽음에 대한 공포는 더욱 약해진다. 잃어버릴 것이 아무것도 없기 때문이다."(156~157쪽) 페레도 다음과 같이 역설했다. "우리는 삶을 부정하고 죽음을 긍정하는 편에 서 있다. 삶의 부정은 권위의 긍정, 종교의 긍정, 억압의 긍정, 학대의 긍정 또는 적어도 그런 것들을 추종한다는 의미이다. 그것은 의무, 복종, 이윤, 권력과 같은 것이다. 반대로 삶의 긍정은 농담, 게임, 연애, 흥미 있는 일, 여러 가지 취미, 웃음, 음악, 춤, 다른 사람들에 대한 배려, 인간에 대한 신뢰 같은 것이다."(페레·박홍규, 240쪽)

불합리한 생각들에 의해서 이용되지 않겠다는 결단과 함께 그런 생각들을 하게 된 원인을 찬찬히 분석해보고[211] 현재의 과학적 지식에 비추어 객관적으로 검토해보면 좋겠습니다.[212] 그리하면 대부분의 죄의식 등 불안한 생각들이 기우에 지나지 않음을 깨닫게 될 거예요. 러셀은 다음과 같이 말했습니다. "불합리성이 당신의 의식에 어리석은 생각이나 느낌을 밀어넣으려고 할 때에는 언제나 어리석은 생각이나 느낌을 뿌리째 뽑아내서 검토하고 배척하라."[213]

정말 죄책감을 가지는 것이 마땅한 일은 다음과 같은 것입니다. 법률의 범위를 교묘하게 피해나가는 지도자나 고위층 인사들, 고용한 자를 인정 없이 마구 대하는 일(이른바 '갑질'), 배우자나 자녀에 대한 무자비한 대우(소위 '가정폭력·아동학대'), 경쟁자에 대한 악의적 행위, 정치투쟁 속에서의 온갖 만행… 이런 것들이야말로 건전하고

---

211 주의할 점은 이러한 막연한 불안감 내지 죄의식이 아니라 이미 습관적으로 고착화된 질병인 강박증인 경우 그 대처 방법이 다르다는 것이다. "강박증은 정신병이 아니다. 자신의 생각과 행동이 비정상적이라는 점을 인식하기 때문에 '정신병'이 아니라 불안장애, 예전 표현으로는 일종의 신경증(노이로제)이다. 강박증의 치료에는 스스로 질병의 원인을 이해하고, 증상을 조절하고, 나아가 질병을 극복하기 위한 노력이 큰 역할을 할 수 있다."(권준수·신민섭, 『쉽게 따라하는 강박증 인지행동치료』, 3쪽) 즉 강박증이라는 질병의 원인을 이해하고 이에 맞는 각종 대처 기술을 적용해야 하는 것이지, 강박증적 사고를 일으키는 원인을 분석하려고 해서는 안 된다. "문단속은 잘했는지, 가스레인지의 불은 잘 껐는지, 손은 잘 씻었는지 등 강박사고는 자신의 의지와 관계없이, 원하지 않는데도 들어오는 생각이라는 사실을 잊지 말라. 아무도 저절로 들어오는 생각 자체를 조절할 수는 없다. 그런 생각을 분석하려 들지 말라. 다만 그런 생각이 비합리적이라는 것만 잊지 말라. 강박적 사고가 생길 때마다 그것에 관하여 고민하고 매달리지 말고, '걱정하는 시간'을 따로 두고 그때까지 강박증에 매여 있는 시간을 미루어 두는 연습을 하라."(권준수 외, 『강박증의 통합적 이해』, 334쪽)

212 버트런드 러셀, 박유정 옮김, 앞의 책, 93쪽.

213 같은 책, 93쪽.

건강한 정신의 국민들 사이에 나타나는 정말로 해로운 죄악들 아닐까요?[214] 이러한 점들을 종합적으로 검토해보면 자위행위와 같은 일은 전혀 문제될 것이 없음을 스스로 받아들이게 될 것입니다.

만일 자위행위를 한 것 때문에 어떤 불행이 곧 닥쳐올 것 같은 불길한 생각이 든다면 발생할 수 있는 최악의 상황을 잘 생각해보는 것도 유용할 거예요. 발생 가능한 불행을 정면에서 바라보고 결국은 그것이 기우에 불과하다고 생각할 만한 몇 가지 이유를 스스로에게 주도록 노력해보세요.[215] 러셀은 다음과 같이 조언합니다. "그러한 이유는 항상 존재한다. 어떤 사람에게 일어나는 최악의 사태라 할지라도 우주적 중요성을 갖지는 못하기 때문이다. 최악의 가능성을 얼마 동안 꾸준히 살펴보고, 확신을 가지고 '결국 그것은 별로 대단하지 않을 것이다'라고 자신에게 말할 때 당신은 자신의 걱정이 대단할 정도로 줄었다는 것을 알게 될 것이다. 이런 과정을 몇 차례 반복할 필요가 있다. 그러나 가능한 최악의 결과를 직시하는 것을 피하지 않는다면 결국 자신의 고민이 완전히 사라지고 일종의 흥겨움으로 대치된다는 것을 알게 될 것이다."[216] 그리하면 자기존중감도 상승하고 일의 능률도 훨씬 오를 것입니다.

또한 러셀은 이렇게 조언해요. "모든 종류의 두려움을 다루는 적절한 방법은 그것을 이성적으로 냉정하게, 그러나 정신을 집중해서

214 같은 책, 94쪽.
215 같은 책, 71쪽.
216 같은 책, 71쪽.

나중에는 아주 친근해지도록 하는 것이다. 나중에는 친근함이 공
포감을 무디게 할 것이다. 옛날처럼 의지의 노력으로써가 아니라,[217]
그 문제에 대한 관심이 덜해져서 그 문제 모두가 지겹게 되고, 따라
서 우리의 생각이 딴 곳으로 돌려지게 되는 것이다."[218]

심력이 다져지면 다져질수록 각종 걱정·근심이라는 악질 세균을 쳐
낼 수 있게 됩니다. 그만큼 마음 지키는 일은 정말 중요해요. 마음의 중
심[219]이 바로 서면 흔들리지 않지요. 우리의 옛 선인들도 이점을 한시

---

217 막연한 공포·불안감이 질병으로 악화된 공포증 환자는 그 공포의 대상을 신경
쓰지 않으려 애쓸수록 더욱더 공포가 가중되고, 강박증 환자 역시 생각을 하지 않으려
노력할수록 더 심한 강박관념이 머릿속에 들러붙게 된다. 전 대한신경정신의학회장을
역임한 유계준 의학박사의 말을 들어보자. "자기의 신체나 정신에 대해 직접적 명령을
가함으로써 어떤 일을 성취해보려고 한다면, 그럴수록 당신이 원하는 것과 반대되는 현
상을 초래할 것이다(유계준, 앞의 책, 117쪽). 마스터베이션을 하던 사람이 갑자기 하지 않
으면 오히려 정신적인 부작용이 생길 가능성이 높다(같은 책, 277쪽). 성욕은 억제하기보
다는 어떤 수단으로든 해소하는 편이 정신 건강에 좋다. 그러나 당신 마음속에 조금이
라도 마스터베이션을 꺼리는 마음이 있다면, 굳이 할 필요는 없다. 음식이나 음료, 행동
양식과 마찬가지로 싫어하는 것은 먹지 않고 받아들이지 않으면 된다. 왜냐하면 마스터
베이션은 철저한 개인의 선택이기 때문이다(같은 책, 21쪽)."

218 버트런드 러셀, 박유정 옮김, 앞의 책, 72쪽.

219 "중심은 방향성을 가능케 한다. 그것은 또한 지평의 돌파를 가져온다. 즉 우주적
인 여러 차원 사이(지상과 천상 사이)의 교섭을 열어주고, 하나의 존재 양식에서 다른 존
재 양식으로 가는 존재론적 이행을 가능케 하는 것이다."(Mircea Eliade, 『성과 속』, 57쪽)
"인간은 자기가 선 자리, 그곳을 중심으로 일컫는다. 중심은 그렇게 결정된다. 중심을 일
컬으면서 공간의 균질성을 깨뜨리고 자기 자리를 확보할 때 인간은 전후좌우, 그리고 상
하의 이동이 가능하다. 어디로 가든 출발한 자리로 되돌아옴이 가능하기 때문이다. 다
시 말하면 '다른 공간'의 출현(중심의 출현)에 의하여 삶이 비로소 삶다워지는 것이다.
그런데 부유(浮遊)하는 삶에는 중심이 없다. 서 있을 수 없는 것이다. 자기 상실의 모습
은 이러하다. 그때 인간은 물음을 묻는다. 그러므로 중심의 출현은 자연스러운 것이 아
니다. 그것은 찾아 확보해야 하는 삶의 당위가 된다. 물음을 물어 그 해답을 찾아 지니는
것이 중심이다. 삶의 규범은 '다른 공간'인 '중심 만들기'가 실현될 때 비로소 존재 양태
의 변화를 이룩한다."(정진홍, 『하늘과 순수와 상상』, 380쪽)

신명사도

도 잊지 않았습니다. 조선 중기의 유학자 남명 조식(曺植, 1501~1572)의 심성수양의 요체 그림을 보세요. 옆의 그림은 심성수양의 요체를 임금이 나라를 다스리는 것에 비유한 것입니다.

「신명사도(神明舍圖)」[220]는 성곽(城郭)[221]내·외·하단으로 되어 있어요. 그 요지는 미발시[222]의 경(敬)을 통한 존양(存養), 이발시[223]의 의(義)를 척도로 하는 성찰(省察), 사욕의 기미가 발견되면 즉석에서 물리치는 극치(克治),[224] 이렇게 삼단계 수양론을 통해 지선(至善)[225]에 이르는 것을 나타낸 것입니다. 곽내는 인간의 신체를 의미하는데, 주재자인 태일군[226]이 머무는 집이 신명사입니다. 그의 정사는 천덕과 왕도[227]이며, 사직

220 이하 네이버 지식백과 신명사도(한국민족문화대백과, 한국학중앙연구원).

221 마음(心)을 성곽 지키듯 하라는 비유.

222 감정이 일어나기 이전.

223 감정이 일어난 이후.

224 『성경』에는 이런 말이 있다. "하나님의 말씀은 살았고 운동력이 있어 좌우에 날선 어떤 검보다도 예리하여 혼과 영과 및 관절과 골수를 찔러 쪼개기까지 하며 또 마음의 생각과 뜻을 감찰하나니(히브리서 4장 12절)."

225 유교 경전인 대학(大學)의 3강령 중 마지막 단계인 지어지선(止於至善). 지극한 선(善)의 경지에 이르러 움직이지 않는다는 뜻으로, 사람은 최고의 선(善)에 도달하여 그 상태를 유지함을 이상으로 삼아야 함을 말한다.

226 태일군은 하나님이다. 신명(神明:하늘과 땅의 신)이 내 마음속에 들어와서 머무는 곳이 신명사이다.

227 왕도(王道:임금의 마땅한 도리, 仁:사랑)와 천도(天道:우주의 법칙, 과학지식). 이는 진리이자 인간의 가치이며 경(敬:자기만의 주관적 세계 속에 침잠하는 것을 경계하여 '항

과 운명을 함께하기 때문에 '국군사사직(國君死社稷)'²²⁸ 5자를 표기하였죠. 곽내는 조정의 일로 총재가 관장하는데, 경을 통한 존양이 근본이므로 그 이름을 '경(敬)'이라 했습니다. 곽외는 신체 외적으로 일어나는 일을 말해요. 이발시에는 마음의 기미를 잘 살펴야 하는데, 입·귀·눈이 제일 중요하기 때문에 관문으로 표기하여 성찰을 강조했고요. 그 담당자가 백규(百揆)이기 때문에 그 옆에 '치찰(致察)'이라 써넣었습니다. 세 관문에는 대장기(大壯旂)가 펄럭이며 '심기(審幾)'라 표기해놓았는데, 이는 기미를 엄정하게 살피는 것을 말합니다. 그 옆에 병기한 '극치(克治)'는 사욕의 기미가 발견되면 즉시 극복해 다스린다는 뜻이에요. 그 일을 담당하는 관리가 대사구(大司寇)입니다. 하단은 경을 통해 존양하고, 의를 척도로 성찰하고, 사욕을 극복해 물리치고 나면 지선의 경지에 이르러 머문다는 뜻이랍니다.

상 마음이 깨어 있는 것', 常惺惺法)의 완성을 의미한다. "경(敬)은 '마음(心)'이다. 마음이 있고 없고에 따라 삶의 방식과 세계의 존재 방식과 양상은 많이 달라진다. 예컨대 남을 돕고 돕지 않는 그런 마음에 의해, 또는 쓰레기 분리수거를 하는 마음이 있고 없고 등등 마음의 존재 방식에 따라 세상은 얼마든지 달라질 수 있다."(최재목, 『쉽게 읽는 퇴계의 성학십도』, 93쪽) 마찬가지로 마음의 존재 방식에 따라 '나'는 얼마든지 달라질 수 있다. 어떤 사람은 과거의 '나'에 집착(자기도취)하거나 어느 한 가지 일 내지 생각의 노예가 되어 불행한 삶을 살기도 하고, 또 어떤 사람은 '내가 어쩔 수 없는 일 즉 내가 고민하거나 슬퍼한다고 해서 해결될 수 없는 일'을 과감히 내려놓고 방향을 돌려 보다 건설적인 흥미를 찾아 관심의 폭을 넓히고 몰입하며 행복한 삶을 영위해나간다.

228 사직(社稷)이란 토지신[社]과 곡식신[稷]이라는 뜻으로서, 옛날에 임금이 국가의 무사(無事) 안녕(安寧)을 기원하기 위하여 사직단(社稷壇)에서 토지신과 곡식신에게 제사(祭祀)를 지냈으므로 '사직'은 '국가의 기반', 또는 '국가' 자체를 의미하게 되었다. 즉 내 마음이 머무는 육체가 무너지면 나도 무너지는 것이므로 내 몸을 소중히 여겨, 나에게 맞난 음식도 골고루 제공해주고 내 정신을 풍요롭게 해줄 각종 취미 생활도 자유롭게 누리는 것이 나의 행복의 지름길인 것이다.

나에게는 마음속 깊숙이 간직해두고 항상 잊지 않으려고 노력하는 시(詩)가 있어요. "세상이 액자라면 나는 풍경이었을까/ 내가 액자라면 세상은 참 쓸쓸한 벽이었을 것 같다(「구름액자」)."[229] 중국 명(明)나라의 유학자이자 정치가인 왕양명(王陽明, 1472~1529년)은 "온갖 이치가 갖추어져서 수많은 일들이 나온다. 마음 바깥에 이치가 없고, 마음 바깥에 일이 없다"고 했습니다.[230] 여기서 '온갖 이치가 갖추어져서 수많은 일들이 나오는' 것은 자기 자신으로부터 바깥의 일들이 창출(발출)되는 것을 의미합니다.[231] '인식하는 나'가 아닌 '실천·행위하는 나'가 중심에 있는 거죠.[232] 양명은 또한

왕양명

"만물의 이치는 지금 여기서 내가 만물과 구체적으로 관계하는 방식(주체의 태도)에 의해 결정된다. 만물에 대한 모든 책임은 일단 인간에게 주어져 있다"고 말했습니다.[233]

러셀은 『행복의 정복』에서 각종 일로 쉽게 상처받고 분노하며 불행의 씨앗을 스스로 키워나가는 문명인에게 다음과 같이 말합니다. "남성이건 여성이건 문명인은 누구나 어떤 자화상을 가지고 있으며, 이 자화상을 욕되게 하는 것 같은 일이 생길 때는 화를 낸다. 최선

───── 229 최재목, 「구름액자」, 『길은 가끔 산으로도 접어든다』, 포엠토피아, 2003.

230 최재목, 『내 마음이 등불이다』, 이학사, 2003, 268쪽.

231 같은 책, 269쪽.

232 같은 책, 269쪽.

233 같은 책, 269쪽.

의 치료법은 그림을 한 장만 갖는 것이 아니라 화랑 전체를 가지고 서 문제의 사건에 적절한 것을 하나 선택하는 것이다. 만약 어떤 초 상화가 약간 우스운 것이면 그럴수록 더욱 좋다. 온종일 자기 자신 을 숭고한 비극의 주인공으로 본다는 것은 현명하지 못하기 때문이 다."[234]

결국, 이 모든 관점은 내가 이 세상의 풍경이므로 '나' 스스로가 행복한 '나'를 그려나가야 한다는 것입니다. 마음이 살아 숨 쉬는 몸을 소중히 하고 나의 마음을 지켜 공동체 속에서 타인에게 해악 을 끼치지 않으면서 자유롭게 나의 행복을 충만히 만끽해봅시다.

────── 234 버트런드 러셀, 박유정 옮김, 앞의 책, 204쪽.

인간성(人間性)이란 사람의 됨됨이를 의미하지요. 인간성이 좋다는 말은 그의 됨됨이가 굽어 있지 않고 원만하다는 것입니다. "인간은 사회적 동물"이라는 말이 있듯 인간은 홀로 살아갈 수 있는 섬 같은 존재가 아닙니다. 따라서 인간에게는 사회공동체 안에서 타인에게 해를 가하지 않고 더불어 살아가는 지혜가 매우 중요하지요. 그것의 시작이자 끝은 바로 올바른 '관계' 맺기입니다.

'관계'라는 것은 중성입니다. 최재목 교수는 『'사이間'에서 놀다 遊』에서 다음과 같이 말했어요. "관계라는 것은 어떤 전제와 조건의 변화에 따라 항상 변화하기에, 자기 부정, 무전제를 바탕에 깔고 있습니다. 항상 깨어 있고, 잠들지 않습니다. 꼬박꼬박 졸지 않고, 잠을 자더라도, 목어(木魚)가 암시하듯, 고기처럼 눈을 뜨고 잡니다."[235] 따라서 관계를 바로 세우는 일은 여간 어려운 일이 아닙니다. 관계를 유지하기 위해서는 상대방에 대한 충분한 이해 내지 관심 기울임과 그를 향한 사랑 주기를 끊임없이 지속해야 하니까요. 오직 받으려고만 하는 사랑은 그 관계가 유지되기 어렵습니다. 러셀

―――― 235 최재목, 앞의 책, 129쪽.

은 『행복의 정복』에서 "사랑은 받기만 해서는 충분치 않으며, 받는 사랑은 주는 사랑을 해방시켜야 하고, 두 가지 사랑이 같은 정도로 주고받는 경우에만 사랑은 최상의 가능성이 달성되는 것이다. (…) 진정한 가치가 있는 성관계는 그 속에 침묵이 없고 두 사람의 모든 인격이 융합하여 새로운 하나의 집합적 인격을 이루는 성적 관계" 라고 했습니다.[236]

인간성의 '성(性)'은 양성, 동성, 여성, 남성의 그 '성'이며 '성'은 마음[心]이 사는 곳[生, 몸]을 의미합니다. 내 몸을 터 잡아 마음이 살고 있기 때문에, 나의 행복관념에 따라 선택하며 추구하는 꿈을 향한 나의 마음을 지키기 위해서는 몸을 소중히 여기고 잘 가꾸어 나가야 한다는 뜻이지요.

우리가 흔히 성교육이라 하면 성관계(섹스) 기술 등을 가르치는 것으로 오해하기 쉬우나 전혀 그렇지 않아요. 물론 성교육이라는 말도 중립적 개념이므로 매우 협소하고 편협하게 지칭하여 성관계 기술을 가르치는 것이라고 할 수 있습니다. 또 행복한 남녀관계, 부부관계 등을 위해서는 쾌감을 제때 함께 느낄 수 있는 지식과 기술을 익히는 것이 정말 중요할 수도 있어요. 그러나 이렇게 성관계에만 치우치다 보면 단지 쾌락만 있다 사라질 뿐, 인간만이 느낄 수 있는 진정한 자유이자 행복의 요소인 '흘러넘치는' 기쁨을 맛볼 수 없고, 나아가 일방의 쾌락이 타인에게 고통으로 점철되는 부작용이 발생할 수도 있습니다.

———— 236 버트런드 러셀, 박유정 옮김, 앞의 책, 159~160쪽.

우리 인간의 '성'에는 쾌락[237]적인 측면 외에 다른 중요한 요소가 더불어 존재합니다. 바로 종족을 보존하려는 본능적인 생식[238] 측면과 인간 특유의 정신적 연대[239] 측면이죠.[240] 즉 생식과 쾌락 및 연대가 성의 3요소라 할 수 있습니다.[241]

앞에서 언급했듯 건강하고 균형 잡힌 사고를 하는 사람은 절대로 한쪽 면만을 과도하게 바라보지 않습니다. 결국 성교육은 하나의 요소에 불과한 '쾌락'에 속하는 성관계(섹스) 즉, 성기 중심이 아니라 위에서 말한 세 가지 온전한 성의 요소를 두루두루 교육시키는 전인격 교육이 되어야 합니다. 그런데 대중문화 속의 성교육은 성관계, 성기 중심, 놀이·흥미 중심이 되기 쉬워요. 이것은 호기심 충족, 즉 각적 쾌감, 스트레스 해소라는 여러 긍정적 측면(+)이 있지만, 왜곡된

---

237 식욕, 수면욕, 성욕, 명예욕 등의 욕구·욕망을 다른 말로 '소망(희망)'이라고 부를 수 있고, 그러한 희망사항들(고루고루 잘 먹는 것, 숙면을 취하는 것, 진정한 오르가슴을 느껴보는 것 등)이 충족되었을 때 느낄 수 있는 상태를 '기쁨(희락)'이라 할 수 있다. 그냥 각종 호기심 때문에 자유롭게 놀면서 느끼는 즉각적인 즐거움 등의 뉘앙스까지 모두 포함하는 용어로 '쾌락'이라고 할 수도 있다.

238 생식은 영어로 Reproduction이다. 즉 '생명'을 다시 만들어낸다(창조한다)는 것이다. 남녀가 결합하여 그 간절히 바란 것의 실상(열매)이 생명(소중한 아기)이다. 남녀의 결합 당시에는 만져지지도 않고 보이지도 않았던 생명이 창조된 것이다. 이런 점에서 생식은 다른 말로 '생명' 또는 '믿음'이라 부를 수 있다. '믿음직스럽다[信]'는 것은 '실(實)'하다'는 것을 뜻하고, '實'은 '열매'라는 뜻이 있음을 생각해보라. 진실한 마음과 정성이 다하여 열매를 맺는다는 '진실(眞實)'과 '성실(誠實)'도 생각해보라.

239 인격과 인격의 만남이라는 인간의 정신적 교감으로서 연애, 우정, 애정, 연민, 공감 등을 모두 포괄하는 의미로 '사랑(愛)'이라고 할 수 있다.

240 박영수,『학교보건학』, 신광출판사, 1994, 94쪽.

241 구성애 대표는『구성애의 성교육』에서 온전한 성의 내용으로 처음에 '생명'이, 다음에 '사랑'과 '쾌락'이 서로를 부추기며 만들어졌다며 성의 3요소를 정리하고 있다(41쪽).

지식과 지나친 몰입(중독)으로 자신의 행복한 미래를 계획하고 추구해나갈 수 있는 심적·육체적·경제적 밑바탕을 낭비하게 만드는 심각한 부정적 측면(-)도 촉발합니다. 반면 학교에서 이루어지는 성교육에는 지나치게 금욕을 강요하는 등 인간의 행복한 삶에 꼭 필요한 요소인 놀이 측면을 무시한다는 문제(-)가 나타나고요. 독일의 심리학자이자 성과학자인 헬무트 켄틀러는 "금기적 성문화는 방종적 성행태를 양산한다"고 말했습니다.[242] 또한 켄틀러는 "가면을 쓰고 숨기는 유희는 인격적으로 비뚤어지게 할 수도 있다"고도 했지요.[243]

결국 제도권에서 행해지는 성교육의 플러스·마이너스와 대중문화에서의 플러스·마이너스를 어떻게 조화시킬 것인지가 성교육의 핵심이 될 것입니다. 그동안 저급한 것으로 치부되어온 대중문화에서의 플러스적 측면인 놀이[244]에 대해서는 좀 더 이야기해볼 필요가 있겠지요.

흔히 사람들은 성 문제를 언급하며 왜 각종 야동(야한 동영상)을

242 김상원, 『성교육/성상담의 이론과 실제』(7차개정판), 교육출판사, 2011, 6쪽.

243 헬무트 켄틀러, 손덕수·허판례 편역, 『행복과 해방의 성교육 : 부모·교사·상담가·청소년을 위한 성교육』, 대원사, 1988, 226쪽.

244 우리 인간을 과거 우리보다 더 행복했던 때에는 '호모 사피엔스'(Homo Sapiens:지혜로운 사람)라고 불렀다. 18세기의 소박한 낙천주의와 이성의 존중 시대 이후 세월이 지나면서 우리 인간이 그처럼 이성적이질 못하다는 것을 알게 되었고, 이런 인간의 동일한 속성을 지칭하는 '호모 파베르'(Homo Faber:만드는 사람)라는 명칭이 생겨났다. 그러나 여전히 위 명칭만으로는 인간의 속성을 규정하기에는 뭔가 부족했다. 즉 이성적인 것과 만드는 것만큼 중요한 기능으로 놀이라는 것이 있다. 이러한 측면을 강조하여 탄생한 명칭이 이른바 '호모 루덴스'(Homo Ludens:놀이하는 사람)이다(요한 하위징아, 『놀이하는 인간Homo Ludens』, 3쪽).

보고, 변태행각을 벌이는지 이해할 수 없다는 반응을 보입니다. 이에 대한 명쾌한 답은 "그냥 놀이다"입니다. 왜냐하면 놀이 자체가 어떠한 논리를 요하는 것이 아니며 비합리적인 속성이 매우 강하기 때문이죠.[245] 논리적으로 놀이를 분석하려 들면 더 이상 놀이가 아닙니다. 놀이는 '지금 여기서(here and now)' 몰입·경험하는 긴장과 환희 그리고 재미 그 자체인데, 자꾸 시간의 개념 속에서 이를 분석하면서 성적 에너지(리비도)의 방출이라든가, 일(노동) 후의 긴장의 완화(휴식), 생활의 요구에 따른 준비(개구리가 보다 높이 도약하기 위한 웅크림), 채우지 못한 욕망의 보상 등과 같은 긍정적 가치를 부여하거나 이를 해석하기 시작하면 그 순간 놀이의 본질(재미)을 잃어버리게 되거든요.[246] 하위징아는 다음과 같이 말했습니다. "놀이의 한 요소인 '재미'는 어떠한 분석도, 어떤 논리적 해석도 받아들이지 않는다. (…) 이 재미의 요소가 놀이의 본질을 이루고 있다. (…) 생각할 줄 아

245 땀을 뻘뻘 흘리며 한창 뛰어노는 누군가에게 뭐 하러 그렇게 애쓰며 노력하느냐고 묻는다면 그 사람은 이렇게 답할 것이다. "재밌으니까." 어떤 논리적이고 합리적인 설명이 더 이상 필요치 않다. 나는 자위행위도 마찬가지라는 인식이 우리나라에서도 널리 퍼지기를 바란다. 자위행위가 재미없으면 할 이유가 없다. 생리적인 현상은 몽정 등을 통해 자연히 배출되게 마련이다. 인간이 스스로 결정하여 실행하는 자위행위는 자신의 행복을 추구하는 방편으로서 오르가슴에 이를 수 있는 가장 돈 안 드는 손쉬운 방법이다. 편안할 때는 보다 더 즐기기 위해, 불안할 때는 긴장을 풀기 위해 자위행위를 하기도 한다. 이는 인권으로서 우리 헌법이 보장하는 개인의 자유·권리이다. 오히려 나는 이러한 자유를 억압하면 할수록 개인적·사회적 문제가 다방면으로 발생할 여지가 매우 높다고 본다. 따라서 자연스러운 행동이자 건강한 행위인 자위행위를 둘러싼 편견과 오해 및 이로 인한 온갖 부작용이 더 이상 없기를 바라는 마음으로 이 글을 쓴다.

246 요한 하위징아, 권영빈 옮김, 『놀이하는 인간』, 기린원, 1991, 9~10쪽.

는 사람이라면, 놀이란 놀이 그 자체임을 단번에 알 수 있다. 놀이가 부정될 수는 없다. 당신이 원한다면 거의 모든 추상개념 즉, 정의·아름다움·진실·선(善)·정신·신(神)을 부정할 수는 있다. 그러나 놀이만큼은 부정할 수가 없다."[247] 이러한 '재미'로서의 놀이는 동물이나 어린이, 어른이 모두 가지는 공통점입니다.[248]

나는 올바른 성교육이 은근히 혼전순결을 강요하는 것이라거나 갖가지 금욕을 요구하는 것이어서는 안 된다고 봅니다. 오늘날과 같은 민주주의 시대에서 행해지는 올바른 성교육은 다양한 가치와 각각의 장점(+), 단점(-)을 풍부하게 제시하여 각자가 스스로의 행복관념에 따라 타인에게 해를 끼치지 않는 한에서 자유롭게 선택하며 살아갈 수 있도록 도와주는 것이어야 해요. 그렇다고 청소년들의 성관계[249]를 아무렇게나 방치하자는 소리가 아닙니다. 금기적 성문화가 방종적 성 행태를 양산하는 것과 똑같은 정도로, 방종적 성 행태를 무시하는 것은 우리 사회에 각종 심각한 문제(미혼모 문제, 낙태 문제, 성폭력 등)를 양산하는 데 일조할 따름이라는 뜻입니다. 다시 강조하지만 어느 한쪽이 일방적 지위에서 지시하고 억압

<hr />

247 같은 책, 10쪽.

248 보다 자세한 논의는 같은 책 8~16쪽을 읽어보라.

249 성관계(Sex) 자체는 중립적 개념(중성)으로서 일방적으로 나쁘다거나 좋은 것은 아니라는 점을 강조해둔다. 사실 고대 영어에서 섹스를 뜻하는 단어는 cnawan으로, know라는 뜻을 포함한다(알랭 드 보통, 『인생학교 섹스How to Think More about Sex』, 221쪽 각주). 즉 상대방이 정말 좋기 때문에 같이 먹고, 놀고, 자고 싶은 것이다. 상대방이 즐겨 입는 옷, 취미, 어릴 적 성격, 사귀는 친구들, 샤워 후에 머리에서 나는 냄새 등 온갖 것이 알고 싶은 것이다(같은 책, 196쪽).

아이들의 놀이(피터르 브뤼헐 作, 1560, 빈 미술사 박물관 소장)

결혼식 춤(피터르 브뤼헐 作, 1566년, 디트로이트 미술관 소장)

하는 교육 방식은 절대로 민주주의적인 것이 아니에요. 또한 억압적인 것은 정신의학적으로 결코 실효성이 없고 바람직하지도 않고요. 청소년은 성적 존재로서 엄연히 성적 자기결정권을 갖습니다. 독립된 하나의 인격체이므로 선택을 존중받을 권리가 있지요. 지금 당장 사랑하는 상대방과 성적 만족을 취할지 아니면 스스로 바람직하다고 생각하는 보다 나은 가치를 위해 그 만족을 지연시킬 것인지[250]는 오직 그 문제에 처한 개인이 결정해야 할 일입니다. 부모나

---

250 만족 지연과 관련하여 나는 과거의 잘못된 순결 교육인 여성 일방만의 순결이 아니라 남녀 모두에게 똑같이 적용되는 순결 내지 성실 의무를 선택 가능한 올바른 가치 중 하나로 제시해주는 정도의 교육은 필요하다고 본다. 성교육 강사로 잘 알려진 구성애 대표는 『구성애의 성교육』에서 다음과 같이 강조한다. "여성의 고통과 불리함으로 여겨졌던 순결관은 사실 사랑과 일치하는 성의 발판이 되기도 했다. 억울함도 있었지만 보다 성숙할 수도 있었다. 남성의 외도가 자유롭다 하여 여성도 같이 바람을 피우는 게 올바른 평등의 내용일까? 그렇지 않다. 그건 둘 다 타락하고 방종하는, 낮아지는 평등이다. 왜 그런 방향으로 가야 하는가? 보다 성숙되고 높아지는 방향으로 가야 한다. 오히려 남성도 여성에게 요구했던 그 순결을 지키는 방향으로 나아가야 한다."(173~174쪽) 미국의 유명한 자녀 양육 강사인 린다 에어와 리처드 에어도 『우리 아이 성교육에 대해 꼭 알아야 할 50가지』에서 다음과 같이 언급했다. "성에 대해서도 평등에 대한 요구가 늘어나면서 1960년대 사회적인 인식에 변화가 생겼다. 하지만 아쉽게도 잘못된 방향이었다. 헌신적인 관계에서 사랑하는 사람과 아름답고 자연스러운 성을 나누는 방향이 아닌, 남녀 모두 무분별한 성행위를 하는 쪽으로 변화한 것이다. 가장 좋은 것은 남녀에 대한 성적인 기준이 함께 올라가는 것이지만, 이때의 변화는 성적 기준이 함께 낮아져버린 최악의 경우였다. 빅토리아 시대에 만연했던 '남자는 바람을 피워도 되지만 여자는 안 된다'는 이중 잣대에서 벗어나야 했지만 우리가 원한 것은 '남녀 모두 바람을 피워도 좋다'는 식은 아니었다."(261쪽) 타고난 이야기꾼으로 우리에게 잘 알려진 알랭 드 보통은 『인생학교 섹스』에서 이렇게 피력한다. "부부가 자신들의 삶이 결혼이라는 감옥에 갇혀 있음을 기꺼이 받아들이고, 외도의 충동에 몸과 마음을 내맡기지 않는다는 것, 그것은 기적과도 같은 일이다. 그것도 두 사람 모두가 날마다 감사해야 할 정도로 엄청난 기적이다. 서로에게 여전히 충실한 배우자들은, 부부애와 아이들을 위해 감수하는 희생을 서로 인정해주고 그 용기를 자랑스럽게 여겨주어야 한다. 금욕생활은 보통 일이 아닐 뿐더러 특별한 즐거움을 주는 것도 아니다. 그러므로 정절은 하나의 위업으로 칭송받기에 충분하며,

교사는 이들의 실험과 시행착오를 사랑으로 오래 참고 기다리면서 도와주어야 합니다. 이것이 가장 바람직한 도움의 방식이에요. 즉 청소년들의 선택이 불행의 씨앗이 되지 않도록 각종 결과에 대한 다양한 객관적 지식을 친절히 알려주어 그들 스스로 미리 알고 대처할 수 있도록 도와주고, 이러한 지식들을 있는 그대로 교사와 부모가 진심 어린 사랑으로서 제시하며 지도해주어야 한다는 뜻입니다.

러셀은 『자녀교육론』에서 자녀들의 올바른 행동을 위한 교육의 필수조건 두 가지를 제시했습니다.[251] 바로 사랑과 지식이에요. 지식은 아이로 하여금 온갖 불안·공포를 일으키는 불합리한 미신·편견에 휘둘리지 않고 당당하고 용감한 삶을 살 수 있게 해주고, 사랑은 부모 또는 교사로 하여금 아이들을 수단이 아닌 목적으로 바라보게 함으로써 아이들의 행복을 위해 오래 참으면서 필요한 것들을 그때그때 제공하게 해줍니다. 아이들은 때때로 다른 사람의 간섭

─────
입에 침이 마르도록 칭찬받아 마땅하다."(220쪽) 그러나 나는 순결 내지 정절이라는 용어 자체는 역사적으로 상당히 오랫동안 여성 차별적으로 사용되었기 때문에 남녀 모두의 성실 의무 정도로 표현함이 옳다고 보며, 성관계를 가질지 말지의 여부는 개인의 가치관에 따른 선택의 문제이므로 개인의 성적 자기결정권을 염두에 두지 않은 채 순결을 일방적으로 강요 내지 강조하는 식의 교육이라면 아니하는 것만 못 하다고 본다(정절 이데올로기를 강요당하던 조선시대 당시 취약한 여성의 처지에 대해서는 심재우 교수의 『네 죄를 고하여라』 261~299쪽을 읽어보라). 또한 학교 성교육에서 금욕이라는 극단적 가치에 치우치는 바람에 엄연한 사실인 성의 즐거움·놀이 측면을 부정적인 것으로 인식시키는 것은 매우 바람직하지 않은 방향이다. 특히 성폭력 피해자의 경우 자기 의사에 반한 것으로 성적 자기결정권을 침해당한 피해자일 뿐이지, 그것이 순결을 잃은 것이라거나 성실 의무를 저버린 것은 아님을 확실히 인식시키는 교육이 이루어져야 한다.

251 버트런드 러셀, 김영숙 옮김, 『러셀의 자녀교육론On Education: Especially in Early Childhood』, 서광사, 1989, 142쪽.

없이 스스로 각 발달 단계에 부합한 자신의 행복한 인생을 계획하고 실천해볼 수 있어야 하기 때문에 어떤 가치관을 억지로 주입시키기보다는 스스로 힘써 터득하도록 도와주어야 합니다.

러셀이 『자녀교육론』에서 인용한 '새끼 고양이에게 쥐 잡는 법을 가르치려고 했던 아저씨'에 관한 체호프의 이야기를 봅시다.

"그 아저씨는 새끼 고양이가 있는 방으로 쥐 한 마리를 갖고 갔다. 그러나 그 새끼 고양이는 쥐를 잡는 본능이 아직 발달되지 않았기 때문에 쥐를 거들떠보지도 않았다. 그래서 아저씨는 그 새끼 고양이를 때렸다. 그 다음날부터 계속 똑같은 과정이 되풀이되었다. 마침내 이 교사는 새끼 고양이가 바보이기 때문에 도저히 가르칠 수 없다고 믿게 되었다. 그 새끼 고양이는 자란 후 다른 점은 다 정상이었는데, 쥐를 보기만 하면 무서워서 땀을 흘리고 도망을 가버렸다."[252]

이는 공포에 의하여 억지로 주입시키는 교육 방법의 부정적 효과를 잘 보여줍니다.[253] 주입식 교육은 본래 원하던 효과는 온 데 간데 없이 쏙 빠져 사라져버린다는 점에서 '깔때기'에 비유할 수 있고, 참된 교육은 아이들의 생각하는 힘과 심력을 길러주어 이미 스

---

252 같은 책, 27쪽.

253 억압이 정신신경증을 발생시키는 다른 예를 보자. "어떤 학생이 키 큰 선생님을 보고 겁을 낸다. 왜냐하면 사실 그 학생이 어렸을 때 키 큰 남자 선생님에게 호되게 야단을 맞은 경험이 있기 때문이다. 그러나 그 학생은 그 사건은 잊어버리고, 다만 그때 있었던 정서적인 반응(공포)만을 간직하고 있는 것이다. 이러한 사람은 '무엇을 해야 할지 모르겠다', '살맛이 안 난다', '불안하다', '하고 싶지 않다'로 표현되며, 신체적으로는 두통, 가슴이 울렁거림, 변비, 식욕부진, 천식 등 소위 정신신경증이 나타난다."(박영수, 앞의 책, 42쪽)

스로에게 존재하는 힘을 자발적으로 끌어올릴 수 있게 도와준다는 점에서 '펌프'에 비유할 수 있어요.[254]

러셀은 "올바른 훈육은 외부의 강요가 아니라, 바람직하지 못한 행동보다는 바람직한 행동으로 자발적으로 향하는 마음의 습관"을 길러주는 것이라고 지적했습니다.[255] 페레는 "참된 교육자는 심지어 그 자신의 사상이나 의지에 반하더라도 아동을 존중하며, 아동의 에너지에 최대한 호소할 수 있는 사람"이라고 했습니다.[256] 하임 기너트는 『교사와 학생의 사이 *Teacher and Child*』에서 "학생들을 바르게 조정해주는 것은 곧 그들로 하여금 구김살 없이 자라도록 하는 것이다. 이것은 과정을 말함이지 행위나 인격을 판단하는 것이 아니다"고 말했고요.[257] 이지성은 『빨간약』에서 다양한 문제로 고민하는 초등학교 학생들과 만나고 상담하면서 "교육자가 아이들 안에 있는 인간을 위한 무대를 마련해주면, 아이들 안에 있는 인간은 스스로 그 무대 위로 걸어 나와서 스스로를 완벽하게 가꿔나간다"는 사실을 깨달았음을 고백했습니다.[258]

교사는 자위행위로 인한 죄책감 등의 문제로 고통 받는 아이에게 원론적인 상담("그 나이 때는 금욕이 최선이니 운동 등을 하며 자제

254 박홍규, 『마르틴 부버』, 홍성사, 2012, 207쪽.

255 앞의 책, 28쪽.

256 페레·박홍규, 앞의 책, 203쪽.

257 하임 기너트, 김순희 옮김, 『교사와 학생의 사이 *Teacher and Child*』, 종로서적, 1996, 86쪽.

258 이지성, 『빨간약』, 성안당, 2013, 127쪽.

해보렴")보다는 그의 고민을 가만히 들어주고 진심으로 걱정해주어야 합니다. 이것이 보다 더 교육적이고 인간적이니까요. 자신의 어린 시절을 떠올리며 솔직하게 그 경험을 나눈다면 더 효과적일 거고요.[259] 영국의 대안학교인 서머힐 학교를 설립한 교육자 닐은 『문제의 교사』에서 다음과 같이 말했습니다. "교사의 태도가 성에 대해 편견을 지니게 될 때, 교사는 아동의 성적인 어려운 문제를 이해하고 도와주는 역할을 할 수 없게 된다. 자위행위에 대해 죄의식을 지닌 교사는 이와 유사한 죄의식으로 괴로움을 당하는 아동을 도울 수 없다. 흔히 행해지는 억제나 잔소리는 아동에게 도움이 되지 않는다. 오직 교사의 공감적인 이해만이 도움이 될 수 있다."[260]

성적이 오르지 않는 것은 노력이 부족하기 때문이라고 일방적으로 야단치는 선생님 때문에 심한 강박증세를 보이고 반항적 태도를 보이던 중학교 2학년 아이가 있었습니다. 이 아이를 부모가 세심한 주의를 기울여 그 반항적 태도의 원인을 발견하고 공감해주며 끝까지 자식 편이 되어 아이를 온화하고 수용적으로 대해준 결과 아이의 강박증세가 자취를 감추었다고 하지요.[261] 가나모리 우라

---

259 초등학교 교사와 음란물에 중독된 초등학교 5학년 남자아이의 실제 사례에 대해서는 『빨간약』 73~78쪽을 읽어보라. 과거 초등학교 교사로서 이성은 "남자라면 누구나 그렇겠지만 나도 한때 음란물에 지대한(?) 관심을 보였던 적이 있고, 그게 얼마나 강한 중독성을 갖고 있는지 잘 알기 때문"에 음란물에 중독된 아이에 대한 관심의 끈을 늦추지 않았음을 고백하였다.(같은 책, 75쪽)

260 A. S. 닐, 김정환 외 옮김, 『문제의 교사』, 서원, 1997, 73~74쪽.

261 자세한 이야기는 가나모리 우라코(햇살과나무꾼 옮김, 내일을 여는 책, 1996), 『이런 선생이 아이를 망친다』, 1993, 202~217쪽을 읽어보라.

코는 『이런 선생이 아이를 망친다』에서 다음과 같이 말합니다. "교사나 부모도 역시 불완전한 인간이다. 저마다 한 껍질 벗겨보면 다들 마음 한구석에 문제를 안고 있거나 스트레스에 시달리고 있는 불안한 인간에 지니지 않는다. 그러므로 때로는 감정적으로 야단칠 수도 있고, 자신의 의도와는 달리 아이들을 심하게 궁지로 몰아넣을 수도 있다. 큰 문제없이 여유 있게 지내면서 자신감도 있고 스스로를 잘 추스르는 아이라면 어른들의 강제 내지 강요도 무리 없이 수용하는 경우가 많다."[262] 이런 점을 고려하면 요즘 각종 개인적·사회적 문제를 일으키는 성 문제에 있어서 훈련된 성교육·상담 전문가를 잘 활용할 필요가 있을 것입니다. 학생의 개인적 사정 등 여러 가지 이유로 부모와 교사 모두로부터 도움을 받지 못하는 상황에서 유용할 거예요. 가정이나 학교는 사회보다 폐쇄적인 밀실일 수 있기 때문에 그곳의 '갑'인 부모나 교사가 지나치게 억압적이고 미숙한 경우 아이들은 육체적·정신적으로 크나큰 상처를 입을 수밖에 없습니다. 일본의 전직 교사 출신인 가나모리 우라코도 『이런 선생이 아이를 망친다』에서 다음과 같이 말합니다. "많은 학교에는 '폐쇄 사회'의 경향이 엄연히 존재하고 있다. 교실은 교사라는 한 어른이 무슨 일이든 할 수 있는 폐쇄 사회 속의 밀실일 수도 있다. 만약 그 교사가 인간으로서 미숙하다면 교육의 질을 운운하기 전에 아이들에게 불필요한 마음의 상처를 줄 수 있다."[263]

---

262 같은 책, 203쪽.

263 같은 책, 6쪽.

좋은 교사는 나쁜 부모보다 낫습니다. 그리고 좋은 부모는 나쁜 교사보다 더욱 낫습니다. 그러나 자기존중감[264]이 높고 스스로를 잘 추스르는 심력이 강한 '나'는 어디에도 견줄 수 없을 만큼 가장 좋습니다.

물론 우리 인생에는 운[265]도 작용합니다. 자신의 현재 처한 상황을 정확히 직시하고 자신의 행복한 미래를 설계하고 실천해나가는 데 있어 무엇보다 중요한 것이 현재 활용 가능한 자원을 확보하는 일인데요. 현재 나의 학교 선생님, 부모님이 나의 생각과 행동에 별 도움이 안 된다고 느낀다면 망설일 필요가 없어요. 여러 번 그들과의 관계 회복을 위해 오래 참으며 노력해야 하는 것은 맞지만, 일단

---

264 "자기존중감(self-esteem)은 각 개인이 내면에 지니고 있는 강력한 힘이다. 그것은 인간이 원천적으로 자기 스스로 중요한 가치가 있다는 천부인권적인 중요성보다도 더 큰 것이다. 우리 스스로는 정신 치료자나 교사인 셈인데, 우리는 여기에서부터 자신을 움직일 수 있는 추동력을 찾는다. (…) 자기존중감은 우리의 삶에 필수적인 것이며 생활에서 적절하게 필요한 경험이다. 구체적으로 말하자면 자기존중감이란, ①우리 자신에게 생각하는 능력이 있으며, 인생살이에서 만나게 되는 기본적인 역경에 맞서 이겨낼 수 있는 능력이 있다는 자신에 대한 믿음이며, ②우리 스스로가, 가치 있는 존재임을 느끼고, 필요한 것과 원하는 것을 주장할 자격이 있으며, 자신의 노력으로 얻은 결과를 즐길 수 있는 권리를 가지며, 또 스스로 행복해질 수 있다고 믿는 것이다."(나사니엘 브랜든, 『나를 존중하는 삶: 삶의 활력·자기존중감The power of self-esteem』, 11~12쪽) "강한 자기존중감에 이르는 데에는 어떠한 지름길도 없다. (…) 자기존중감은 항상 본질적인 경험이다. 그것은 다른 사람이 생각하고 느끼는 것이 아닌 우리가 우리 자신에 대해 생각하고 느끼는 것이다. 자기존중감은 진정으로 우리 자신에게서 얻게 되는 믿음인 것이다."(같은 책, 136~137쪽)

265 운이라는 언어도 모성으로서 모순적 의미를 모두 지닌다. 행운, 불운 등. 그러나 에머슨의 다음과 같은 확신이 우리의 행복한 삶에 유용하다고 나는 믿는다. "행운의 비밀은 우리 손 안에 있다. 신과 인간에게 언제나 환영받는 것은 바로 스스로 돕는 인간이다. 그를 위해서는 모든 문이 활짝 열려 있다."(『세상의 중심에 너 홀로 서라』, 98쪽) "당신에게 평화를 가져다줄 수 있는 것은 '오로지 당신'밖에 없다."(같은 책, 126쪽)

지금 여기(here and now)[266]의 '나'가 무엇보다 중요하므로 나의 마음을 지키는 일에 몰두하는 것이 급선무입니다. 나의 생각과 행동을 지지할 수 있는 또래 벗이 있다면 더욱더 좋겠지만 만에 하나 현재 지금의 상황에서 기댈 곳이 없다면 독서 등 다양한 취미활동을 찾아 몰입하고 시간이 흐르면 나아질 형편을 기다리며 나와 긍정적으로 대화하며 나의 마음을 잘 지켜나가야 합니다. 명심하세요. 큰 바위 얼굴을 닮은 사람을 만나기를 기다리며 진실하고 겸손하게 살았던 '나' 스스로가 바로 큰 바위 얼굴이 되었듯, 간통녀로 낙인찍혀 고통을 몸소 체험했던 『주홍글씨』의 여자 주인공이 똑같은 고통으로 신음하는 사람들의 상처를 치료해주고 상담해주었듯, 각종 인생의 고통과 고뇌에 신음하며 독서 등 경험을 통해 성숙해진 '나' 스스로가 비슷한 고통 속에 몸부림치며 부르짖는 타인에게 큰 도움이 될 수도 있습니다.

『큰 바위 얼굴』, 『주홍글씨』의 작가
너새니얼 호손, 1841

---

266 "존재양식('나'-필자 주)은 '지금 그리고 여기'에만 존재한다. 소유양식은 오직 시간 속에서만, 즉 과거, 현재, 미래 속에만 존재한다. 소유양식에서는 우리가 '과거'에 축적한 것, 즉 돈·땅·명예·지위·지식 등에 얽매인다. (…) 존재는 반드시 시간 밖에 있는 것은 아니지만 시간이 존재를 지배하는 차원은 아니다. 즉 화가는 물감, 캔버스, 붓과 씨름해야 하며, 조각가는 돌, 끌과 씨름해야 한다. 그러나 창조행위, 그들이 창조하려는 것의 '비전'은 시간을 초월한다. 그것은 한순간에, 혹은 여러 순간에 일어나지만 그 비전속에선 시간이 경험되지 않는다. (…) 이것은 존재의 모든 현상에 있어서 마찬가지이다. 사랑의 경험, 기쁨의 경험, 진리를 파악하는 경험(아르키메데스가 기막힌 발견을 한 후 "유레카"라고 외친 일을 떠올려 보라—필자 주)은 시간 속에서 일어나는 것이 아니라 지금 여기서 일어난다. '지금 여기는 영원이다.' 즉 시간을 초월하고 있다."(프롬, 『소유냐 존재냐』, 157~158쪽) 미국 오바마 대통령에게 『성경』 다음으로 큰 힘이 되어주었다는 에머슨의 『세상의 중심에 너 홀로 서라』('나'를 믿는 힘—필자 주)에도 유사한 표현이 있다. "시간을 초월해 지금 이 순간 자연과 더불어 살지 않는 한 그는 행복하거나 강해질 수 없다(67쪽)."

어차피 이 세상에서 즐거움·고통·좌절·성공 등을 경험하는 내가 풍경이지 세상이 풍경은 아닙니다. 우리는 자신이 살아오면서 형성한 가치관에 따라, 자신의 생각에 따라 자유롭게 결정하고 행동할 때 인생의 진정한 행복을 맛볼 수 있어요. 행복한 '나'는 타인이 나에 대해 어떻게 느끼고 말하는지를 지나치게 고민하지 않습니다. 이는 내가 고민한다고 해서 어찌할 도리가 없는 문제이기 때문인데요. 문정희 시인은 『女子의 몸』에서 이렇게 말해요. "슈퍼우먼 콤플렉스에서 벗어나는 게 중요합니다. 사회나 가족이 바라는 여성상에 묶일 것이 아니라 내 인생의 주체로서 진짜 내가 원하는 삶을 살아야 합니다. 자신이 진심으로 원하는 것이 무엇인가를 확실히 안다면 더 이상 세상에 휘둘리며 살지 않을 수 있습니다."[267]

무엇보다 중요한 것은 행복을 정말로 느끼는지 판가름할 수 있는 사람은 오직 '나' 자신뿐이라는 점을 자각하는 일입니다. 즉 다른 사람이 아무리 나에게 달콤한 위로의 말을 전한다 하더라도 '나' 스스로가 '나'에게 오케이(okay)할 수 없다면 아무 소용이 없어요. 따라서 어떤 일에 처하든 내가 '나' 자신에게 관대해질 수 있을 만

——— 267 문정희·유인경, 『女子의 몸』, 여백, 2015, 119쪽.

큼의 자기존중감을 높이는 것이 정말 중요합니다. 자기존중감을 높이려면 항상 나의 몸을 소중히 하고 나의 마음을 튼튼히 지키는 일에 힘써야 합니다.

이제 이렇게 소중한 인격체인 '나'와 또 다른 소중한 인격체인 '너'의 만남에 대해서 이야기해볼게요. '나-너'의 관계는 항상 깨어 있는 한 마르지 않는 샘솟는 기쁨을 주는 '사랑(만남, 대화, 연대)'의 관계예요. 유인경 기자는 『女子의 몸』에서 다음과 같이 말했습니다. "저는 성교육도 자궁, 페니스 등 생물학적 기관과 기능을 알려주는 것보다 '내 몸이 소중하면 다른 이의 몸도 소중하다'는 인권의식을 심어주는 것이 더 중요하다고 생각합니다."[268] 정말 그렇지 않나요? 성교육은 성과 성의 만남 즉, 인격과 인격의 만남이라는 인간의 정신적 연대(사랑)가 조화롭게 이루어질 수 있도록 도와주는 것입니다. 자기존중감이 높은 사람은 결코 나와 똑같은 인격체인 '너'를 무시하지 않으니까요.

브랜든은 『나를 존중하는 삶』에서 다음과 같이 말했습니다. "높은 자기존중감을 지닌 사람은 다른 사람을 더 잘 존중하려고 하며 다른 사람을 자애로움과 선한 마음과 공손으로 대하려고 한다. 왜냐하면 다른 사람을 위협적인 존재로 인식하지 않기 때문이며, 자기존중감은 다른 사람을 존중하는 것이 기본이기 때문이다."[269] 이는 대인관계의 황금률(Golden Rule) 즉, 예수의 "남에게 대접을 받고

---

268 같은 책, 171~172쪽.
269 나사니엘 브랜든, 앞의 책, 48쪽.

자 하는 대로 남을 대접하라(Do as you would be done by)", 공자의 "내가 원하지 않는 바를 남에게 베풀지 말라[己所不欲勿施於人]", 붓다의 "자기가 사랑스러움을 아는 사람은 남을 해쳐서는 안 된다" 등의 또 다른 표현이기도 합니다.

코살라의 왕 파세나디와 그 왕비인 마리카가 대궐의 높은 다락에 앉아 광대한 조망을 즐기면서, 이 세상에서 가장 사랑스러운 것은 무엇이냐고 하는 논제를 두고 이야기를 주고받는다. 결론은 인간에게 가장 사랑스러운 것은 자기 자신일 것이라는 데에 이른다. 그래서 왕은 제타 숲으로 붓다를 찾아가 그 판단을 청한다. 붓다는 그 결론에 깊이 공감하면서 그들을 위해 게(偈)를 설한다. "사람의 생각은 어디에도 갈 수 있다. 그러나 어디에 가든, 자기보다 더 사랑스러운 것을 발견하지는 못한다. 그와 같이 다른 사람들에게도 자기는 더 없이 소중하다. 그러기에 자기가 사랑스러움을 아는 사람은 남을 해쳐서는 안 된다."**270**

소중한 '나'는 나의 가능성을 스스로 개발하고 도야(陶冶)합니다. 그러나 "인간은 사회적 동물이다", "사람이 사람인 까닭은 관계에 있다" 등의 말에서처럼 사람은 홀로 살아가는 섬 같은 존재가 아니지요. '나' 스스로가 나의 가능성을 개발하며 자신의 각종 본능을 자유롭게 해방시키듯 또 다른 '나'(타인) 역시 스스로의 가능성을 개발하고 발전시키며 그의 각종 본능을 자유롭게 해방합니다. '나'와 또 다른 나인 '너'는 서로 만나야 합니다. 이같이 해방된 본능

―――――― 270 마스터니 후미오, 이원섭 옮김, 앞의 책, 174~175쪽.

이 잘 만나도록, 그래서 각종 열매를 맺으며 행복하게 살아갈 수 있는 가치관을 심어주는 교육이 바로 성(性)교육입니다. '나'의 자유는 '너'의 자유와 만나야 합니다. 만남이 건설적인 것, 창조적인 것, 그래서 개인적으로나 사회적으로 다양한 열매를 맺기 위해서는 일방적 관계가 아니라 상호적 관계[271]가 되어야 하고요. 러셀의 표현을 빌리자면, "받는 사랑은 주는 사랑을 해방시켜야" 건강한 관계가 지속됩니다.

그럼, 자유(自由)란 무엇일까요? 자유란 '나'라는 존재(自)의 이유[由]입니다. 내가 이 땅에 존재하는 것 자체가 내 삶의 이유라는 점에서 자유란 인간의 존엄과 가치이고 내 스스로[自] 말미암아[由] 생각하고 결정하고 행동한다는 점에서 자유란 자기결정·자기행동(행복추구)입니다. 따라서 내 행동의 결과의 모든 이유는 내가 그렇게 할 것을 선택한 데에 있답니다. 자유는 '나'만 홀로 있는 공간에서는 해악을 가늠할 수 없어요. 그러나 그 공간의 문지방을 넘어 '너'와의 관계로 들어서는 순간, 자유는 상관 자유로 변모해야 할 당위를 가집니다. 왜냐하면 타인에게 해악을 주는 자유는 자유라는 미명하의 방종에 지나지 않고 그 방종으로 변화된 자유는 어김없이 죽임(억압·구속)을 당할 것이기 때문입니다. 따라서 상관 자유는 '관계'에 있어서의 책임을 의미해요. 책임이란 비난가능성(벌책성)으로

---

271 박홍규 교수는 최근 그의 저서 『자유란 무엇인가』에서 "자유란 존엄성(자존심, 품위)을 갖는 인간이 인간이면 누구나 갖는 고유 능력을 증진시켜 타인에 의한 어떤 억압이나 간섭이나 지배(그런 것들이 있으면 그런 것들에 저항하여) 없이(평등) 타인과 상관하여(박애) 자신이 희망하는 삶을 창조하는(자치, 자연) 것"이라며 상관 자유론을 주장한다.

서 '탓'이라는 의미가 일반적인데 이는 주로 방종적 행위의 결과(특히 범죄)에 대해 쓰는 것이므로, '관계'에서의 책임이란 죄와는 관련이 없는 의미로 '내가 그렇게 했다는 것을 스스로 알고 있다'(그 결과에 대하여 나는 책임이 있다)[272]를 뜻합니다.

이제 여기서 '선택의 자유' 문제를 짚고 넘어가야겠군요. 에리히 프롬은 『인간의 마음The Heart of Man, its genius for good and evil』에서 사람의 유형의 다양한 스펙트럼 중 가장 극단에 속한 사람들, 즉 진정으로 도덕적인 사람들과 악에 휩싸인 사람들은 선택의 자유가 없다고 주장했습니다.[273] 또한 프롬은 『소유냐 존재냐』에서 "소수자만이 소유양식에 완전히 지배되고 있으며, 또 다른 극히 소수의 사람들이 존재양식에 완전히 지배되고 있다(강조점은 필자가 하였다)"고 표현했지요.[274] 이런 표현에 빗대면, 각 양식에 완전히 지배된 사람은 모두 선택의 자유를 누릴 수 없습니다. "어떤 사람(깨달음에 이른 聖人-필자 주)[275]은 그의 형성된 성격 구조가 이미 악에 대한 갈망을

---

272 에리히 프롬, 황문수 옮김, 『인간의 마음』, 문예출판사, 1996, 163쪽.

273 같은 책, 167쪽.

274 에리히 프롬, 최혁순 옮김, 『소유냐 존재냐』, 범우사, 1998, 234쪽.

275 사람은 중성으로서 모순된 성향(착하다善/나쁘다惡, 옳다是/그르다非, 거룩하다聖/저속하다俗, 아름답다美/추함醜 등)을 모두 지닌 하나의 상징체계이다. 예컨대, 비폭력 저항의 상징인 마하트마 간디도 젊은 시절엔 정욕에 휩싸일 수도 있었던 보통사람이었다. "간디는 당시 조혼 풍습에 따라 열세 살에 카스투르바이 마칸지와 혼인했다. 어린 시절에 혼인하고 보니 처음에는 어리둥절했으나 차츰 그는 정욕에 집착하게 되었다. 학교에서도 아내를 생각했고, 잠깐 떨어져 있는 것도 견딜 수 없었다. 그러다가 간디에게 평생 양심의 가책을 준 일이 생겼다. 간디는 병석에 누운 아버지를 열심히 간호했는데, 어느 날 밤늦게 삼촌이 교대해주러 왔다. 아내를 보고 싶은 간디는 곧장 침실로 가서 아내를 깨웠는데, 밖에서 하인이 불렀다. '아버님께서 매우 위독하십니다.' 간디가 얼른 나가

상실했기 때문에 악을 선택할 자유를 갖지 못하고, 다른 어떤 사람 (말년의 히틀러-필자 주)[276]은 그 성격 구조가 선에 따라 행동할 능력을 잃어버렸기 때문에 선을 선택할 자유를 갖지 못한다."[277]

이러한 양극단 사이의 다양한 스펙트럼 위에 존재하는 대부분의 사람들이 선택의 자유를 가집니다. 그들은 그때그때 선택의 순간에 고민하고 갈등하는 자유를 누려요. 그러한 고민·갈등 속에서 도출된 각각의 선택들이 나의 행복한 삶으로 열매 맺게 하려면 생각의 균형이 반드시 필요합니다. 균형 잡힌 사고의 형성을 위해 개인은 부단한 공부와 탐구·실험(시행착오)을 해야 하고, 이를 통한 자각(스스로 각성)이 반드시 있어야 하지요. 정신의 균형이 가능하려면 인간이 할 수 있는 것은 무엇이든 고루고루 경험해야 합니다. 그 경험은 꼭 직접적인 것일 필요는 없어요. 왜냐하면 살인 등과 같이 타인에

<hr />

서 무슨 일이냐고 되물으니, 하인은 아버지가 운명했다고 말했다. 간디는 정욕 때문에 아버지의 임종을 보지 못했던 것을 평생 수치스럽게 생각하게 되었고, 그것이 평생 성적 욕망을 멀리하는 계기가 되었다."(차창룡, 『간디평전』(실천문학사), 2009, 네이버캐스트/마하트마 간디) 즉 간디도 처음에는 선택의 자유를 가지고 있었지만 스스로 진리를 탐구·실험(시행착오)하면서 확고부동한 신념이 그의 중심에 섰을 때부터는 적어도 폭력 등의 관점에서는 선택의 자유가 없다. 이점은 붓다 등 다른 聖人의 생애에 있어서도 마찬가지다.

276 말년의 히틀러라고 쓴 이유는 히틀러에 대해 잘 알려지지 않은 것이 있기 때문이다. 즉 그는 "어린 시절 낙제생이었고 실업고등학교를 중퇴한 뒤 여러 차례 미술학교 입학시험에 떨어졌으며, 생계를 위해 엽서에 그림을 그려 파는 '화가'로 자처하며 5년을 살았다는 사실과 어려서부터 매일 밤 책 1권 이상을 읽을 정도로 독서광이었다(군사, 예술, 점성술, 대중소설, 가톨릭 관련 책들이 주를 이루었다)는 사실은 잘 알려져 있지 않다. 그는 어려서부터 죽을 때까지 가톨릭 신자였다. 그런데 제1차 세계대전이 터지자 하사관으로 입대했고 제대 후 정치를 해 총통이 되어 제2차 세계대전을 일으킨 뒤 수백만 유대인을 살해하고 자살하였다"(박홍규, 『독서독인』, 85~88쪽)고 한다.

277 에리히 프롬, 황문수 옮김, 앞의 책, 167쪽.

"히틀러가 죽어야만 독일이 산다"고 적혀 있다.
그 앞에 매달린 것이 히틀러 인형이다.

게 심각한 해악을 주는 것은 생각(환상) 속에서는 얼마든지 가능하
지만 현실에서 실현해서는 안 되기 때문이에요. 따라서 다양한 독
서를 통한 간접 경험이 매우 유용합니다. 이는 어린 시절 만화책이
나 게임에 빠져든 경험, 젊은 시절 포르노에 빠져든 경험 등이 반드
시 나쁘다고만 할 수는 없는 이유이기도 해요. 인간이기 때문에 인
생의 과정에서 다양한 탐구와 실험(시행착오)은 꼭 필요하고, 더 중
요한 것은 이러한 경험을 통한 각성입니다. 문정희 시인은 『女子의
몸』에서 다음과 같이 말했어요. "(미국 유학 생활 동안) 당시 우리나
라에서는 금기시되었던 당시 소련 동구권 영화와 일본 영화, 그리고
많은 책 들을 폭풍처럼 접하면서 비명을 지를 만큼 크게 눈이 열렸

239

습니다. 제 감성이 혼란을 겪으며 아프게 닦여가기 시작했지요. 당시 한국에서는 판매 금지 서적으로 분류된 책들을 읽으며 정신의 균형을 잡을 수 있었고 자신이 선택하지 않은 성, 피부 색깔, 국적 때문에 차별받아서는 안 된다는 기본적인 인권의식에도 눈을 떴죠. 특히 젠더 문제를 깊이 고민하고 많은 시를 쓸 수 있었어요."[278]

프롬은 『인간의 마음』에서 이렇게 말합니다. "더 나쁜 것보다는 더 좋은 것을 선택하게 하는 결정적인 요인은 자각임을 우리는 알고 있다. (1)선/악을 구성하는 것을 아는 것, (2)구체적 상황에서 어떠한 행동이 소망하는 목적을 달성하는 적합한 수단인가를 아는 것, (3)명백한 소망의 배후에 있는 힘(무의식적인 욕구)을 아는 것, (4) 그중에서 하나를 선택할 수 있는 현실적 가능성들을 아는 것, (5)그것 대신 이것을 선택한 결과를 아는 것, (6)안다는 것에 부합한 행동을 하려는 의지가 없는 한, 아는 것 자체는 소용이 없다는 사실을 아는 것 등이 그것이다."[279] 각성은 지식과 구별됩니다. 지식은 무엇이 선 또는 악인지 기존의 전통적 통념을 주입하는 것이지요. 예컨대, "전통적 권위에 의거하여 사랑, 독립, 용기는 선이고 증오, 굴복, 비겁은 악이라고 아는 것은 지식이다."[280] 이에 비하여 "각성은 스스로 경험하고 스스로 실험하고 다른 사람들을 관찰하고 그 결과로 확신을 얻음으로써 배운 바를 자기 것으로 만드는 것"을 말

278 문정희·유인경, 앞의 책, 165쪽.
279 에리히 프롬, 황문수 옮김, 앞의 책, 168~169쪽.
280 같은 책, 169쪽.

합니다. 그러나 일반적인 원리에 의거하여 결정하는 것으로는 충분하지 못해요. 이러한 각성을 넘어서서 자기 내부의 힘의 균형을 알아야 하고 무의식적 힘을 감추고 있는 자기합리화를 알아야 하기 때문입니다.[281] 예를 들어볼게요.[282]

한 여자('나')가 한 남자('너')와 만난 지 얼마 되지도 않았는데 그와 섹스를 하고 싶다는 생각이 간절하다. 그녀는 의식적으로는 그가 정말 멋지고 사랑스러워서, 또는 배려심이 많아서, 또는 그도 날 원할 것이기 때문에, 또는 내가 너무 외롭기 때문에 등등의 이유로 섹스 욕구를 갖게 되었다고 생각한다(자기합리화). 그녀는 그와 섹스하고 나면 원치 않는 임신 등 여러 가지 곤란한 문제가 있을 수 있음을 잘 알고 있다. 이 같이 잘 알면서도 그녀는 끝끝내 그와 섹스한다. 왜냐하면 그녀는 자신의 욕망은 알고 있지만 그 밑바닥에 깔린 무의식적인 힘인 허영심[283]과 자기도취[284] 등은 모르기 때문이다. 만일 그녀가 자신의 섹시함을 증명

---

281 같은 책, 169쪽.

282 같은 책, 169쪽~172쪽에 나오는 특수한 예를 다소 변용하였다.

283 허영이란 속은 텅 비고 겉만 번드르르한 것을 의미한다. 허영심이 강한 사람은 자기 스스로의 생활도 책임지지 못하면서 자기 분수에 넘치게 꾸미고 다니며, 대출금으로 기부를 하기도 한다. 이들이 자신의 무의식에 뿌리박힌 허영심을 깨우친다면 보다 절약하고 검소한 생활을 하게 될 것이다.

284 자기도취란 속칭 '자뻑'(자기 스스로에게 도취되어 정신이 나간 상태)이다. "자기도취적 애착의 가장 위험한 결과는 합리적 판단의 왜곡이다. 자기도취적 애착의 대상은 객관적인 가치판단을 바탕으로 가치 있다(좋다, 아름답다, 현명하다 등)고 생각하는 것이 아니라 그것이 '나'이거나 나의 것(본문의 예에서 나의 여성다움)이기 때문에 가치 있다고 생각된다. 자기도취적 가치판단은 선입견과 편견에 바탕을 두고 있다. 보통 이러한 선입견은 여러 형태로 자기합리화되고 이러한 합리화는 그 사람의 지성과 궤변의 정도에 따라 다소간 기만적이다."(Erich Fromm, 같은 책, 89~90쪽) 이들이 자신의 무의식에 깔린 힘인 자기도취를 자각한다면 보다 객관적이고 합리적인 가치판단을 하게 될 것이다.

해보일 의도로 이 남자를 정복하기로 결심한 것이었다면 그녀는 그 밑바닥에 깔린 힘인 자신의 허영심 등은 모른 채 온갖 자기합리화를 하기에 급급할 것이다. 각성의 다음 단계는 그의 행위의 결과[285]를 '충분히' 아는 단계이다. 결정의 순간에 그의 마음은 욕망과 자기합리화로 가득 차 있다. 그러나 그가 자신의 행동의 결과를 '분명히' 알 수 있었다면 그의 결정은 달랐을 것이다. 만일 그 여자가 그 밑바닥에 깔린 힘인 허영심과 자기도취를 알아챈 경우라면 예전에도 유사한 경험(상대방의 마음을 헤아리지 않고 나만의 생각으로 섹스를 강행하였다가 상대방을 만족시키지도 못하고 이에 대한 죄책감만을 떠안고 관계가 악화되었던 경험 등)이 있었음을 떠올리며 다른 결정(지금 이 순간의 섹스를 뒤로 미루는 결정)을 할 수도 있을 것이다. 올바른 결정을 위한 자신의 성향을 증대시키는 데 필요한 또 하나의 중요한 각성이 있다. 그것은 '언제' 사실상의 선택이 이루어지며 한 사람이 선택할 수 있는 현실적인 가능성[286]은 무엇인가를 아는 것이다. 위의 예에서 그 여자가 자신의 행위의 결과를 '충분히·분명히' 알고 있어서 일단 섹스를 하지 않겠다고 결심[287]했다고 하자. 그런데 그녀는 그와 함께 영화 관람을 갔다가 자신을 그의 차

---

285 즉 다양한 플러스(장점), 마이너스(단점)를 '충분히' 비교·검토하여 보다 만족스런 결과를 예측해 보는 것이다. 보다 다양하고 풍부한 비교·검토가 가능하려면 평소에 다양한 독서나 직접 경험 등을 통해 많은 지식을 알고 있을 필요가 있다. 물론 일이 발생한 후에 하는 비교·검토라면 사전지식이 없더라도 지금에라도 나서서 여러 가지 관련된 정보와 자료를 체계적으로 수집하면 충분할 테지만, 우리가 일상생활에서 접하는 중요한 문제는 그때그때의 순간적인 선택(의사결정)을 요하는 것이 매우 많기 때문에 후자를 중심으로 이야기하고 있음을 강조해둔다.

286 "현실적인 가능성은 개인 또는 사회에서 상호 작용하는 힘의 전체적 구조를 고려하면서 실현시킬 수 있는 가능성이다."(같은 책, 178~179쪽) 즉 개인의 기질(성격)과 주어진 환경(상황)을 모두 고려하는 것이다.

287 현재로서는 진정한 결심이 아니다. 왜냐하면 현재 만남이 진행 중에 있기 때문이다. 그것은 단지 잠정적인 자신의 희망을 말한 것에 불과하다.

에 태우고 집에 데려다주려고 하는데 그가 그녀의 손을 잡고 자신의 바지 속으로 넣으려고 한다. 그녀는 애당초 섹스할 마음이 있었고 '지금 이 순간' 이 남자도 섹스할 마음이 있음을 분명히 표현하고 있다. 그러나 영화 관람을 하기 전에 이미 그녀는 예전의 유사한 경험을 기억하고 보다 합리적인 결심(일단 섹스를 미루고 좀 더 만나보자)을 한 상태이다. 자, 또 다시 선택의 기로에 놓이게 된 것이다. 이 두 번째 선택의 기로는 조금 전 선택의 순간보다도 더욱더 곤란한 상황이다. 바로 '지금 이 순간'(here and now) 그녀가 첫 번째 선택대로 뜻을 굽히지 않고 동일한 선택[288]을 한다면 이때 비로소 그 희망은 확고한 결심이 된다.

이같이 사실상의 결정이 이루어지는 것은 당해 문제(일, 데이트 등)가 최종적으로 마감되는 순간임을 알고 마지막까지 '충분한' 각성(항상 깨어 있는 것)을 하는 것이 매우 중요하지요. 이러한 선택의 능력은 실생활의 경험 속에서 끊임없이 변합니다. 따라서 평소에 이미지 트

---

288 최근의 심각한 성폭력을 예방하는 차원에서 이러한 선택의 기로에서 두 사람 모두 올바른 선택을 할 수 있도록 해주는 몇 가지 바람직한 성교육 관련 조언이 있어 소개하고자 한다. 이는 성폭력 피해자 원스톱지원센터에서 일하는 이자영 임상심리사의 조언이다. "첫째, 어릴 때부터 (…) 아이들에게 내 것과 남의 것을 구분하는 것에 대해 말해주자(이는 결국 상대방의 진정한 동의 없이는 상대방의 몸을 함부로 만지면 안 된다는 것과도 연결될 수 있다-필자 주). 둘째, 상대방이 표현하는 'No'를 'No'로 받아들이도록 가르쳐라. (…) 서로가 동의하지 않은 성관계를 할 경우 성폭력 가해자로 몰릴 수도 있다는 것을 명심해야 한다. 셋째, 아이들에게 자신의 의사를 분명히 표현하는 법을 가르쳐라. (…)"(린다 에어·리처드 에어, 『우리 아이 성교육에 대해 꼭 알아야 할 50가지』, 8쪽) 참고로 네덜란드 성교육은 'NO means NO'로 대변된다. 싫은 것에 대해서는 분명히 '안 된다'고 말하고, 상대방은 이를 '내숭'이 아니라, 정말 안 되는 것으로 받아들이도록 교육하고 있다(EBS 뉴스 2015년 8월 28일 이상미 기자 〈성교육 기획 13편: '금지' 아닌 '책임' 배우는 해외 성교육〉).

레이닝[289]을 꾸준히 하며 자신의 사전결정을 강화하는 것이 도움이 됩니다. 잘못된 선택을 반복적으로 경험하다 보면 심력이 상당히 쇠약해지는데요. 반대로 올바른 선택을 많이 하면 할수록 '나'의 자존감은 보다 높아져요.

의사결정(선택) 유형은 두 가지로 구분해볼 수 있어요(합리적 의사결정, 비합리적·직관적 의사결정). 먼저 합리적 의사결정이란 지식과 경험 등을 자원으로 하여 문제에 대한 다양한 가능한 대안을 나열하고 각 대안의 장점들/단점들을 비교·검토하여 가장 효과적인 결론을 예측(계산)하고, 그 대안 중에서 자신의 가치관에 부합되는 것을 선택하는 것입니다. 여기서 '합리적'이라는 말은 사물을 현재의 과학지식과 경험에 부합하게 논리적으로 파악하고 이에 입각하여 헛되지 않은 계획적인 행동을 이끌어내는 점에서 긍정적 의미(예: 그 사람은 참 합리적인 사람이다)를 갖지만, 그것이 지나칠 경우 자신의 이익을 정확하게 계산하여 자신이 손해 보는 일을 전혀 선택하지 않는다는 점에서 부정적 의미(예: 그 사람은 너무 계산적이다)로도 읽

---

289 "이미지 트레이닝(image training)이란 멘탈 트레이닝(mental training), 멘탈 리허설(mental rehearsal), 멘탈 프랙티스(mental practice) 등으로도 불리는 운동 연습법의 하나이다. 머릿속에서 이미지를 그리면서 연습을 하는 것이다. 이 방법은 실제의 연습과 병용함으로써 효과를 나타낸다. 단독으로는 효과가 적다. 이미지 트레이닝에 최면 암시를 쓰는 방법도 있다."(체육학대사전, 2000, 네이버 지식백과/이미지 트레이닝) 예컨대, 상대방이 나의 몸을 만지려하는 등 각종 상황을 머릿속으로 상상하고 스스로 "No(만지지 마세요)"라고 말하는 연습 또는 집 안에 혼자 있는 경우에는 재빨리 "싫어요"라고 외치며 문 밖으로 나가는 등의 결정을 미리 연습해보는 것이다. 이와 더불어 '나는 할 수 있다'는 등의 자기최면을 하는 것도 유용하다. 이러한 연습이 실제 경험을 통해 구체화될 경우 그 효과가 배가 된다.

힐 수 있답니다.[290]

다음으로 비합리적·직관적 의사결정이란 엄밀한 논리적 추리과정을 거치지 않고 문제의 해답을 직감적으로 선택하는 것입니다. 여기서 '비합리적'이라는 말은 고정관념, 편견, 미신 등 즉 과학적 사실과는 무관한 것에 의거한다는 점에서 부정적 의미를 갖지만, 사물을 계산적으로 바라보지 않고 정감적으로 반응한다는 것을 지칭할 때는 긍정적 의미로 읽힐 수 있어요.

다음의 예를 보세요.[291]

눈 내리는 추운 겨울날 나그네가 길을 떠났다. 목적지에 도달하기 위해서 깊은 산을 넘어야 했다. 계곡을 가다 보니 웬 사람이 추위로 인해 눈 위에 쓰러져 있었다.

(1)나그네는 망설였다. 쓰러진 사람을 보살피거나 업고 가다가 지체하면 자기마저도 동사(凍死)할 것이라는 생각에 못 본 체하고 지나쳤다. 결국 이 나그네도 얼마 못 가 추위로 동사(凍死)하고 말았다.

(2)나그네는 쓰러진 사람을 업고 목적지를 향해 부지런히 걸었다. 이마에는 구슬 같은 땀이 흘렀으며, 등에서는 따스한 체온이 발(發)하여 업힌 나그네의 가슴으로 전달되어 언 몸을 녹여주었다. 결국 둘 다 살았다.

위 이야기에서 (1)의 나그네는 합리적 의사결정을 하였으나 결과

---

290 『철학사전』, 중원문화, 2009, 네이버 지식백과/합리적.
291 강선보, 『마르틴 부버의 「만남」의 교육』, 183쪽의 예.

는 부정적이었고, 반면 (2)의 나그네는 비합리적 의사결정을 하였으나 결과는 매우 좋았습니다. 이제 이러한 이야기를 '충분히·분명히' 이해하고 수용한 사람은 이와 유사한 상황에서 (2)의 나그네와 같은 결정을 할 확률이 높고, 이러한 결정은 이제 합리적 의사결정으로 변모할 것입니다. 즉 과거의 지식에 비추어 '비합리적'으로 비추어진 것이 새로운 경험 속에서 새롭게 구분해봄으로써 '합리적' 지식 내지 지혜로 변모한 것인데요. 이와 같이 실제 마주할 수 있는 다양한 경험 속에서 실존적으로 사고하는 방법을 제시하지 않고, 선/악 또는 시/비 구분처럼 경직된 이분법적 도식을 합리적/비합리적 구분에 그대로 적용하여 가르치는 것은 역시 바람직하지 않습니다.

과거의 경직된 이분법적 도식에 따른 주입식 교육은 오늘날 우리 사회의 각종 문제에 대한 해결을 점점 더 어렵게 만들고 있어요. 십대 청소년 미혼모 문제를 예로 들어볼게요.[292] 십대 청소년에 대한 전통적 이분법적 도식은 학생/학생답지 않은 십대(비행 청소년인 문제 학생)입니다. "학생으로서의 십대 청소년은 무성적 존재로 간주되고, 십대 청소년과 학생은 등치된다."[293] 이런 도식에 비추어 보면, "학생 미혼모는 무성적 존재여야 할 학생이 임신이라는 신체적 증표를 통해 성적 실천을 입증함으로써 비행 청소년이자 문제 학생으

---

292 보다 자세한 논의는 정해숙·최윤정·최자은(2014)의 『학생 미혼모 학습권 보장 방안』을 읽어보라.

293 정해숙·최윤정·최자은(2014), 『학생 미혼모 학습권 보장 방안』, 서울: 한국여성정책연구원, 265쪽.

로 비난과 징계의 대상으로 규정된다."[294] 그러나 "이러한 사회와 학교의 통제는 역설적으로 십대 청소년인 학생이 결코 무성적 존재가 아니며 성적 존재라는 것을 입증하는 것"이며, 이는 서울시 고등학생 1,197명 중 절반에 가까운 46.3%가 연애경험이 있다는 조사결과(아하 시립청소년성상담센터, 2013)[295]나, 우리 사회가 그토록 금기시하는 십대 청소년의 임신관련 통계숫자를 통해서도 확인할 수 있습니다.[296] "십대 청소년의 임신 건수는 연간 약 1만5천여 건이 넘을 것으로 추정한다. (…) 이 중 출산에 이른 경우는 20% 정도이고, 80%는 예외적인 경우를 제외하고는 불법인 인공임신중절을 선택한다."[297] 그 가장 주된 이유는 임신 사실을 뒤늦게 알아 낙태를 할 수 있는 시점이 지났기 때문이라고 합니다.[298] 매스컴을 통해 종종 접하는 자기 집 화장실에서 애를 낳은 후 박스에 담아 아파트 옥상

---

294 같은 책, 265쪽.

295 연구조사팀은 조사결과를 토대로 다음과 같이 제언했다. "연애경험과 관련하여 일어날 수 있는 여러 가지 예측할 수 있는 상황에 대한 시뮬레이션 교육이 필요하다. 연애경험이 중·고등학생의 40%를 넘어선 상황에서 앞으로 연애는 점차 증가할 것으로 보인다. 연애 안에는 연구조사 결과에서 나온 것처럼 누가 고백을 할 것인가에 대한 문제부터 시작해서 데이트 비용을 누가 얼마나 낼 것인가, 함께 어떤 경험을 하는가, 그 경험이 소비문화 속의 어떤 것과 맞닿게 될 것인가, 스킨십은 무엇을 할 것인가, 성관계는 할 것인가, 피임은 누가 제안할 것인가, 임신을 하게 된다면 어떻게 할 것인가 등 기존의 상황에서 일어날 수 있는 다양한 문제에 대해 여러 가지 고민이 필요한 지점이 있어 이 부분에 의사소통을 통한 협상과 수용, 거부 등의 여러 가지 연습을 해보는 교육이 필요하다고 보인다."(이명화 외, 『2013 서울시청소년성문화연구조사』, 2013, 158쪽)

296 정해숙·최윤정·최자은(2014), 앞의 책, 265쪽.

297 같은 책, 266쪽.

298 같은 책, 266쪽.

247

에서 던진 13세 아이의 경우, 고속버스 휴게실 화장실에서 애를 낳은 후 그대로 달아난 중학생의 경우 등이 그러하지요. "임신 사실에 대한 늦은 인지는 우리 성교육의 현 주소를 보여주는 것이며, 가족의 돌봄 부재를 보여주는 것이기도 하다."[299] "이 연구에 참여한 학생 미혼모들은 대다수가 빈곤한 가정형편과 가족해체, 역기능적인 가족문화 속에서 성장한 것으로 나타났으며, 절반 이상이 가출 경험이 있을 뿐 아니라 학교 부적응과 낮은 학업성적 등의 문제를 안고 있다"고 하는데요.[300] 십대 미혼모가 임신 및 출산을 결정할 경우 학교에서는 학교의 명예와 면학 분위기 조성이라는 미명하에 '출산 후 복학', '자퇴', '휴학' 순으로 권유하고 있는 실정입니다.[301,302] 2011년 2월 25일자 여성신문을 기준으로 한 것이지만 2014년 10월 발행한 연구보고서인 정해숙·최윤정·최자은(2014)의 『학생 미혼모 학습권 보장 방안』에 비추어볼 때 현재도 비슷한 실정인 것으로 보입니다.

이는 학교가 기존의 편협한 이분법적 도식에 따른 의사결정 수준에 머물러 있음을 보여주는데요. 여기서 우리가 직감적으로 느낄

---

299 같은 책, 266쪽.

300 같은 책, 266~267쪽.

301 2011년 2월 25일자 〈여성신문〉 '실패한 인생으로 끝나고 싶지 않아요' (http://www.womennews.co.kr/news/48638#.Vg2pZtKhddj)

302 십대 미혼모들의 학업 의지는 '58.9%'에 달할 정도로 매우 높다. 이유는 '최소한 고교는 나와야 무시당하지 않으므로'(72.4%), '더 나은 미래를 위해'(60.3%), '실패한 인생으로 끝나고 싶지 않아서'(43.15%)다.(2010년 8월 교육과학기술부 발표 '학생 미혼모 실태조사') 이처럼 십대 미혼모들에게 교육은 교육 이상의 의미를 갖는다. 교육은 자존감을 높이고 저출산·저연령으로 인한 빈곤의 악순환에 빠지지 않도록 하는 안전망이다.(같은 기사, '실패한 인생으로 끝나고 싶지 않아요')

수 있는 것은 십대 아이들을 방치해서는 안 된다는 점입니다. 적어도 이러한 직감이 행동으로 발동한다면 학교는 이 학생들의 학업을 중단시키지 않아야 하고, 학교 친구들은 이들을 색안경을 끼고 바라보지 않아야 합니다. 이러한 직감적 사고는 다른 나라에서는 이미 합리적인 사고로 변모되어 높은 십대 임신율이라는 사회공동체의 심각한 문제를 해결하는 지혜로 작동하고 있습니다.

『학생 미혼모 학습권 보장 방안』의 연구조사팀은 외국의 십대 미혼모 학습권 보장 정책사례를 검토한 후 다음과 같이 보고했어요. "미국, 영국, 대만은 모두 십대 임신율이 다른 국가에 비해 높은 편이었으며 그에 따른 사회적 고민이 십대모들의 학습권에 대한 지원정책과 프로그램으로 이어졌다. 세 국가 모두 십대여성이 임신과 출산으로 인해 학업을 중단하는 현실이 당장의 생계 문제뿐 아니라 미래의 경제적 수준과 그 자녀들의 삶에도 직접적이고 심각한 영향을 끼치게 될 것이라는 문제의식을 지니고 있다. 이러한 문제의식은 미국, 영국, 대만이 각각의 상이한 사회구조와 환경에도 불구하고 공통적으로 학생 미혼모의 학습권 보장을 위해 여러 가지 정책 및 프로그램을 마련하게 된 시작점이다. 우리나라의 환경이 앞서 살펴본 세 국가와 다를 수는 있으나 우리 또한 학생 미혼모 문제가 상당한 비중을 차지한다는 점에서 해외 사례는 우리에게 많은 시사점을 준다."[303]

여기서 위 연구조사에서 언급된 우리나라의 십대 미혼모 학습권

―――― 303 정해숙·최윤정·최자은(2014), 앞의 책, 261~262쪽.

보장을 둘러싼 논쟁을 살펴봅시다. "2010년 학생 미혼모 학습권 보장이 정책이슈로 급부상한 데에는 2009년 한 여고생이 임신 중에도 학교에 다닐 수 있도록 국가인권위원회에 진정을 제기한 데서 비롯되었다"[304]고 합니다. 그리고 "2010년 12월 국가인권위원회는 교육부(당시 교육과학기술부)와 각 시·도 교육청이 '재학 중 학생이 임신할 경우 퇴학 등 징계 근거가 되는 학교생활 규정을 개정하도록 일선 학교에 권고했다'고 알려왔다는 보도자료를 배포했다. 그런데 교육부가 2013년 6월 19일자로 '임신·출산, 이성교제 등을 이유로 퇴학, 전학, 자퇴 권고 등 학생 미혼모의 학습권을 침해할 수 있는 학교 규칙을 개정하라'고 시·도교육청에 방침을 내린 것과 관련해 논란이 제기되었다. 이에 대해 학칙의 제·개정권은 초·중등교육법 제8조에 의거 학교장이 가지고 있으며, 교육부는 '단순히 학생 미혼모의 학습권 보호를 위해 시·도교육청에 안내를 한 것일 뿐 학칙 개정은 학교장이 구체적 사안에 따라 정할 것'(2013. 10. 1)이라는 입장을 보였다."[305]

이러한 논쟁에 대해 연구조사팀은 다음과 같은 의문을 제기했습니다. "그런데 학칙 제·개정 권한이 학교장에게 있다는 법 조항의 취지가 헌법이나 교육기본법에 규정된 국민의 기본권인 학습권을 넘어서는 것인지 묻지 않을 수 없다. 더욱이 초·중등교육법 제18조의4(학생의 인권보장 ─필자 주)에는 학교의 설립자·경영자와 학교의 장은 헌법과 국제인권조약에 명시된 학생의 인권을 보장하여야 한

─────── 304 같은 책, 269쪽.
305 같은 책, 271~272쪽.

다고 명시하고 있다. 이처럼 학생 인권보장의 의무가 학교장에게 부과되어 있음에도, 관련 법 조항을 정면으로 위배하면서까지 임신, 출산을 이유로 학생들의 학습권을 박탈할 수 있는 학칙을 허용하는 것은 교육부가 미혼모 학습권 보장 정책을 추진할 의지가 있는지를 의심케 하는 것이라 할 수 있다."[306]

　오늘날과 같은 법치국가에서 관련 법 조항을 정면으로 위배하는 이 같은 행태가 일어나는 것은 과연 무엇 때문일까요? 이는 개인적 차원(기질·성격)과 환경적 차원(상황)을 넘어서는 사회체계(시스템) 내에 존재하는 힘(power)이 작용하기 때문입니다. 개인이 아무리 자기 존중감이 높아도, 가정환경 등이 아무리 좋아도, 사회시스템이 부패하여 제대로 작동하지 않을 경우에는 오히려 개인 및 환경까지도 타락하게 됩니다.[307] 사회시스템 내의 각종 시스템, 즉 정치·경제·교육·문화 등의 시스템 내의 파워엘리트[308]들(교육시스템의 경우 교육부

―――――　306 같은 책, 273쪽.

　307 스탠퍼드 교도소 실험으로 유명한 심리학자 필립 짐바르도 교수는 『루시퍼 이펙트The Lucifer Effect』에서 "인간의 복잡한 행동 양상을 이해하기 위해서는 기질과 상황뿐 아니라 시스템 역시 고려해야 한다"고 주장했다. 보다 자세한 논의는 Philip G. Zimbardo(이충호·임지원 옮김, 웅진지식하우스, 2015), 『루시퍼 이펙트』를 읽어보라.

　308 사회학자인 C. Wright Mills는 『파워 엘리트The Power Elite』에서 권력의 블랙홀에 대해 다음과 같이 말했다. "파워 엘리트들은 그들의 지위 덕분에 보통 사람들이 살아가는 평범한 환경의 구속을 초월한다. 그들은 매우 중요한 결과를 부르는 의사결정을 하는 위치에 있다. 그들이 그와 같은 결정을 내리는지 내리지 않는지 여부보다는 그들이 그런 결정적인 위치를 점유하고 있다는 사실이 더 중요하다. 그들이 어떤 행동을 하지 않거나, 어떤 의사결정을 하지 않는 것 자체가 그들이 내리는 결정보다도 더욱 중대한 결과를 초래하는 경우가 많다. 왜냐하면 그들은 현대 사회의 중요한 사회 계급과 조직에서 명령을 내리는 위치에 있기 때문이다."(3~4쪽, 『루시퍼 이펙트』 33쪽에서 재인용)

장관, 시·도교육감, 각급 학교의 장 등)이 어떤 가치관을 가지고 법(위의 예에서 헌법을 고려한 체계·종합적 해석을 하면 당연히 위헌적 행위로서 논란의 여지가 없지만, 상당수의 법 조항이 해석의 여지를 남겨두는 개방적 기술구조를 취하고 있으므로 각자의 이해에 따라 다른 해석이 가능한 경우가 많다)을 해석·집행하느냐에 따라 완전히 다른 결과가 나올 수도 있다는 점을 분명히 자각해야 할 것입니다.

그렇다면 이러한 불안정한 사회시스템이 건강하게 작동하게 하려면 어떻게 해야 할까요? 답은 투쟁 및 연대입니다. 개인적으로는 기존의 편협한 이분법적 도식을 항상 깨어 있는 눈으로 새롭게 구분해보아야 하고, 사회적으로는 억압적 교육이 아닌 자유교육을 통해 이러한 새롭게 구분하는 습관을 장려해야 하며, 같은 의식을 지닌 깨인 개인들이 함께 연대하여 우리 공동체사회를 바람직한 방향으로 이끌고 나가야 하지요. 브랜든은 『나를 존중하는 삶』에서 "깊은 두 개의 계곡이 결합하여서는 정상의 높은 고지를 만들어내지 못한다"[309]고 말했습니다. 각자의 '나'가 항상 깨어 자기성찰을 게을리하지 아니하고 나아가 역시 늘 깨어 자각하고 있는 '너'와 만나서 대화하고 연대함으로써 우리는 우리 사회의 행복이라는 정상의 높은 고지를 일구어낼 수 있습니다.

―――― 309 나사니엘 브랜든, 강승규 옮김, 앞의 책, 47쪽.

내 몸은 소중하니까!

_보지-자지 이야기

사람의 성기를 일컫는 말은 매우 다양합니다. 성기, 생식기(내부/외부), 음순(외음순/내음순), 버자이너(vagina:질), 라비아(labia:음순), 벌바(vulva:음문), 클리토리스(clitoris:음핵), 팔루스(phallus:남근),[310] 페니스(penis:음경) 등등이 있어요.

성기(性器)는 일상적으로 생식기관을 뜻하지만, 이를 한자를 풀이하면 '性(마음이 사는 곳)을 담는 그릇'으로서 넓게는 머리카락 한 올까지도 포함하는 소중한 몸 전체를 말할 수도 있습니다. 생식기라는 용어는 성의 3요소 중 오로지 생식만을 표상하고 또 다른 중요한 요소인 쾌락을 담지 못한다는 한계가 있어요. 음경·음순은 생식기관 중 일부를 지칭하는 용어로서 생식기라는 용어의 한계가 그

---

310 참고로 사전적인 의미로 phallus란 남성의 음경(陰莖)과 여성의 음핵(陰核) 모두를 가리키는 말이다. 실제로 "음핵은 남성의 음경과 거의 똑같은 발기성을 갖춘 구조"(노명래, 『인간과 성심리』, 85쪽)이며, "여성성기 중 가장 민감한 성감대의 핵으로서 여성이 오르가슴을 얻는 데 결정적인 역할을 하는 일급성감대"(하재청 외, 『性의 과학(제6판)』, 23쪽)이다. 이러한 사실을 인식하면 음경이 여성의 음핵과 거의 똑같은 발기성을 갖춘 구조라고 표현해도 전혀 이상할 것이 없다(베티 도슨, 『네 방에 아마존을 키워라』, 106쪽). 이러한 점을 고려하면 성관계란 일방이 주고 일방이 받는 관계가 아니라 상호 마음과 몸을 충실히 교감하는 것이라는 사실을 알 수 있다.

대로 드러나고, 더욱이 '음(陰)'은 '그늘/그림자/어둠/뒷면(숨겨야 하는 것)/저승(지옥)/몰래/음침하다·음습하다/잔인하다·참혹하다[311]/묻다·매장하다/침묵하다(입을 다물다)' 등[312] 주로 어둡고 부정적인 의미를 담고 있어서 '성'의 밝고 소중한 이미지를 표상하지 못한다는 문제가 있습니다. 남근(男根)·여근(女根)은 그 자체로 부정적 의미는 담고 있지 않지만, 각각 음경(陰莖)·음문(陰門)과 대응하는 용어로 '뿌리[根]나 줄기[莖]·출입구[門]'가 뜻하듯 역시 생식기관 중 일부(외성기)만을 지칭한다는 한계가 있고요. '버자이너', '벌바', '클리토리스', '페니스' 역시 주로 생식기를 표상하고 그중 일부를 지칭하는 용어라는 한계를 지닙니다. 위의 열거한 것들 상당수가 의학적 용어로서 구별하기가 쉽지도 않을 뿐 아니라 성을 감추어야 할 부정적인 것으로 생각한 전통적 편견을 담고 있어 오늘날의 소중하고 아름다운 전인격적 성을 이야기할 때 쓰기에는 바람직하지 않은 용어라 생각합니다. 그래서 저는 '보지-자지' 짝말의 올바른 자리매김을 적극 주장해요.

순수 우리말인 '자지-보지'는 성의 3요소인 생식·쾌락·연대(사랑)를 모두 표상할 수 있다는 점에서 매우 좋은 용어라고 생각합니다. 또한 보지 또는 자지는 생식 기관의 명칭을 내외 구분 없이 모두 포괄할 수 있

짝

311 동아 백년옥편 제2판, 2002.

312 네이버 한자사전 검색.

다는 장점이 있어요. 더욱이 우리말 '나-너'[313]와도 조화를 이루고 잘 생각해보면 '옹'[314]이라는 말과도 연결시킬 수도 있고요.

또한 '보지-자지'는 현실적인 대응력도 정말 뛰어납니다. 요즘 각종 성인 사이트 광고를 보면, '000는 당신의 자지를 기다립니다' 등의 직설화법이 많은데 이러한 자극에 즉각 반응하여 제대로 대처하려면 평소 '보지-자지'라는 말에 대한 밝고 좋은 이미지를 많이 생각하여 내재화할 필요가 있어요. 그래야 이러한 광고 문구를 보고도 낚이지(기만당하여 빠지지) 않고 쳐낼 수 있기 때문입니다. 예컨대, 나의 경우 이러한 문구를 보더라도 마음속에 '보지-자지'라는 말 자체에 대한 밝은 이미지가 가득 차 있어서 "어떻게 나의 지혜이자 소중한 몸을 아무에게나 함부로 할 수 있겠는가"라는 생각이 즉각 떠오르기 때문에 이를 쳐내곤 하거든요. 여러분도 어릴 때부터 '보지-자지'라는 말의 밝고 긍정적 이미지를 간직하면서 일상적으로 편안하고 자연스럽게 이를 사용하게 하여 상업적 선전 문구를 보더라도 자극되거나 동요되지 않을 수 있는 심력을 길러야 합니다.[315] '자지' 나와 지혜, 지혜로운 나, 소중한 나, 행복하기 위해 태

---

313 마르틴 부버의 '나-너'를 생각하고 한 말이다. "사람의 태도는 그가 말할 수 있는 근원어(根源語)의 이중성에 따라서 이중적이다. 근원어는 낱개의 말이 아니고 짝말이다. 근원어의 하나는 '나-너'라는 짝말이다."(마르틴 부버, 『나와 너Ich und Du』, 7쪽)

314 문정희 시인의 「"옹"」이라는 시를 생각하고 한 말이다. " (…) //동그란 해로 너 내 위에 떠 있고/ 동그란 달로 나 네 아래 떠 있는/ 이 눈부신 언어의 체위// (…) //너와 내가 만든/ 아름다운 완성// (…) (강조점은 필자가 넣은 것임)"(문정희·유인경, 앞의 책, 29쪽)

315 독일의 유명한 성과학자인 헬무트 켄틀러는 다음과 같이 그 행위와 인식에 대한 필수적인 일치성을 고려해야 한다고 주장한다. "우리는 눈 대신에 Oculus라고 말하지 않는다. 그런데 왜 갑자기 성에 관한 것의 명칭은 외국어를 빌려 와야 하는가? 아이들에게

어난 나, 꿈과 소망이 있는 나, 자기존중감이 충만한 지혜로운 나….
그러나 '보지-자지'에 대한 쾌락적 의미 등도 정확하고 분명하게 알
고 있을 필요가 있지요. 그래야 한쪽에 치우침이 없이 현실에 부합
한 생각을 하게 되고, 사물을 정확히 판단하는 균형 감각이 생기니
까요.

보지, 보지, 보지…, 보지의 행복을 사랑하는 여자[316]

『버자이너 모놀로그』의 저자인 이브 엔슬러는 약 200여 명의 여성
들(나이 든 여성에서부터 기혼여성, 독신여성, 레즈비언, 대학교수, 배우, 커
리어우먼, 섹스상담가, 흑인여성, 남미여성, 아시아여성, 인디언여성, 백인여
성, 유대계여성 등)과 인터뷰를 했는데, 다음 몇 가지 내용을 들어보
면 '보지'의 다양한 경험을 느낄 수 있을 거예요.[317]

"만일 당신의 보지가 옷을 입는다면 어떤 옷을 입을까?"

는 이 외국어 개념이 낯선 상태로 지속되므로 아이들의 성에 관한 인식을 이질화시키는
영향이 있다. 그래서 라틴어 개념만 사용하게 되는 사물은 아이들로부터 신뢰를 받을 수
가 없다. (…) 일상어는 그 내용의 풍부성 및 정확성과 함께 더 나은 장점을 갖고 있다.
일상어는 추상적으로만 표현하는 것에 만족하지 않고 우리가 표현된 것과 연결시키는
감정, 감각과 경험까지 전달한다."(헬무트 켄틀러, 앞의 책, 127~128쪽)

316 '보지, 보지, 보지…'는 베티 도슨의 『네 방에 아마존을 키워라』 77쪽에서, '보지의
행복을 사랑하는 여자'는 이브 엔슬러의 『버자이너 모놀로그*The Vagina Monologues*』 121
쪽에서 각각 차용하였다.

317 다양한 경험의 자세한 내용이 궁금한 분은 이브 엔슬러, 류숙렬 옮김, 북하우스,
2001, 『버자이너 모놀로그』를 읽어보라.

'가죽 재킷/ 실크 스타킹/ (…) / 남자 연미복/ 청바지/ 착 달라붙는 옷/ (…) / 베레모/ (…) / 하이힐/ 레이스옷과 전투용 장화/ (…)'³¹⁸

"만약 당신의 보지가 말을 한다면 뭐라고 말할까?"

'천천히/ (…) / 하고 싶어/ 냠냠/ (…) / 아니 거기, 거기/ 핥아줘/ 그 속에 그대로 있어요/ (…) / 놀자/ (…) / 날 찾아봐/ 고마워/ 봉쥬르/ (…)'³¹⁹

"당신의 보지에서는 무슨 냄새가 날까?"

'흙냄새/ 젖은 쓰레기 냄새/ 하나님의 냄새가 나지/ (…) / 상황에 따라 다른 냄새/ 나의 냄새가 나지/ 아무 냄새도 안 난다던 걸/ (…)'³²⁰

25년 동안 '보지 워크숍'³²¹을 이끌어오며 여성들에게 자신들의 보지를 제대로 알고 사랑하고 그리고 즐겁게 하는 법을 가르쳐온 베티 도슨을 위해 엔슬러는 별도의 모놀로그 장(chapter)을 헌사했는데, 그곳에 표현된 말을 들어봅시다.

"내 보지는 조개입니다. 핑크빛의 부드럽고 둥근 조개, 열렸다 닫혔다, 다시 닫혔

---

318 이브 엔슬러, 류숙렬 옮김, 『버자이너 모놀로그』, 북하우스, 2001, 43~45쪽.

319 같은 책, 47~49쪽.

320 같은 책, 107~109쪽.

321 베티 도슨(Betty Dodson)은 미국의 성(性)교육자·미술가·저술가로서 여성운동을 해오고 있으며 여성의 성해방에 있어서 '자위'의 중요성을 70년 초부터 인식, 지금까지 전시와 슬라이드 쇼, 워크숍, 강연, 그리고 저술활동 등을 통해 '자기 사랑' 운동을 선구자적으로 펼쳐오고 있다(『네 방에 아마존을 키워라』 앞쪽 속표지). 여기서 말하는 워크숍은 '바디섹스그룹'(Bodysex group)이라는 '자위' 워크숍을 말한다. 이 워크숍에서 사람의 생김새가 다르듯 보지도 다양하고 다르다는 것을 느낄 수 있도록 슬라이드를 보여주는 등 여성들이 자신의 성기에 대한 자각을 하도록 권면하는 모임이다.

다 열리는. 내 보지는 꽃입니다. 이상한 튤립꽃이죠. 가운데는 날카롭고도 깊숙하죠. 미묘한 향기가 나고 꽃잎은 부드러우면서도 튼튼하지요."[322]

" (…) '보지의 경이.' (…) 그건 그랜드캐니언보다 더 경이롭고 원시적이면서도 복잡한 생명력을 지니고 있더군. 그건 마치 잘 가꾼 영국식 정원처럼 순수하면서도 생생했어. 그리고 재미있었어. (…) 그건 숨을 수도 찾을 수도 있고, 열릴 수도 닫힐 수도 있어. 그건 하나의 입이야. 그리고 아침이기도 하지. 나는 순간적으로 깨달았어. 그게 '나'라고, 내 보지가 나 자신이며 그것이 바로 '내' 존재를 의미한다는 것을. (…) 그건 내 안에 있는 바로 나 자신이었어."[323]

"내 보지는 조개, 튤립꽃, 그리고 운명. 내가 떠나기 시작할 때 나는 도착하지. 내 보지, 나의 보지, 나 자신."[324]

마지막으로 미국에서 일상용어로 비속하게 쓰이는 Cunt(여자 성기의 비어)에 대한 엔슬러의 재평가를 들어볼게요.

"난 그 말이 정말 좋아요. '컨트.' 들어보세요. 씨(C)— 캐번(cavern:동굴), 캑클(cackle:수다), 클릿(clit:음핵), 큐트(cute:귀여운), 컴(come:오다) (…) 다음은 유(u)— 언더(under:아래로), 업(up:위로) (…) 다음엔 엔(n)— 네스트(nest:둥지), 나우(now:지금), 넥서스(nexus:관계), 나이스(nice:좋은) (…) 다음엔 티(t)— 텍스쳐(texture:결), 테이크(take:가져가다), 텐트(tent:막), 타이트(tight:조이는), 탠털라이징(tantalizing:감질나는), 텐

——— 322 같은 책, 73쪽.
   323 같은 책, 76~77쪽.
   324 같은 책, 82쪽.

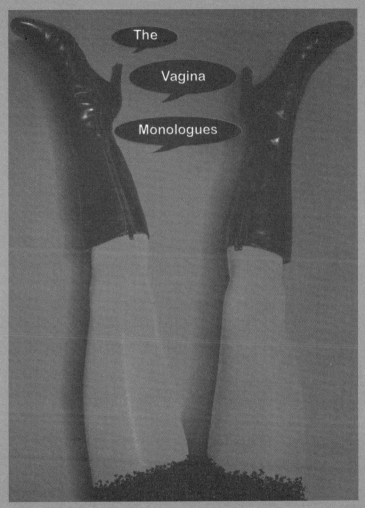

「버자이너 모놀로그」 포스터(1996, HERE 아트센터, 뉴욕 초연)(CC BY 2.0)

싱(tensing:긴장시키는), (…) 텔미(tell me:나에게 말해요), 텔미 '컨트 컨트' 이 말을 해봐요, 내게 '컨트 컨트'라고 말해요."[325, 326]

참고로 우리나라 여성들이 경험하는 고민 중 한 가지를 해소해드리려고 합니다. 아니, 오히려 남자들이 반드시 알고 있어야 할 성과학 지식이라 할 수 있겠군요.

『性의 과학』에 의하면, "수세기 동안 처녀막은 여성의 순결을 가늠하는 척도, 비너스의 정문을 지키는 파수꾼으로 여겨져왔다. 그러나 하루에 몇 차례나 성교를 하고 애를 열둘이나 낳고도 처녀막을 그대로 가지고 있는 여성도 있다. 그것은 어떤 종류의 처녀막을 가지고 태어났는가에 따라 결정되는 것뿐이다. (…) 처녀막의 형태는 사람에 따라 다양하며 매우 드물기는 하지만 처음부터 처녀막이 전혀 없는 여성도 있다. (…) 처녀막은 다분히 성적으로 아직 미숙한 단계의 여성을 세균의 감염과 지나치게 빠른 성교에서 보호하기 위한 것일 것이다. (…) 성숙한 처녀막은 신축성이 강해서 두 손가락을 넣어서 펴도 찢어지는 일은 없으나 때로는 많은 여성들이 첫 번째 성교를 하기도 전에 심한 운동이나 자위행위 또는 탐폰의

───── 325 같은 책, 117~118쪽.

326 '보지'에 대한 다음과 같은 재평가는 어떨까? "난 그 말이 정말 좋아요. '보지.' 들어보세요. 보─ 보배, 보물, 보조개, 保(작은 성/ 지키다/ 책임지다/ 돕다/ 기르다/ 편안하다/ 믿다), 보혜사, 보호, 보존, 寶(진귀한/ 귀중하게 여기다/ 道), 菩(보살/ 보리), 補(돕다/ 개선하다/ 채우다/ 보탬). 지─ 지혜, 지식, 志(마음/ 뜻/ 본심), 地(땅/ 노정/ 살다), 知(나를 알아주는 사람/ 슬기/ 앎/ 병이 낫다)." [네이버 한자사전 검색 및 동아 백년옥편 제2판 (2002)]

지속적인 사용으로 처녀막이 찢어지는 일이 많다"[327]고 합니다. 그러므로 후쿠다 카즈히코는 『섹슈얼리티 性문화사』에서 다음과 같이 말해요. "이 처녀막을 결혼할 때까지 소중히, 마치 처녀증명서처럼 하고 있는 세상의 풍조, 도덕관은 그야말로 우스운 일이다. 그것은 종교적 금욕주의의 미신이며, 남성의 에고이즘의 환상이자, 여성을 사치적 동물로 경멸하려는 봉건적인 사상일 뿐이다."[328]

자지, 자지, 자지…, 자지의 행복을 사랑하는 남자

남성들도 자신의 소중한 몸인 자지를 새롭게 경험해야 해요. 그리고 진심으로 사랑하고 소중히 여겨야 합니다. 자지에 관한 밝고 긍정적인 이미지를 많이 만들어봅시다. 남성들도 다음과 같은 질문에 답해보기도 하고, '자지'에 대한 재평가를 시작해보는 것은 어떨까요?

"만일 당신의 자지가 옷을 입는다면 어떤 옷을 입을까?"
'검은 양복과 구두/ 나비넥타이/ 턱시도/ 분홍빛 여자 치마/ 트렌치코트/ 팬티스타킹/ 스트라이프티/ 군복과 군화/ 미니스커트/ 중절모/ 구두/ 배꼽티/ 찢어진 청바지/ 마라톤복과 운동화/ ……'
"만약 당신의 자지가 말을 한다면 뭐라고 말할까?"

---

327 하재청·선우양일·류태형·김병기·조현욱·고현숙, 『性의 과학(제6판)』, 월드사이언스, 2008, 28쪽.
328 후쿠다 카즈히코, 임명수 옮김, 『섹슈얼리티 性문화사』, 어문학사, 2011, 393쪽.

'이리와/ 여보야/ 사랑해/ 너 이 안에 있다/ 나 여기 있어/ 좋아/ 응/ 고마워/ 행복하다/ 야 좋다/ ……'

"당신의 자지에서는 무슨 냄새가 날까?"

'땀 냄새/ 천국과 지옥의 결혼 냄새/ 발 냄새/ 사우나 냄새/ 섹시한 냄새/ 노총각 냄새/ 빨래 삶은 냄새/ 밤꽃 냄새/ ……'

"내 자지는 조그마한 땅콩입니다. 흙 색깔의 물렁물렁, 어떨 땐 딱딱한 울퉁불퉁 땅콩, 나왔다 들어갔다, 다시 들어갔다 나오는. 내 자지는 자라입니다. 귀여운 한국토종 자라예요. 머리는 만지지 마세요. 가끔 부드러운 하얀 분을 살짝 칠해주면 좋아요. 난 정말 예민하니까요."

"'자지의 경이.' 놀라워. 정말 재미있어. 열릴 수도 닫힐 수도 있어. 그건 하나의 덮개를 가진 코야. 그리고 새벽종, 자라나는 씨앗이기도 하지. 나는 깨달았어. 그의 이름을 불러주기 전부터 그게 나였어. 꽃보다 아름다운 나. 내 자지가 나 자신이며 그것이 곧 '내' 존재를 의미한다는 사실을. 그건 내 안에 있는 바로 나 자신이었어."

"내 자지는 땅콩, 귀여운 토종자라, 그리고 운명. 내가 떠나기 시작할 때 나는 도착하지. 내 자지, 나의 자지, 나 자신."

"난 그 말이 정말 좋아요. '자지.' 들어보세요. 자— 自(스스로), 자기존중감, 자연, 字(글자/ 기르다/ 낳다/ 사랑하다), 자기결정, 子(아들/ 남자/ 사람/ 스승/ 열매), 자유, 資(재물/ 비용/ 도움/ 돕다/ 주다), 慈(사랑/ 우리 엄마/ 자비/ 동정), 자치. 지— 지혜, 志(마음/ 뜻/ 본심), 地(땅/ 노정/ 살다), 知(나를 알아주는 사람/ 슬기/ 앎/ 병이 낫다)."[329]

───── 329 네이버 한자사전 검색 및 동아 백년옥편 제2판(2002).

참고로 남자들이 경험하는 한 가지 중요한 고민을 해소해볼까요?
"성기의 크고 작음은 성 쾌감을 결정짓는 요인이 될 수 없다."[330] 이
는 미국 산부인과 의사인 윌리엄 마스터스와 그 아내가 1954년 워
싱턴대학 의학부 산부인과 교실에서 시작하여 11년간에 걸쳐 실험
한 연구[331]에서 밝혀진 과학적 사실입니다.

---

330 후쿠다 카즈히코, 앞의 책, 361쪽.

331 11년간의 연구에 동원된 피실험자는 남성 312명, 여성 382명이었다. 성교 횟수는
약 10,000회, 그중 여성 측이 7,500회, 남성 측이 2,500회였다. 남성의 경우, 손 또는 기구
에 의한 국부 마찰법과 정상위, 여성상위 등의 자연 성교 체위였다. 여성의 경우 가장 횟
수가 많았던 것은 누워서 인공페니스(플라스틱 제품으로 광학 유리 특성이 있으며, 무열
광선에 의한 조명으로 질 내를 관찰하고, 또 전동식이어서 페니스와 마찬가지로 교접운동도
가능함)를 이용한 성행위였다. 이유는 성적 자극에 대한 질 내의 성 반응을 관찰하기 쉬
우며, 생리학적인 데이터를 얻을 수 있기 때문이다(후쿠다 카즈히코, 앞의 책, 360~361쪽).

_자위에 관한 여러 가지 생각

'자위'(自慰)라는 단어의 뜻풀이부터 재평가합시다.[332] 자―自(스스로), 자기존중감, 자연, 字(글자/기르다/낳다/사랑하다), 자기결정, 子(딸·아들/사람/스승/열매), 자유, 資(재물/비용/도움/돕다/주다), 慈(사랑/자비/동정). 위―慰(위로하다/안심시키다/달래다/마음을 부드럽게 진정시키다), 衛(지키다/보호하다/막다/아름답다/좋다), 爲(하다/다스리다/생각하다/배우다/병을 고치다/베풀다/성취하다/만들다/돕다). 즉 자위(自慰)는 '자기를 위로하는 지혜'이자 '나 스스로를 지키는 지혜(自衛)'인 동시에 '내 마음을 잘 다스려 잘 결정하고 행동하는 지혜(自爲)'라 할 수 있습니다.

하재청 교수 등은 『性의 과학』에서 다음과 같이 기술했어요. "우리는 자위행위를 해서는 안 된다는 문화의 영향에 피해를 입고 있다. 깊이 뿌리박힌 이 편견은 바른 성생활을 오도한다. 자위행위는 마르지 않는 쾌감의 원천으로 특히 여성에 있어서는 쉽게 오르가슴을 얻게 하는 지극히 정상적인 성행위이다."[333] 전 임상심리학회

---

332 이하 네이버 한자사전 검색 및 동아 백년옥편 제2판(2002).

333 하재청·선우양일·류태형·김병기·조현욱·고현숙, 앞의 책, 97쪽.

장을 역임한 노명래 박사는 『인간과 성심리』에서 "오늘날 우리는 자위행위가 건강을 해치거나 위험한 상태에 빠뜨린다는 그 당시 무모하고 비합리적인 사고를 잘 알고 있"음을 언급하며, "자위행위는 '자연적이고', '정상적이며', '건강'한 성행위인 것"임을 강조합니다.[334]

베티 도슨은 『네 방에 아마존을 키워라』에서 다음과 같이 말했고요.

"자위는 가장 원초적인 성의 표현 방식이다. (…) 그것은 한평생 지속되는 자기 자신과의 애정 행위다. 에이즈 시대에 자위는 가장 안전한 섹스라고 선언할 수도 있다. (…) 성적 기술도 다른 여느 기술과 마찬가지로, 타고나는 것이 아니라 배우고 익혀야 하는 것이다. (…) 그것은 에로틱한 기분을 자아내는 방법인 동시에 자신의 성기를 사랑하고, 성적인 자신감을 고양시키는 방법을 배우는 길이기도 하다. 또한 성을 자각하게 하여 오랜 성적 두려움과 억압으로부터 자유롭도록 이끄는 최선의 방법이다. 여성들은 자위를 통해 얻은 자신감으로 연인에게 자신의 요구를 명확하게 말할 수 있다. (…) '당신이 하는 건 뭐든지 좋다'는 식의 거짓말로 얼버무리지 말아야 한다."[335]

『킨제이와 20세기 성연구』에 의하면, "브래드포드 대학의 티모시 테일러 교수는 최근 초음파를 이용해 남자 아기들이 자궁 속에

---

334 노명래, 『인간과 성심리』, 학지사, 2009, 121쪽.
335 베티 도슨, 곽라분이 옮김, 앞의 책, 17~19쪽.

서 자위행위를 한다는 사실을 밝혀낸 연구결과와 서구에서 아기들이 자위행위를 시작하는 평균 연령이 생후 18개월이라는 연구 결과를 인용하고 있다"[336]고 합니다. 『인간의 성』에 의하면, "자위는 유아와 어린이들에게 일반적이고 빠르면 생후 5개월부터 시작한다(Health24.com, 2006; H. Narchi, 2003).[337] 유아들은 생식기를 부드러운 물체, 수건, 이불 또는 인형에게 문지름으로써 자위를 할 수 있다.[338] …전체적으로 자위를 통한 오르가슴은 어른들에게서처럼 어린이들에게도 자주 발견된다(J. Reinisch, 1990).[339] …(그런데) 아동기 성욕에 관한 연구를 수행하기가 어려우므로 자위 또는 다른 성적 행동의 통계는 대체로 추정이다(J. Bancroft, 2003).[340] 그리고 우리가 성인이 된 후 기억해보면 우리의 기억은 명확하지 않다.[341]"

청소년 이전기(9~13세)와 관련하여, 『인간의

336 조너선 개손 하디, 김승욱 옮김, 『킨제이와 20세기 성연구Alfred C. Kinsey』, 작가정신, 2010, 261~262쪽.

337 Spencer A. Rathus and Jeffrey S. Nevid and Lois Fichner-Rathus, 고상균 외 옮김, 『인간의 성Human Sexuality in a World of Diversity』(제8판), 바이오사이언스, 2014, 421쪽에서 재인용.

338 같은 책, 421쪽.

339 같은 책, 421쪽 재인용.

340 같은 책, 423쪽 재인용.

341 같은 책, 423쪽.

두 가지 킨제이 보고서 중 먼저 나온 것으로 1948년에 출간되었다.

성』에는 다음과 같은 연구결과가 나옵니다. "킨제이그룹(1948, 1953)은 자위가 전 청소년기(9~13세) 동안 양성 모두 오르가슴을 이루는 데 1차적인 도구라고 발표했다. 그들은 45%의 소년과 15%의 소녀가 13살 이전에 자위를 시작한다고 말했다. 킨제이그룹이 발표한 숫자의 정확성은 의심스럽지만 다른 연구들도 청소년기 소년들이 소녀들보다 자위할 가능성이 높다는 점에서는 일치했다(S. Pinkerton 외, 2002).[342] 핑커톤과 그의 동료들이 발표한 것처럼 자위의 빈도는 자위가 여성보다는 남성에게 보다 용인되고 정상적이라는 사회적 지표와 연관된다."[343]

청소년기와 관련하여 『인간의 성』에는 "자위는 청소년기 주요 성 분출구이다. 조사는 지속적으로 소년들이 소녀들보다 자위할 가능성이 높은 것을 보여준다(R. Friedman & J. Downey, 2008; I. Larsson & C. Svedin, 2002).[344] 자위하는 소년들은 평균 일주일에 여러 번 할 수 있는데 이는 자위하는 소녀들보다 몇 배 더 많다.[345] 이러한 차이는 소년들이 성 욕구가 더 강한 것을 반영하는지(L. Peplau, 2003),[346] 소녀들이 사회적인 억압이 큰지(S. Pinkerton 외, 2002)[347] 또는 둘 다인지 명확하지 않다(Rathus 외, 437쪽). 연구자들은 청소년기 자위

---

342 같은 책, 428쪽 재인용.

343 같은 책, 428쪽.

344 같은 책, 437쪽 재인용.

345 같은 책, 437쪽.

346 같은 책, 437쪽 재인용.

347 같은 책, 437쪽 재인용.

와 성인의 성적 조절과는 관련이 없는 것으로 본다(H. Leitenberg 외, 1993)[348]"고 나와 있습니다.

또한 『性의 과학』에서는 다음과 같은 연구결과도 확인할 수 있는데, 즉 "킨제이보고서(1948, 1953)에 의하면 20세 이전 남성의 92%가 자위행위를 경험하였으며 여성에 있어서도 1/3은 20세 이전에, 다른 1/3은 40세 이전(총 62%)에 자위행위를 경험한 것으로 조사되었다. 라우만 등(1994)은 60세 이하의 미국인에 대한 조사에서 남성의 60%, 여성의 42%가 조사 전년도에 자위행위를 했다는 것을 발견했다. 킨제이그룹과 라우만 등은 교육수준이 높을수록 자위행위의 빈도가 높다는 것을 확인하였다"[349]는 것이지요.

우리나라의 경우 '서울시 청소년성문화연구조사'(2013)[350]에서 분석한 우리나라 중·고등학생 자위경험 유무 결과를 보면, "중학생의 경우 남자의 46.5%가 자위행위를 경험하였으며 여자의 8.3%가 자위행위를 경험한 것으로 나타났는데요. 고등학생의 경우 남자의 92.9%, 여자의 8.1%가 각각 자위행위를 경험"[351]한 것입니다. 이러한 결과에 대하여 조사팀은 "여자 중학생과 고등학생의 자위경험 비율은 비슷하나, 남자 중학생과 고등학생을 비교하였을 때에는 약 2배로 자위경험 비율이 높아졌다. 남학생의 경우 연령이 증가함에 따

---

348 같은 책, 437쪽 재인용.

349 하재청·선우양일·류태형·김병기·조현욱·고현숙, 앞의 책, 98쪽.

350 자위 경험 유무에 대하여 중학생(남자 505명, 여자 532명) 및 고등학생(남자 590명, 여자 581명)에게서 받은 설문을 기초로 한 분석결과이다.

351 이명화 외, 『2013 서울시청소년성문화연구조사』, 2013, 88쪽.

라 자신의 신체를 탐색하고 감각적으로 느끼려는 욕구가 있으며 그
것을 경험하는 방법을 잘 알고 있으나, 여학생의 경우는 전반적으
로 자위에 대한 인식에 있어 남학생에 비해 부정적이고 정보 등에
대한 접근성이 떨어지기 때문이라고 보인다"[352]고 분석했습니다. 중
학교와 고등학생 모두를 종합해보면, "자위를 해본 적이 있다고 응
답한 남학생은 71.5%, 여학생은 8.2%로 나타났다. 중학생의 전체 자
위경험 비율은 26.9%이며 고등학생의 경우 50.8%로 2배가량 높아지
는 것을 알 수 있다. 주로 자위하는 시기를 묻는 문항에 남학생은
'야한 걸(야동, 야사 등) 볼 때'를 56.8%로 가장 많이 선택했으며 '특
별한 이유가 없다' 12.6%였다. 여학생의 경우 '해본 적 없음'이 82.5%
로 가장 비율이 높았으나 다음으로 '야한 걸 볼 때'가 7.4%로 나타
났다. 자위의 빈도는 '주 2~3회'가 16.3%로 가장 높았는데 '매일 한
다'는 응답도 7.5%나 되었다"[353]고 합니다. 이러한 분석 결과에 대해
조사팀은 "여자 중·고등학생에게는 자신의 성적 욕망을 이해하고
제대로 표현할 수 있도록 하며 연애 관계에서 주체성을 실천할 수
있도록 하는 프로그램이 필요하다"[354]고 제언했지요. 러셀은 『자녀
교육론』에서 "성에 대한 불합리한 공포 없이 교육받은 여성 세대는
어린이를 부자연스러운 형태로 찌그러뜨리지 않고, 곧고, 솔직하고,
관대하고, 애정이 깊고, 자유롭고, 공포 없는 세대로 키울 수 있을

<hr />

352 같은 책, 88쪽.
353 같은 책, 154쪽.
354 같은 책, 158쪽.

것이다"[355]고 말했는데요. 러셀은 과거 "여성을 예속시킴으로써 생긴 해악은 이루 헤아릴 수 없을 정도"[356]라고 일침을 놓으며, 그 당시 정숙한 소녀가 결혼의 본질에 대해 아무것도 모르는 채 결혼하여, 그것을 남편에게서 배워야 하는 경우가 매우 흔했는데, "오늘날 대부분의 사람은 무지에 의한 미덕은 가치가 없으며, 소녀도 소년과 똑같이 알아야 할 권리가 있다고 인정한다"고 했답니다.[357]

물론 자위는 10대 청소년만의 전유물이 아니지요. 『성의 과학』에 다음과 같은 연구결과가 나옵니다. "야누스 등(Janus & Janus, 1993)은 남성의 66%, 여성의 67%가 자위행위는 생활의 자연스러운 부분이며 결혼 후에도 계속할 수 있다는 데 동의하였다고 보고했다. 라우만 등(Laumann 외, 1994)은 성적 파트너를 가진 젊은 사람들이 홀로 사는 사람들보다 자위행위의 빈도가 높으며, 성관계를 많이 하는 사람일수록 남녀 모두 자위행위도 더 많이 한다고 보고하였다. (…) 보다 최근의 연구에서 청소년기 중의 자위행위는 성인이 된 후의 성적 조정에 유해하지 않을 뿐더러 결혼 중의 자위행위는 도리어 성적 만족도를 증가시킨다고 보고하였다. 오늘날 많은 성 치료사들은 여성의 오르가슴 부전이나 남성의 심각한 사정 조절을 치료하기 위해 자위행위를 이용한다. 이와 같이 한때 금기였던 자위행위는 이제 성 치료의 부분으로서 사용되고 있다."[358]

───── 355 버트런드 러셀, 김영숙 옮김, 앞의 책, 61~62쪽.

356 같은 책, 48쪽.

357 같은 책, 163쪽.

그러나 "우리 사회는 아직도 자위행위를 억압했던 관점에 대한 희생을 치르고 있다"[359]는 지적도 눈여겨볼 만합니다. 『성 문화와 심리』에서 윤가현 교수는 다음과 같은 연구를 예로 들어요. "성폭력 연구는 범죄자들이 아동기에 겪었던 자위행위에 대한 처벌이나 죄의식이 여성이나 어린이를 강간·지배하고자 하는 욕구와 관계됨을 암시한다(S. Gordon & C. Snyder, 1986)."[360] 그리고 박영수 교수의 『학교보건학』에 의하면, "온갖 공포증·강박의식·강박행위는 죄책감을 물체·행위 및 의식으로 전이시킴으로써 스트레스와 불안감에서 벗어나려는 데서 비롯되는 것"[361]이라고 합니다. 이런 점들을 고려해볼 때, 자위행위를 하는 사람이 지나친 죄의식에 휩싸이거나 건강에 대한 과도한 근심·걱정에 시달리지 않고 자연스럽게 자위행위를 할 수 있도록 올바른 성과학 지식을 제때 제공해주는 것이 반드시 필요하다고 봅니다.

윤가현 교수는 『성 문화와 심리』에서 "10대들의 자위행위를 정상으로 여기는 단계, 자위행위를 너무 많이 하지만 않으면 괜찮다는 단계도 지나왔다. 그러나 어느 누구도 어느 정도가 너무 많은 정도인지는 모르고 있다"[362]고 말했는데요. 현재 '네이버 지식iN검색'에서 청소년의 건강을 생각해서인지는 몰라도 자위행위의 횟수는 1주

───── 358 하재청·선우양일·류태형·김병기·조현욱·고현숙, 앞의 책, 99쪽.

359 윤가현, 『성 문화와 심리』, 학지사, 2014, 134쪽.

360 같은 책, 134쪽 재인용.

361 박영수, 『학교보건학』, 신광출판사, 1994, 81쪽.

362 윤가현, 앞의 책, 134쪽.

일에 1회 정도가 좋다는 의견이 여러 개 올라와 있는데, 이는 전혀 근거 없는 이야기랍니다. "횟수는 전혀 중요하지 않다"는 것이 성 과학자 및 성 치료사들의 일반적인 견해거든요. 독일의 청소년들과 젊은 어른들을 위한 계몽서인 『섹스북』에서 귄터 아멘트 박사는 이렇게 말해요. "자위행위의 규범이란 존재하지 않습니다. 많이 하든 적게 하든, 하고 싶은 만큼 하고 그게 재미있게 느껴질 동안만 하면 됩니다."[363] "정자의 생산량은 무궁무진하다."[364] 『性의 과학』에 의하면 "정자는 고환에서 매일 7,000만 개에서 1억 개 정도가 생산되고 있다. 정자가 저장되면 배출하려고 하는 욕망이 솟는다. 정자의 생산량은 젊을수록 활발하고 성적 충동도 강하다. 젊을 때의 몽정과 잦은 자위행위는 그 때문이다. 여성의 경우는 전혀 다르다. 여성은 사춘기부터 폐경기까지 한 달에 1개씩의 난자가 성숙해서 배란되지만 이때도 남성처럼 배출에 수반하는 쾌감은 없다. 따라서 여성의 성욕은 난자의 배출과는 무관하다"[365]고 합니다. 아멘트 교수는 "남녀 모두 자위행위 자체가 건강을 해치는 일은 없습니다. 성기에 무리를 가하거나 성기를 불결하게 다루지 않는 한 말입니다"[366]라고 말했고요. 요약하면 자위행위는 '자연적이고', '정상적이며', '건강'한 성행위로서 많은 장점이 있습니다. "단지 자위행위를 하고 나

———— 363 귄터 아멘트, 이용숙 옮김, 『섹스북 DAS SEX BUCH』, 박영률, 2012, 41쪽.
364 같은 책, 43쪽.
365 하재청·선우양일·류태형·김병기·조현욱·고현숙, 앞의 책, 37쪽.
366 귄터 아멘트, 앞의 책, 43쪽.

서 여기에 대한 죄의식 때문에 자기 생활이 방해받는다면 정상이라고 할 수 없"[367]지요.

자위행위의 방법은 매우 중요합니다. 사춘기 소년의 경우 또래나 선배 등을 통해 잘못된 방법으로 하다가 자지가 골절되어 응급실에 가는 경우도 있고, 사춘기 소녀의 경우 전구를 질 속에 넣고 자위행위를 하다 전구가 터지는 바람에 심각한 사태가 벌어진 경우도 있어요. 소녀들이 또래나 선배 언니 혹은 대중매체·인터넷 등을 통해 잘못된 지식(남녀가 결합하는 모습 등을 보고 삽입이 있어야 오르가슴을 느낄 수 있다고 오해할 수 있다)으로 오르가슴을 느껴보려고 손가락이나 전구·볼펜과 같은 도구를 질 속에 넣고 자위행위를 하다가 심각한 사태가 발생하기 전에 정확한 지식을 미리 알려줄 필요가 있습니다. 여성들의 오르가슴은 외부성기(음핵, 소음순, 대음순, 치구)를 부드럽게 충분히 어루만져주면 쉽게 오르가슴을 맛볼 수 있고, 반드시 손을 깨끗이 씻고 도구 등을 사용해서는 안 된다는 것을 친절히 알려주어야 해요. 자위행위를 할 것인지 말 것인지 역시 독립된 인격체인 청소년 자신에게 맡겨야 합니다. 그들도 성적 존재임을 분명히 인식하고 존중해야만 우리 사회에 진정한 자유와 평등이 오롯이 꽃필 수 있으니까요. "통계에 의하면, 삽입 섹스만으로 오르가슴을 느끼는 여자는 20~30%에 불과하며, 대부분은 음핵 자극이 있어야만 오르가슴에 도달한다"[368]고 합니다. 따라서 특히 여학생

367 윤가현, 앞의 책, 134쪽.
368 유계준, 앞의 책, 90쪽.

의 경우 아직 신체가 성장 중에 있으므로 "질 안에는 어떤 것도 넣어서는 안 된다"[369]는 것을 분명히 알려주어야 하지요. 구성애 대표는 『구성애의 빨간책』에서 다음과 같이 조언했어요. "질 점막은 아주 부드러운 조직이라 쉽게 상처가 날 수 있습니다. 아픔을 느끼지 못하더라도 상처는 남기 때문에 그 상처로 인해 염증이 생길 수 있습니다. (…) 일반적인 위생관리를 잘 해야겠습니다. 더러운 손이나 불결한 속옷, 생식기를 잘 씻지 않았을 경우에는 자위행위로 인해 요도에 염증을 일으켜 소변 볼 때 불편할 수 있으며 여성의 경우 심해지면 방광염까지 걸릴 수 있습니다."[370] 또한 유계준 박사도 다음과 같이 강조합니다. "소녀들의 자위행위는 때때로 음핵을 자극하는 데 머물지 않고, 질 속에다가 손가락을 집어넣거나 다른 도구를 사용하는 수준으로 발전하는 경우가 흔하다. 그러나 이것은 매우 위험한 일이다. 성기에 심각한 감염을 가져올 수 있고, 또 그 부분을 덮고 있는 미묘한 점막에 상처를 입힐 수도 있기 때문이다. 마찬가지로 소년들 역시 자위행위를 할 때 음경을 너무 세게 주무르거나 도구를 사용하여 상처를 내면 불쾌감을 느끼게 되고 세균에 감염될 우려도 있다."[371]

『인간의 성』에 의하면, "대부분의 여성은 치구나 소음순, 음핵 부위를 앞뒤로 혹은 원형으로 마사지하는 방식의 자위를 한다(Kinsey

369 구성애, 『구성애의 빨간책』, 올리브 M&B, 2014, 24쪽.
370 같은 책, 24쪽.
371 유계준, 앞의 책, 293쪽.

등, 1953). 또한 손가락을 이용하여 음핵을 양쪽으로 벌리고 음핵 귀두보다는 몸체를 어루만지는 방식의 자위를 한다. 발기가 시작될 초기, 음핵 귀두를 가볍게 만져주는 경향이 있을 수는 있으나, 음핵 귀두는 매우 민감하기 때문에 직접 접촉하는 것을 피하게 된다.[372] 음핵 몸체를 어루만지는 방식으로 또는 음순을 잡아당기거나 끌어 당기는 방식으로 음핵을 자극하는 전형적인 자위법을 사용한다"[373] 고 합니다. 베티 도슨은 『네 방에 아마존을 키워라』에서 다음과 같이 조언해요. "올리브, 코코넛, 살구씨, 아몬드, 해바라기 씨앗이나 아마의 씨를 압착해서 짠 기름, 열이나 화학 처리를 하지 않은 종자유는 모두 윤활제로 사용할 수 있다. 이러한 오일들은 가까운 건강식품점에서 쉽게 구할 수 있고, 종류도 다양하다. 베이비오일이나 바셀린처럼 석유를 원료로 한 제품을 사용하는 것은 그리 좋은 생각은 아니지만, 그걸 사용한다고 해서 음핵이 떨어지지는 않으니 여태껏 사용한 사람도 너무 걱정할 필요는 없다."[374]

『인간의 성』에 의하면, "대부분의 남성은 음경을 손으로 만지작거림으로써 자위를 한다. 킨제이의 연구 결과에 따르면 남성들이 자위

---

372 "음핵은 가장 확실한 성감대이다. 이곳은 절대적으로 민감한 부위이므로 거칠게 다루거나 윤활제 없이 만지면 오히려 고통만이 뒤따른다. 소음순이나 바깥쪽에 있는 통통한 대음순의 성감도 음핵 못지않다. 그러나 대개는 대음순보다 소음순이 훨씬 더 민감하다. 질과 항문 사이의 회음부, 그리고 치모로 덮인 치골 역시 예민하다."(유계준, 앞의 책, 34쪽)

373 Spencer A. Rathus and Jeffrey S. Nevid and Lois Fichner-Rathus, 고상균 외 옮김, 앞의 책, 272쪽.

374 베티 도슨, 곽라분이 옮김, 앞의 책, 192쪽.

를 통해 오르가슴에 이르는 데에는 1~2분이 걸린다.[375] 남성은 음경 몸체를 한 손으로 잡고 젖을 (살짝) 짜듯 아래위로 움직임으로써 자위를 한다. 어떤 남성은 손 전체를 이용하여, 그리고 어떤 사람은 단지 두 개의 손가락, 보통 엄지와 집게를 사용하여 음경을 아래위로 움직인다. 목욕이나 샤워를 하는 동안 남성들은 자위를 위한 윤활제로 비누거품을 사용한다. 그러나 비누거품은 자극적일 수 있다.[376] 그리고 일부 남성들은 윤활제로 바셀린이나 수용성 젤리를 사용하는데, 이것은 덜 자극적이고 마찰을 줄이는 데 더 효과적이다."[377]

섹스 자원봉사(Sex Volunteer)

성이 개방된 나라에서는 섹스 자원봉사자를 봉사로서의 합법적 노동으로 봅니다. 일요시사 2014년 6월 23일자 "'성 봉사'를 아십니까?"에 게재된 기사를 볼게요.

---

375 『性의 과학』에 의하면, "여성이 오르가슴에 이르는 데는 평균 15~30분이 소요된다. 또한 여성의 오르가슴은 흥분 지속기가 짧은 것, 긴 것, 오르가슴이 단발적인 것, 다발적인 것, 흥분 해소기의 내리막이 완만한 것, 급속한 것 등 매우 다양하고 다채로운 패턴을 갖는다"(하재청 외, 앞의 책, 92쪽)고 한다.

376 유계준 박사는 다음과 같이 조언한다. "비누를 묻히고 손으로 음경을 문지를 때, 주의할 점은 반드시 아래쪽을 향해서 펌프 운동을 하고, 요도 입구가 있는 음경 끝 쪽을 집중적으로 비벼대지 말아야 한다. 비누는 알칼리성이 강하기 때문에 요도에 염증을 일으키는 원인이 된다. 때문에 비누보다는 오일이나 크림 종류를 사용할 것을 권하고 싶다."(유계준, 앞의 책, 100쪽)

377 Spencer A. Rathus and Jeffrey S. Nevid and Lois Fichner-Rathus, 고상균 외 옮김, 앞의 책, 270~271쪽.

" (…) 네덜란드, 독일 등 일부 국가에선 '성 봉사'가 제도적으로 마련돼 있다. 네덜란드에서는 플렉조그(Flecks Zorg, 네덜란드어로 섹스 돌보미)[378]라는 장애인 성 서비스 제공기관이 있다. 이 단체는 영리단체로 유료로 성욕 해소를 위한 파트너를 소개해준다. 또한 SAR(선택적 인간관계재단) 역시 네덜란드의 섹스 자원봉사를 위한 사회적 기구이다. 네덜란드 자치단체 가운데 36곳은 장애인들에게 섹스 지원금을 지급한다. 독일의 베를린에는 섹시 빌리티지라는 비정부 기구가 있다. 이 기구 역시 장애인과 성 도우미를 연결해준다. 일본도 성 도우미를 봉사자로 소개시켜주는 웹 사이트가 존재한다. 그러나 성 도우미가 합법화된 유럽에서도 여전히 많은 이들이 혼란스러워하고 있다. 성 도우미가 합법화된 지 10년이 넘는 스위스에서도 아직 성 도우미는 일반인들에게 금기시되는 주제에 속하기 때문이다. 이에 유럽에서는 장애인 성 도우미에 대한 일반인들의 이해를 높이기 위한 움직임이 커지고 있다. 실제로 독일의 경우 '장애인 자기 결정 상담소(ISBB)'에서는 장애인이 자신의 성적 권리에 대해 인식하고 심리적 치유를 목적으로 탄트라 마사지를 진행하고 있다. 이 서비스는 성관계 자체에 중점을 두기보다는 장애인의 성을 금기시하는 인식을 긍정적으로 변화시키는 데 초점을 맞추고 있

---

378 " (…) 매매춘이 합법인 네덜란드에서는 장애인을 위한 섹스 돌보미 70명이 활동하고 있다. 섹스 돌보미는 돈을 받고 장애인에게 섹스 서비스를 제공하는 사람들이다. 섹스 돌보미는 대부분 여성이며, 70명 중 남성은 2~3명에 불과하다. 현재의 수요에 비해 섹스 돌보미의 인원이 부족한 형편이라고 한다. 섹스 돌보미는 지난 2005년 4월부터 활동하고 있는 영리조직 플렉조그(Fleks Zorg) 소속이다. 플렉조그(Fleks Zorg)란 네덜란드어로 섹스 돌보미(sex caretaker)를 의미한다. 플렉조그의 설립 목적은 '장애인에게 장애인이 원하는 섹스 서비스를 제공하자'는 것. 현재 플렉조그를 이용하는 사람은 약 300명이다. 이용자들의 대부분은 남성이다. 이용자들의 50%는 신체적인 장애(근육병, 뇌손상, 다발성 경화증, 절단, 시각장애인 등)를 가진 사람들이고, 20%는 지적장애인, 20%는 정신장애인, 10%는 노인이다. (…)"(소장섭 기자, '장애인 섹스 돌보미를 아시나요?', 에이블뉴스 2008년 6월 12일자 기사)

다. (…)"[379, 380]

장애인차별금지 및 권리구제 등에 관한 법률(약칭:장애인차별금지법) 제29조 제1항에 "모든 장애인의 성에 관한 권리는 존중되어야 하며, 장애인은 이를 주체적으로 표현하고 향유할 수 있는 성적 자기결정권을 가진다"고 규정하고 있고, 제2항에 "가족·가정 및 복지시설 등의 구성원은 장애인에 대하여 장애를 이유로 성생활을 향유할 공간 및 기타 도구의 사용을 제한하는 등 장애인이 성생활을 향유할 기회를 제한하거나 박탈하여서는 아니 된다"고 규정하고 있으며, 제3항에는 "국가 및 지방자치단체는 장애인이 성을 향유할 권리를 보장하기 위하여 관계 법령에서 정하는 바에 따라 필요한 지원책을 강구하고, 장애를 이유로 한 성에 대한 편견·관습, 그 밖의 모든 차별적 관행을 없애기 위한 홍보·교육을 하여야 한다"고 규정하고 있어 우리나라의 경우도 섹스 자원봉사(Sex Volunteer)에 대해 관심을 가질 필요가 있습니다. 그러나 현재 자위행위를 대신 해주는 것(속칭 '대딸' 등)은 유사 성교행위에 해당하여 성매매법 위반으로 처벌되기 때문에 아직은 제도적으로 도입되려면 먼저 성매매법이 폐지되거나 개정될 필요가 있지요.

---

379 이광호 기자, "'성 봉사'를 아십니까?" 〈일요시사〉 2014년 6월 23일자 기사.

380 보다 다양한 기사를 원하는 경우, 장애인을 위한 대안언론 에이블뉴스(ablenews. co.kr)에서 '섹스와 자원봉사, 그리고 중증장애인(장애인의 성 향유권, 어떻게 찾을 수 있을까)' 등을 읽어보라.

『性의 과학』에는 다음과 같은 내용이 나와요. "거의 모든 사람들이 때때로 성적 환상(sexual fantasies)을 경험한다. (…) 성적 환상은 때와 장소를 가리지 않고 일어날 수 있다. 길 가면서, 버스나 지하철에서, 학교나 직장에서, 심지어 교회나 사찰에서도 성적 환상을 하기도 한다. 어떤 사람은 성관계를 하면서 파트너 모르게 다른 사람과의 성에 대한 환상을 갖는 것에 대하여 죄의식을 강하게 느끼지만, 이러한 환상은 매우 일반적이어서 파트너 역시 유사한 성적 환상을 한다는 사실을 안다면 그러한 죄의식에서 벗어날 수 있을 것이다. (…) 대부분의 성 치료사들은 성적 환상에 의해서 성적 문제를 유발하는 경우는 거의 없으며, 성적 건강을 위해 즐겁고 긍정적인 것으로 본다. 성적 환상을 한다는 것이 실생활에서 그것을 체험하고자 원한다는 것을 뜻하는 것은 아니며 그저 일반적으로 사람들에게 불가능하거나 경험하지 못했던 것들에 대한 호기심을 충족시켜 줄 기회를 제공할 뿐이다. 환상은 또 생각을 위해 안전하고 사적인 배출구를 마련한다. 우리는 우리의 환상의 연속적인 사건들을 전부 제어하기 때문에 이러한 환상은 실생활에서 좀처럼 일어나지 않으므로 실제로 성적 환상은 무해하다. 이처럼 성적 환상은 대체로 긍정적인 것인데 성적 환상을 하는 사람의 4분의 1은 그것에 대해 죄의식을 느낀다."[381]

오히려 이런 죄의식이 정신건강에 보다 해롭다는 것을 분명히 알

381 하재청·선우양일·류태형·김병기·조현욱·고현숙, 앞의 책, 99~100쪽.

아야 합니다. 순천향대학병원 아동임상센터 원장 등을 역임한 노명래 박사는 『인간과 성 심리』에서 "성적 환상은 청소년의 성적 촉발을 돕는데, 이는 평생 동안 성적 흥분(arousal)을 돕는 역할을 해낸다"[382]고 말했습니다. 전 연세의대 광주세브란스정신병원장 유계준 박사는 『마스터베이션』에서 "성적 환상은 긍정적인 태도를 갖는다면 내적 긴장이나 욕구를 불안감이나 죄책감을 느끼지 않는 방법으로 발산시키는 심리적 안전판 역할을 한다. 바로 이 점에서 성적 환상은 성치료 기법의 하나로 자주 활용되고 있다"[383]고 말했고요. "전문가들의 조사에 의하면, 연령별로는 21~35세가 가장 높고, 미혼자보다 기혼자들이 2배 정도, 그리고 교육 경험이 높으면 높을수록, 전문직에 종사하는 사람일수록 성적 환상이 보다 많은 것으로 나타나고 있다"[384]고 합니다. 주의할 점은 "자신들의 성적 환상을 배우자와 공유하는 것은, 비록 합의하였다 할지라도, 바람직하지 못한 행동"[385]이라는 점입니다. "특히 그 성적 환상이 상호 배우자에게 향하지 않고 타인을 포함할 경우 더욱 그러하다"[386]고 하지요. 유계준 박사 역시 이러한 점을 놓치지 않고 지적했습니다. "배우자가 어떻게 반응하는가, 그리고 배우자를 즐겁게 하기 위해 무엇을 할 수

---

382 노명래, 앞의 책, 27쪽.

383 유계준, 앞의 책, 152쪽.

384 같은 책, 154쪽.

385 Spencer A. Rathus and Jeffrey S. Nevid and Lois Fichner-Rathus, 고상균 외 옮김, 앞의 책, 289쪽.

386 같은 책, 289쪽.

있는가에 집중하는 대신, 자신의 환상을 생활 속으로 가져오는 데에만 주의를 기울이다 보면 배우자가 멀게 느껴지고 반응이 없는 것처럼 느껴지기도 한다."[387] 이와 같은 이유로 실제로 이혼한 어느 부부의 예를 들면서, "결국 두 사람은 '성격 차'가 아닌 '성(性) 격차'의 문제로 이혼하고 말았다"[388]고 강조했습니다.

요약하면 성적 환상은 환상일 뿐이고 일반인들 대부분이 경험하는 것이므로 죄책감을 지나치게 갖지 말자는 것입니다.[389] 특히 과도한 죄책감을 일으키는 윤리·종교적 억압 등 심리적 요인은 발기부전, 지루, 오르가슴부전 등 각종 성부전증후군을 발생시킨다는 사실을 잘 알고 있어야 해요. 또한 지나친 죄책감은 강박증을 일으킬 수도 있다는 것을 이해해야 합니다. 『강박증의 통합적 이해』에 의하면, "무엇보다 강박증 환자들은 생각 자체에 과도한 의미를 부여함에 따라 생각과 행동의 경계가 허물어지면서 생각이 곧 행동과 같은 실제성을 띤 것으로 여겨지는 '사고행위 융합'을 보이게 된

---

387 유계준, 앞의 책, 153~154쪽.

388 같은 책, 161쪽.

389 적절한 죄의식은 즉각적인 쾌락에 지나치게 몰입하지 않고 보다 바람직한 다른 흥미에 관심을 돌리도록 해준다는 장점이 있다. 문제는 과도한 죄의식 또는 미숙한 죄의식이다. 죄의식은 성숙한 죄의식과 미숙한 죄의식으로 구분해볼 수 있다. "성숙한 죄의식(mature guilt)의 소유자는 스스로를 잘 통제하여 미래의 동일한 상황이나 유혹에도 이성적으로 잘 반응할 수 있는 반면, 미숙한 죄의식(immature guilt)의 소유자는 용납될 수 없는 환상 때문에 자신을 너무 심하게 자책하거나 자신에 대한 적개심이 표출되어 우울상태에 빠지게 된다. 죄의식을 미숙하게 처리하는 사람은 용납될 수 없는 환상만을 끊임없이 생각하게 되므로 심한 자책을 느끼기 때문에 성기능장애로 발전할 수 있다."(윤가현, 앞의 책, 182쪽)

다"[390]고 하는데요.[391] 즉 자신의 성적 환상이 행동으로 나타날까 노심초사하는 것입니다.[392] 이는 기우에 불과하지요. 떠오르는 온갖 환상을 하지 않으려고 하면 할수록 이를 더더욱 하게 되고, 심하면 강박증으로 발전할 수 있습니다. 자! 10초 동안 '하얀 우유 또는 분홍색 코끼리'를 생각하지 말라고 스스로에게 명령해보세요. "자기의 신체나 정신에 대해 직접적 명령을 가함으로써 어떤 일을 성취해보려고 한다면, 그럴수록 원하는 것과 반대되는 현상을 초래할 것이다."[393] 이는 공부 등과 같이 지속적인 집중을 요하는 일에 심각한 방해요인이 되기도 합니다.

390 권준수 외, 『강박증의 통합적 이해』, 학지사, 2010, 374쪽.

391 이러한 '사고행위 융합'에 대한 치료 전략 중 한 가지(생각을 지나치게 중요시하는 것을 감소시키기)는 다음과 같다. "우선적으로 원치 않는 침투적 사고, 이미지, 충동들은 거의 모든 사람이 겪을 수 있을 만큼 흔하게 일어난다는 사실을 교육시키는 것이다. (…) 두 번째 단계에서는 강박사고를 포함한 침투적 사고들이 깊이 숨겨진 자신의 성격의 일부를 드러내는 것이 아니라는 것을 알려주는 것이다. (판사, 검사, 의사, 교수, 국회의원, 연예인 등) 유명한 사람들을 포함하여 많은 사람들이 강박사고를 겪고 있고, 이런 원치 않는 파편적인 사고들보다는 자신의 개인적 내력, 성취, 가치, 기준, 행동이 더 그 사람의 성격을 증명하는 것이라고 설명해준다. 다음으로 환자들이 경험하는 강박사고 내용들을 모두 조사한 후, 이를 예전처럼 수치스럽고 고통스러우며 위협적인 것이 아닌 임상적 문제로서 접근하여 감정적이지 않은 침착한 방식으로 논의하는 것이다."(권준수 외, 같은 책, 386~387쪽) 심한 경우 신경정신과 치료를 받는 것이 좋다. 왜냐하면 각 증세의 종류에 따라 심리적 지지를 형성하는 인지행동치료 기법이 다르기 때문이다.

392 흔하게 쓰이는 '생각이 말이 되고 말이 행동이 된다', '말이 씨가 된다'는 격언은 긍정적인 생각과 말의 중요성을 자각하는 데 유용하지만 그것이 지나쳐 과대 망상하여 쉽게 죄책감에 빠지는 등으로 온갖 공포증·강박의식·강박행위로까지 발전하는 것은 막아야 한다는 게 내 생각이다. 핵심은 균형 감각이다. 새가 좌우의 날개로 균형을 잘 잡아야 지속적으로 날 수 있듯 인생의 험난한 노정을 보다 지혜롭게 헤쳐나가기 위해서 꼭 필요한 것이 바로 균형 감각이다.

393 유계준, 앞의 책, 117쪽.

"분홍색 코끼리는 없어, 분홍색 코끼리는 없다고!"

"남자의 성욕은 시각적 신호에 의해 즉각적으로 활성화되어 곧바로 행동(특히 오르가슴으로 이어지는 행동인 자위 등)으로 옮겨진다 (J. Ponseti 외, 2006).[394] 그리고 남자의 성욕은 한번 발동하면 쉽게 수그러들지 않는다."[395] 따라서 어떻게든 이를 잘 해결해야 공부 등 해야 할 일에 집중·몰입할 수 있을 것입니다. 만일 한 남자가 신나게 자위에 몰입하고 있는데, 방문을 두드리며 누군가 방해한다면 그는 미쳐버릴 테죠. 그가 이제 확실히 만족한 후 시험공부 등 집중해야 할 일이 있었다면 그는 정말 미쳐 날뛸 수도 있어요. 『포르노 보는 남자, 로맨스 읽는 여자A Billion Wicked Thoughts』에 언급된 미국의 유명한 스탠드업 코미디언 루이스 C. K.의 다음과 같은 말은 남성들이라면 대부분 공감할 수 있을 텐데요. "내가 그 짓을 하고 있는데 누가 뎅강 잘린 어머니 머리를 들고 나타난다면 난 이렇게 말할 겁니다. '당신, 나랑 이야기 좀 하지. 이 짓만 마치고.'"[396]

경험에 비추어보건대, 나는 포르노가 정신의 균형을 이루는 데 도움을 주고 쓸데없는 성적 환상을 경감시켜준다고 생각합니다. 사실 성적 환상을 경감시켜준다는 실제 연구결과도 있어요. 앞에서도 살폈듯 포르노가 우리에게 미치는 영향은 찬·반론이 대립되어 있습니다. 반대 입장으로 강력한 논거는 "포르노 영화에서 보았던 행

———— 394 오기 오가스·사이 가담, 왕수민 옮김, 『포르노 보는 남자, 로맨스 읽는 여자A Billion Wicked Thoughts』, 웅진지식하우스, 2014, 124쪽 재인용.

395 같은 책, 124쪽.

396 같은 책, 124쪽.

동을 그대로 배워서 모방한다는 모방이론(modeling theory)"[397]입니다. 그러나 이는 포르노에만 국한된 문제는 아니에요. 찬성 입장에는 "포르노 영화에 대한 노출은 억압된 성적 욕구를 발산시켜줌으로써 그 사람이 갖고 있던 폭력적이고 반사회적인 성적 행동들을 발산·정화시켜주므로 폭력적 행동을 완화시켜줄 수 있다는 정화이론(catharsis theory)"[398]이 있는데요. 또한 "포르노는 유해하지 않으며 인간을 타락시키지도 않는다는 영 가설이론(null theory)을 지지하는 최근 연구들"[399]도 있습니다. 한편 "덴마크에서는 포르노를 합법화한 후 조사된 사회학적 연구에서 법제화 후 포르노 이용도가 크게 증가되었으며, 성 범죄자의 수는 반비례되었다는 보고"[400]도 있지요.

다시 한 번 강조하지만, 성적 환상은 환상일 뿐입니다. 더욱이 "성적 욕망은 본능이 아니라, 개인의 성적 상상력(=추리력)에 의해 배양된다"[401]고 합니다. 이는 "고환을 제거하여 성호르몬 기능이 파괴된 환관(내시-필자 주)이 사정 능력은 없지만 충분한 발기능력이 있고, 성적 쾌감도 느낄 수 있다는 사실"[402]을 보더라도 알 수 있어요. 그만큼 성적 환상은 건강한 성생활에 유용함을 알아야 하겠지요.

『포르노 보는 남자, 로맨스 읽는 여자』에 언급된 다음과 같은 말

<hr />

397 노명래, 앞의 책, 328쪽.

398 같은 책, 329쪽.

399 같은 책, 329쪽.

400 같은 책, 329쪽.

401 후쿠다 카즈히코, 임명수 옮김, 앞의 책, 359쪽.

402 같은 책, 359쪽.

을 들어보세요. "여러 모로 볼 때 잘 만들어진 인기 야동 사이트는 남자의 성적인 두뇌를 자극하는 데 손색이 없는 첨단 혁신물이다. 이것들을 이용해 남자들은 신체 부위, 나이, 몸무게 등으로 자신이 원하는 시각적 자극을 얼마든지 얻을 수 있다. 또 동영상 스트리밍 기술 덕분에 시시한 부분은 건너뛰고 곧장 구미가 당기는 부분으로 넘어갈 수도 있다. 또 넋을 쏙 빼놓는 영상을 정지시켜 놓고 한참을 볼 수도 있다. 자신만의 신호화된 관심사[403]나 비신호화된 관심사[404]에 완전히 부합하는 이미지를 찾으려고 남자들은 매주 수 시간을 들여가며 인터넷을 뒤진다. 인터넷에서 남자들의 성욕은 외롭게 처리해야 하는 일이다. 그들은 혼자 컴퓨터

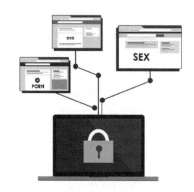

---

403 "남자들은 여체의 특정 부위(가슴, 엉덩이, 발, 보지 등)에 가지는 신호화된 관심사가 압도적으로 많이 나타난다."(Sai Gaddam and Ogi Ogas, 앞의 책, 114쪽) "남자들이 성적인 집착을 보이는 대상의 상당수는 그것에 단 한 번만 노출되어도 생길 수 있고, 그 지속되는 성적 관심사는 거의 다 사춘기에 나타난다는 특징이 있다."(같은 책, 108쪽) "임상의의 보고에 따르면, 성인 남자가 시각적 대상에 새로이 성적 집착을 하게 되는 경우는 극히 드물다고 한다."(같은 책, 108쪽)

404 "비신호화된 관심사는 성적 각인의 자연스러운 과정에 뭔가 예기치 않은 사건이 끼어들었을 때 생긴다."(Sai Gaddam and Ogi Ogas, 같은 책, 112쪽) 『포르노 보는 남자, 로맨스 읽는 여자』에 언급된 다음과 같은 말을 들어보자. "비신호화된 관심사는 촉감이나 냄새를 동반하는 경우가 많고, 이에 보다 강하게 영향력을 미치는 또 다른 인자는 바로 사정(射精)이다. 칠면조 수컷은 인공으로 만든 암컷을 처음 만날 때부터 성적인 행동을 보이지만, 두 번째 만났을 때는 성적 행동을 보이는 수컷이 절반 이하로 줄어든다. (…) 바로 인공 암컷을 처음 봤을 때 사정을 한 수컷들만 성적인 행동을 되풀이한다."(112~113쪽) 비신호화된 관심사가 생기는 데 사정이 얼마나 중요한 역할을 하는지를 뒷받침하는 의학지에 보고된 '포르미코필리아(formicophilia:기는 동물 애착증)' 사례에 관해서는 『포르노 보는 남자, 로맨스 읽는 여자』 113~114쪽을 읽어보라.

앞에 앉아 동영상이나 이미지를 보려고 클릭을 한다. 다른 남자들과 취향이나 경험을 공유하는 일은 드물다. 자기 눈으로 직접 보는 것이 다일 뿐, 여자에 대한 그 어떤 정보도 (거사를 치르는 그 순간엔) 전혀 필요치 않다."[405]

이러한 남자의 특징을 이해할 필요가 있습니다. [406,407,408] 성 역할

---

405 오기 오가스·사이 가담, 왕수민 옮김, 앞의 책, 124쪽.

406 "여자들은 포르노에 들어 있는 사회적 메시지에 반응한다"(Sai Gaddam and Ogi Ogas, 같은 책, 305쪽)고 한다. "남성다움이 폭력적으로 묘사되어 있고 여자의 몸이 너무 왜곡되어 있다"(문정희·유인경, 앞의 책, 15쪽)는 느낌을 받는 것이다. "사실 온라인 포르노에서 폭력은 지극히 찾아보기 힘든데도, 여자 시청자들 눈에는 그렇지 않은 것으로 보인다. 하지만 남자들은 이런 메시지를 전혀 인식하지 못한다. 남자의 두뇌는 클로즈업된 가슴, 밀프(MILF: 35~50세 여자-필자 주)를 유혹하는 기술, 혹은 엄청난 크기의 페니스에 초점을 맞추기 때문이다. 여자들은 포르노에 실로 다양한 반응을 보이는 반면, 남자들은 포르노에 일반적으로 좀 더 관용적인 태도를 보인다."(Sai Gaddam and Ogi Ogas, 앞의 책, 305쪽)

407 여성운동을 하는 성교육자로서 유명한 베티 도슨이 『네 방에 아마존을 키워라』에서 여러 번에 걸쳐 다음과 같은 말을 강조한 사실을 알아두는 것도 유용하다. "머릿속에는 무슨 역할도 할 수 있다는 사실을 기억하자. 나는 강간범도 될 수 있고, 강간당하는 희생자도 될 수 있다. 여자나 남자가 될 수 있을 뿐 아니라, 음경이나 음핵을 가질 수도 있고, 상위 체위나 하위 체위를 할 수도 있고, 주인이나 종이 될 수도 있다. 내가 무의식의 어두운 구석에서 어슬렁거리든, 달콤하고 화사한 낭만적인 환상을 좇든 오르가슴을 느끼게만 해준다면 무슨 상관이겠는가? 그리고 상상 속의 섹스 대상이 꼭 사람이어야 할 필요도 없다. 내 친구는 이국적인 음식을 이것저것 떠올리면 성적으로 흥분된다고 한다. 또 다른 친구는 해변에서 바다와 섹스하는 환상을 갖고 있는데 파도가 밀려 와서 그녀의 온몸을 핥으며 애무하는 생각을 하면 오르가슴을 느낀다고 한다. 달, 별, 태양, 구름, 꽃, 새, 신화 속에서 염소 모습을 하고 있는 판, 소의 머리를 하고 있는 미노타우루스, 외계인… 우리는 마음속으로는 누구와 아니 무엇과도 섹스를 할 수 있다. 못 할 이유가 없다."(166쪽)

408 한국임상 성(性)학회장, 대한신경정신의학회장 등을 지낸 유계준 박사는 성적 환상은 전혀 유해하지 않고 오히려 긍정적 기능이 많으며, 오늘날 통계상 많은 사람들이 경험하고 있고 오히려 성욕이 낮은 사람이 성적 환상이 적다는 것이 전문가들의 일치된 견해라고 한다(『마스터베이션』, 149~164쪽).

에 있어서 남녀 간 차이가 없는 것은 맞지만, 생리해부학적 차이로 인한 남녀 간 차이는 반드시 서로 이해하고 배려해야 하니까요.

『性의 과학』에 기술된 다음과 같은 성과학 지식을 보세요. "성적 기능에 있어 가장 중요한 호르몬은 남성호르몬(testosterone)이다. 이 호르몬은 실제로 남녀 양성에 존재한다. 정상 남성에 있어서는 하루에 6~8mg의 남성호르몬이 생산되며 그 95%는 고환에서 만들어지고 나머지는 부신피질에서 생산된다. 이에 비해 여성에서는 하루에 약 0.5mg의 남성호르몬이 난소와 부신피질에서 생산될 뿐이다. 이처럼 성적 욕구를 일으키는 남성호르몬을 여성은 남성에 비하여 매우 낮은 비율로 가지고 있기 때문에 여성은 성적 충족 측면에서 손해를 보고 있는 것이다. 따라서 여성은 신체적 체제에 의지하는 것이 아니라 마음에 의존하여 성행위를 영위해나가지 않으면 안 된다.[409] 여성의 성은 환경과 정신 상태에 따라 어떻게든 변하는 다양성과 어려움을 함께 갖는다. 그리고 또 하나 여성의 성을 어렵게 만들고 있는 것은 질의 내부가 여성의 신체 중에서도 매우 둔감한 부

---

409 여자 중에서 이미지 하나만 보면서 자위하는 사람은 거의 없다고 한다. 『포르노 보는 남자, 로맨스 읽는 여자』에 언급된 다음과 같은 말을 들어보자. "여자들을 흥분시키는 감각적인 신호 상당수는 시각적인 것과는 거리가 멀다. 여자들은 섹시한 목소리나 남자의 냄새, 감각적인 애무에 성욕의 불길이 인다. 여자들이 일반적으로 인터넷 포르노에 별 관심을 안 가지는 데에는 이러한 이유도 한 몫 할 것이다."(290쪽) "여자들은 남자들에 비해 신체의 세세한 부분에 초점을 맞출 확률이 훨씬 낮다. 또 남자의 페니스를 보는 데에도 일반적으로는 거의 관심이 없다. 한 안구 추적 연구에 따르면, 여자들이 남자의 누드 이미지를 볼 때 페니스를 쳐다보는 시간은 다른 신체 부위를 쳐다보는 시간보다 길지 않았다."(296쪽) 다만, 여자들 중에 비록 소수이긴 하지만 "하드코어 포르노를 즐기는 여자들도 분명 적지는 않다"(같은 책, 297쪽)고 한다.

위라는 점이다. 그래서 여성은 음핵을 자극함으로써 성적 각성을 높이고 그 결과로서 오르가슴에 도달할 수 있도록 되어있다. 여성이 오르가슴에 이르는 데 더 많은 시간이 필요한 것은 오르가슴의 주된 원천이 음핵에 있다는 신체적 이유 때문이다. 대부분의 여성은 질만을 이용해서 오르가슴에 이르기가 어려우며 여성은 음핵의 자극을 지속적으로 받아들이지 않으면 만족에 이를 수가 없다."[410]

따라서 남자 역시 이러한 차이를 꼭 명심해야 할 것입니다. 남성의 거의 대부분이 성행위란 자지를 보지에 삽입하는 것으로 생각하지만 이는 잘못된 통념임을 알아야 한다는 뜻이에요.[411] 여자에게 있어서 만족스러운 성행위를 하는 것은 질이 아니고 음핵이며, 성행위는 남녀가 서로의 감정을 속삭이며 부드럽게 전희를 충분히 함께 나누는 것으로서 삽입만이 섹스의 전부가 아님을 분명히 인지해야 합니다.

이러한 성과학 지식은 자라나는 아이들에게 더더욱 필요하며 궁금한 점을 정확하고 숨김없이 알려주어야 한다는 것이 오늘날 성교육자들의 일치된 견해인데요. 특히 대중매체와 또래 아이들로부터 왜곡된 성 지식을 습득하기 전에 미리 제대로 알려주어 각종 자극에 대한 항체와 면역력을 길러줄 필요가 있답니다. 즉 예방접종

---

410 하재청·선우양일·류태형·김병기·조현욱·고현숙, 앞의 책, 96쪽.

411 보지나 자지 모두 각 사람의 마음이 열려야 열린다. 자지 역시 그 꺼풀(包)을 열고 자기의 모습을 드러내고 '너'(보지)를 받아들이는 것이다. '보지-자지' 또는 '자지-보지' 모두 서로 마음을 열고 '너'를 바라며 서로 받아들이는 것이다. 누구는 일방적으로 주고 누구는 일방적으로 받기만 하는 것은 아님을 분명히 알아야 한다.

을 꼬박 꼬박 하듯 아이들의 수준과 발달단계에 부합한 성 지식과 다양한 올바른 가치관을 그때그때 심어줄 필요가 있는 거예요. 과거 어른만 알고 있어야 한다는 편견 때문에 가장 필요한 각 나이에 제때 습득하지 못한 성 지식을 부모나 교사 등 어른들이 사랑으로써 가르쳐준다면 아이들은 정직하고 당당한 눈을 갖게 될 것입니다. 헬무트 켄틀러는 다음과 같이 말했어요. "'내리깐 눈이 아니라 크게 뜬 눈을 우리 아이들은 얻어야 한다.' 나는 이 말이 옳다고 거의 확신한다. (…) 성관계를 수용하고 형상화할 때 그들의 안도감, 성 경험, 요구 수준, 능력과 성 문제도 역시 합리적으로 심사숙고하면서 시작하는 것은 수치심과 두려움에 근거를 둔 저지(억압-필자주)라고 하기보다는 자기 방위(강조점은 필자가 하였다)라고 보는 것이 더 알맞은 견해일 것이다."[412] 어른들은 자신들이 아이였을 때 시행착오의 기나긴 과정을 깡그리 잊어버렸거나 잊어먹은 척 행동하고 아이들에게 전통적 인습을 강요하는 경우가 참 많아요. 이에 대해 켄틀러는 다음과 같이 지적했어요. "우리는 자신에게 일어나는 많은 일들이 얼마나 불확실한지, 우리 자신이 그 일들을 얼마나 빨리 잊어버리는지 잘 알고 있으면서도, 아이가 그릇된 환상을 포기하고 현실에 부합하는 생각을 발전시킬 때까지 오랜 시간이 걸린다는 사실에 대해서는 놀라고만 있다."[413] 청소년들의 행복을 위해 어른들은 사랑과 성과학 지식을 알려주면서 아이들 스스로 자신의 그릇

---

412 헬무트 켄틀러, 손덕수·허판례 편역, 앞의 책, 108~109쪽.
413 같은 책, 139쪽.

된 생각을 수정하여 점차 현실에 부합한 이해를 갖도록 오래 참으며 기다리고 도와야 할 것입니다. 죄의식, 불안감, 억압, 통제, 강요 등만을 말하지 않고요.

전 연세의대 광주세브란스정신병원장 유계준 박사는 『마스터베이션』에서 "성은 기본적으로 즐거운 것이고 또 즐기는 것이다.(*)[414] 맛있는 음식을 보면 먹고 싶고, 아름다운 것을 보면 탐닉하고 싶은 게 인간이다. 따라서 성을 적극적으로 체득하고 즐기는 과정을 통해 능동적인 자기개발도 가능하다. 물론 지나치게 집착하기보다는 스스로 조절능력을 갖추고 정신적으로나 신체적으로 조화와 균형을 유지해나갈 수 있는 범위 안에서 말이다. '섹스는 강물에 견줄 수 있다. 너무나 세차면 범람하여 생명을 파괴하지만 적당하면 생

---

414 따라서 속칭 '즐딸'이 맞다. '즐딸'은 '즐거운 딸딸이'의 줄임말이다. 요즘 청소년 사이에서는 딸딸이를 'DDR'('딸딸이'의 알파벳 두문자)이라고 부르기도 한다. / 자위행위를 하다가 부모로부터 발각되었을 경우 심한 죄책감과 걱정·근심으로 공부 등에 전혀 집중하지 못하는 사례가 종종 있다. 이 경우 부모의 신중하고 현명한 처신이 아이의 장래를 위해 중요하다. 유계준 박사의 조언을 들어보자. "지나치게 가혹한 징계 처분은 때때로 아이로 하여금 부모를 속이면서 자위행위를 계속하는 요령을 터득케 한다. 예컨대, 자위행위를 할 때마다 사정을 하면 침대 시트나 팬티에 얼룩을 묻히거나 쓰레기통에 지나치게 많은 휴지가 쌓일 것이므로 사정을 억제하면서 자위행위의 쾌락을 즐기는 것이다. 사정을 하지 않고 자위행위를 계속하면 건강에 해로울 수가 있다. 성기 부위가 묵직하고 불쾌한 것은 오랫동안 자위행위를 계속한 뒤에도 사정이 이루어지지 않은 결과라고 볼 수 있고, 전립선의 갖가지 질병은 그 같은 현상이 누적된 결과이다. 생식 기관이 오르가슴의 상태에 도달되었다면 어디까지나 사정을 하는 것이 정상적이다. (…) 따라서 자녀가 자위행위를 하는 현장을 목격한 부모들은 무엇보다도 그 행위의 신체적 위험성을 친절하게 알려주고(예: 손을 깨끗이 씻고 해야 한다. 소녀의 경우 질 속에다 손가락이나 다른 도구를 사용하면 성기에 심각한 감염을 가져올 수 있다. 자위행위는 매우 사적인 권리이므로 타인에게 해가 안 되도록 혼자서 문을 잘 닫아놓고 해야 한다. … [필자 주]), 자녀에게 신중하게 즐기도록 조언을 해주는 것이 훨씬 현명할 것이다(유계준, 앞의 책, 292~293쪽)."

명을 풍성하게 한다'는 탈무드의 말을 다시 한 번 되새겨보자"[415]고 말했습니다.

나의 지속적인 행복을 위한 절제, 스스로의 의지로 타인을 배려하는 절제는 꼭 필요하지요. 사람은 순간적 쾌락(놀이)에만 관심을 두지 않고 보다 나은 것 즉, 가치(꿈)를 향하게 되어 있으니까요. 사람은 사람 자체로 존엄하지만 사람이 사람답게 되는 것은 방향성(가치) 덕분입니다. 내일은 오늘보다 더 나은 나, 더 행복한 나를 향해 오늘의 즉각적 만족(쾌락)을 조금만 뒤로 지연시킬 수 있는 능력(자제력, 心力)도 스스로 배양할 수 있는 것인데요. '억압으로부터의 자유'를 맛보았다면 이제 '하는 자유' 즉, 창조하고 건설하고 모험을 하는 자유를 보다 더 많이 바라볼 때가 아닐까요?

밥도 고루고루 먹지 않으면, 즉 너무 적게 먹으면 영양실조에 시달리게 되고, 너무 많이 먹으면 비만이 됩니다. 잠도 너무 많이 자도 안 좋고 너무 적게 자도 안 좋지요. 자위행위도 마찬가지입니다. 너무 많이 하게 되면 지나치게 피로하게 되고, 해야 할 일을 집중적으로 끝내지 못하는 일이 반복되어 자기존중감도 떨어지게 됩니다. 따라서 뭐든지 조절할 필요가 있답니다. 나의 꿈과 소망을 실현하며 나의 행복을 지속시키기 위해 잠·똥·밥을 잘 조절해야 하듯이 자위·섹스 등의 성 본능을 잘 조절해야 합니다. 그리하여 자신의 성 에너지를 나의 진정한 관심들로 집중·몰입할 수 있다면 나의 꿈과 소망 실현은 보다 더 가까워질 것입니다.

———— 415 유계준, 앞의 책, 18~19쪽.

유계준 박사는 부모들에게 다음과 같이 조언합니다. "오늘날 섹스를 종족보존의 관점에서만 접근하는 사람은 매우 드물다. 따라서 섹스에 대한 학습이 점점 필요해지고 있다. (…) 특히 개방적인 성 풍조 속에서 우리의 자녀들이 도처에서 과도한 성적 자극을 받고 있지만, 성 문제에 관한 올바른 안내와 교육을 받을 기회는 거의 없는 실정이다. 여름철 장티푸스에 걸리지 않도록 하기 위해서 부모들은 아이들을 병원에 가서 예방주사를 맞힌다. 마찬가지로 요즘과 같이 성적 자극이 도처에 존재하는 경우에는 올바른 성교육을 시행하여야만 성의 부정적인 측면, 즉 원하지 않는 임신, 성병, 아동 성폭력과 같은 피해로부터 자녀들을 예방할 수 있다. 그리고 성생활 과정에서 일어날 수 있는 불필요한 고민과 죄의식 등을 예방해줄 수 있다. 그렇다면 이 같은 교육은 누가 시킬 것인가? (…) 바로 부모가 자녀의 성교육에 책임을 져야 한다. 그것은 학교에서 해주는 성교육보다 효과적이다. 무엇보다도 자녀의 미묘한 성격을 부모만큼 파악하는 사람은 없을 것이기 때문이다. 수많은 성의학자들은 한결같이, 부모가 자식의 성적인 문제에 대해 지속적인 대화를 나눈다면 특별한 사고가 일어날 수 없다고 지적하는 것을 유념하기 바란다."[416]

마지막으로 강조하고 싶은 것은 각종 통계 수치는 그냥 참고사항에 불과하다는 점입니다. "인간의 성욕을 논할 때 과학자들이 개개

——— 416 같은 책, 301~302쪽.

인보다는 통계 수치에 초점을 맞춘다는 점"[417]을 항상 염두에 두어
야 해요. "남자의 평균 키가 여자의 평균 키보다 크다는 이유로 우
리는 남자가 여자보다 크다고 이야기할 수 있다. 하지만 키 큰 여자
나 키 작은 남자에게 평균치는 아무 소용없고, 일반화 역시 그 한
계를 드러낸다. (…) 개개인의 욕망과 경험의 조합은 저마다 독특해
서, 똑같은 경우는 그 어디에도 없다고 해도 과언이 아니다."[418]

————— 417 오기 오가스·사이 가담, 왕수민 옮김, 앞의 책, 24쪽.
418 같은 책, 24~25쪽.

법률 이야기에 들어가기 전에 먼저 용어를 정리할 필요가 있습니다. 성폭력, 성폭행, 성희롱 등 다양한 개념들이 혼용되고 있어 일반인이 이를 구분하기가 쉽지 않은 탓인데요.

먼저 성폭력이란 피해자의 마음에 성적 상처(불쾌감, 수치심, 굴욕감, 공포감 등)를 주는 모든 신체적·언어적·정신적 가해행위를 말합니다. 이는 우리나라의 경우 1980년대부터 성폭력을 사회 문제화해온 여성단체를 중심으로 한 시민들의 투쟁 과정 속에서 변화해왔고, 앞으로도 개인의 다양한 생활경험 속에서 그 의미가 확대 해석될 수 있는 열린 개념이에요. 따라서 성폭력은 강간(유사강간)이나 강제추행과 같이 폭행·협박을 수단으로 하는 행위를 전제로 하는 성폭행[419]과 성추행,[420] 성희롱[421]을 모두 포함하는 포괄적이고 일반

---

419 법률상으로 성폭행이라는 개념은 존재하지 않는다. 법률상 폭행이라는 개념이 있는데, 이는 사람의 신체에 대한 유형력의 행사를 의미한다. 강간죄는 '폭행·협박으로 사람을 간음'함으로써 성립하는 범죄이므로 이와 같이 폭행을 수단으로 하는 성에 관련한 범죄를 대중매체에서 성폭행이라 부르다 보니 생겨난 것이다.

420 성추행 역시 법률상 개념은 아니다. 형법상의 강제추행을 대중매체에서 성추행이라 부르다 보니 생겨난 것이다. 간혹 성희롱과 성추행을 혼용하기도 한다.

421 성희롱(sexual harassment)은 외국에서 여성들의 사회진출이 늘어나면서 여성들이

적인 개념입니다. 성폭력의 범위는 그 폭력 행위의 내용, 대상, 피해 공간 등에 따라 구분해볼 수 있어요. 즉 ①폭력 행위의 내용에 따라 강간·유사강간, 강제추행, 준강간·준강제추행 등, ②대상에 따라 아동[422] 성폭력, 또래 성폭력,[423] 부부 성폭력, 친족 성폭력, 데이트 성폭력 등, ③피해 공간에 따라 학내 성폭력, 직장 내 성폭력, 군대 내 성폭력, 사이버 성폭력 등으로 각각 구분할 수 있지요.

법률상 성폭력 범죄란 위의 성폭력 개념과 구별되는 것으로 성폭력 범죄의 처벌 등에 관한 특례법[약칭: 성폭력 처벌법] 제2조, 아

직장 내에서 경험하는 다양한 성적 피해사례를 일컫게 되었는데, 우리나라에서도 여성 단체를 중심으로 이러한 성희롱을 사회적으로 이슈화하여 투쟁 속에서 국가의 정책에 반영되고 법제화되기까지 하였다(현행 양성평등기본법, 남녀고용평등과 일·가정 양립 지원에 관한 법률, 국가인권위원회법). 현행 법률상 '직장 내 성희롱'이란 사업주·상급자 또는 근로자가 직장 내의 지위를 이용하거나 업무와 관련하여 다른 근로자에게 성적 언동 등으로 성적 굴욕감 또는 혐오감을 느끼게 하거나 성적 언동 또는 그 밖의 요구 등에 따르지 아니한다는 이유로 고용상의 불이익을 주는 것을 말한다.

422 1998년 채택된 유엔 아동권리 협약에 따라 '아동'이란 18세 이하의 미성년자 모두를 의미한다. 그런데 우리의 형사법률은 개정 전에는 '아동'이라는 용어가 아예 없었고, '청소년'이라는 용어만을 쓰고 있었다가 2009년 개정으로 '아동'이라는 용어가 추가되었다. '청소년'에는 '아동'이 포함되므로 입법자가 굳이 '아동'을 추가하여 '아동·청소년'이라고 개정한 것은 최근에 빈발하는 아동에 대한 흉악한 범죄를 예방하는 차원에서 일반인들의 주의를 환기시키기 위한 것으로 평가된다.(박선영·박찬걸, 『동남아시아 아동 성매매 관광의 현황과 대책』, 한국형사정책연구원, 2012, 145~146쪽 참고)

423 최근 초·중·고등학생을 대상으로 한 2013년 서울시청소년성문화연구조사에 의하면, 남학생의 경우 동성 간이 성폭력에 대한 피해와 가해 경험이 높은 것으로 나타났다. 연구조사는 다음과 같이 언급하며 또래 성폭력 예방교육에 대한 제언을 하고 있다. "그간 성폭력 예방교육은 남성에 의한 여성을 대상으로 한 성적 폭력인 방식으로 진행되었기 때문에 실제로 이러한 일들이 일어났을 때에 도움을 청하거나 고민을 털어놓지 못했던 것은 아닌지 생각해볼 수 있다. 따라서 장난이나 놀이처럼 일어나는 동성 간의 성폭력에 민감성을 가질 수 있도록 교육의 내용을 구성해야 할 것이다."(이명화 외, 『2013 서울시청소년성문화연구조사』, 2013, 158쪽)

동·청소년의 성보호에 관한 법률[약칭:청소년 성보호법] 제2조에 열거된 범죄만을 말합니다. 특히 청소년 성보호법에는 아동·청소년 대상 성범죄라는 개념이 있는데, 이는 아동·청소년 대상 성폭력 범죄와 구별되는 것으로서 보다 넓은 개념입니다. 즉 청소년 성보호법에 열거된 아동·청소년 대상 성범죄 중에서 성폭력과 관련 없는 일부 범죄(아동·청소년 이용 음란물의 제작·배포 등 행위, 아동·청소년 매매행위, 아동·청소년의 성을 사는 행위, 아동·청소년의 성을 사는 행위와 관련하여 아동·청소년에 대한 강요행위, 아동·청소년의 성을 사는 행위 관련 알선 영업행위)를 제외한 범죄를 아동·청소년 대상 성폭력 범죄라고 정의하지요.

297

앞에서 강조하였듯 자위행위는 헌법 제10조에서 보장되는 자유이며, 구체적으로는 행복추구권에서 파생된 자기결정권 중 성적 자기결정권 및 일반적 행동자유권에 속합니다. 그러나 다른 사람과 더불어 살아가는 공동체사회에서 내 자유만을 중시하다 보면 다른 사람의 자유를 해할 수 있기 때문에 자위의 자유 역시 헌법 제37조 제2항에 따라 법률로써 제한될 수 있어요. 이제 다른 사람에게 해악을 끼친다고 평가되는 행위를 살펴봅시다. 자위행위와 관련하여 다룰 것이므로 강간죄는 제외하기로 해요.

성풍속에 관한 죄[424]

(1) 공연음란(형법 제245조)

'공연히 음란한 행위를 함'으로써 성립하는 범죄이다. '공연성'이란 불특정 또는 다수인이 인식할 수 있는 상태를 말한다. 길거리에서 음란행위를 했을 때 단 1인의 불특정인이라도 이를 인식할 수 있는 가능성이 있으면 이에 해당한다. 따라서 불특정 또는 다수인이 현실적으로는 아무도 인식하지 못했더라도 CCTV에 길거리 등에서 자위행위한 것이 찍혀서 문제가 되면 공연음란죄로 처벌될 수 있다.

---

424 성풍속에 관한 죄란 성생활에 관련되는 성도덕 내지 성풍속을 해하는 행위를 벌하는 죄로서, 성범죄에 속할 수 있지만 성폭력 범죄에서는 제외된다. 대표적인 범죄가 간통죄인데 위헌결정으로 역사의 뒤안길로 사라진 상태이다(참고로 간통은 형법상 무죄이지만 여전히 민법상 부부간 정조의무 위반으로서 불법이다. 따라서 간통행위는 이혼사유에 해당하고 불법행위에 기한 손해배상책임도 부담하게 된다).

음란행위는 일반 보통인의 성욕을 자극하여 성적 흥분을 유발하고 정상적인 수치심을 해하는 것이므로 단순히 다른 사람에게 부끄러운 느낌이나 불쾌감을 주는 정도에 불과한 행위(예:말다툼을 한 후 화가 나서 항의의 표시로 엉덩이를 노출한 행위)는 경범죄[425]에 해당할 수는 있어도 공연음란죄로 처벌되지는 않는다.

(2) 음란한 물건 반포·판매·임대·전시(형법 제243조)

음란한 물건을 반포, 판매 또는 임대하거나 공연히 전시 또는 상영함으로써 성립하는 범죄이다. 음란한 물건인지 아닌지에 대한 판단은 앞에서 살펴보았듯 대법원에서 "그 물건을 전체적으로 관찰·평가하여 볼 때 단순히 저속하다거나 문란한 느낌을 주는 정도를 넘어 사람의 존엄성과 가치를 심각하게 훼손·왜곡하였다고 평가할 수 있을 정도로 노골적인 방법에 의하여 성적 부위 등을 적나라하게 표현 또는 묘사하는 것이어야 한다"고 판시하였다. 지금껏 나온 판례를 살펴보면, 여성용 자위기구나 돌출콘돔의 경우는 그 자체로 사람의 성기를 연상케 하는 면이 있다 하여도 그 정도만으로 그 기구 자

---

425 경범죄 처벌법 제3조 제1항 제33호(과다노출) 여러 사람의 눈에 뜨이는 곳에서 공공연하게 알몸을 지나치게 내놓거나 가려야 할 곳을 내놓아 다른 사람에게 부끄러운 느낌이나 불쾌감을 준 사람. 여기서 부끄러운 느낌 등은 일반 보통인을 기준으로 객관적으로 판단하므로 배꼽티나 짧은 치마 등은 오늘날 이에 해당할 여지도 없다. 참고로 법을 공부하는 지인 가운데 아직도 여성들의 노출이 성폭력의 원인이라고 생각하는 사람이 상당히 있는데, 분명히 밝혀둔다. 여성들의 노출과 성폭력의 인과관계는 법적으로 0%이며, 양형에서도 전혀 고려되지 않는다. 더욱이 성폭력은 젊은 여성에게만 발생하는 것도 아니고, 오히려 아동 성폭력이 상당한 비중을 차지한다. 또한 성폭력은 여름철에만 높은 비율로 발생하는 것이 아니라 사계절 어느 때고 높게 일어날 수 있음이 최근 입증된 상식이다.

체가 성욕을 자극시키게 하는 물건이라고 볼 수 없다고 판단한 반면,[426] 남성용 자위기구(모조 여성성기)는 그것이 얼마나 사람의 성기와 유사하게 제작되었는지에 따라 다른 판단이 이루어지고 있다.[427]

(3) 음란한 물건 제조·소지·수입·수출(형법 제244조)

위 (2)의 반포·판매·임대·전시행위를 할 목적으로 음란한 물건을 제조, 소지, 수입 또는 수출함으로써 성립하는 범죄이다. 본죄는 목적범이으로 이러한 목적 없이 자위기구를 매우 정교하게 만들어 자기만 몰래 두고 쓰는 경우는 이에 해당하지 않는다. 다만 국내외로 반출입하다가 관세법상 단속되면 불편한 일이 생길 수 있는 점을 유의해야 한다.[428]

---

426 대법원 2000. 10. 13. 선고 2000도3346 판결. 아래 판례(2003도988)에 비추어보건대, 만일 여성용 자위기구가 남성의 성기를 그대로 옮겨놓은 것과 진배없을 정도로 정교하게 제작된 것이라면 음란한 물건에 해당될 수 있다.

427 [남성용 자위기구인 모조 여성성기가 음란한 물건에 해당한다고 한 사례] 남성용 자위기구가 그 시대적 수요가 있고 어느 정도의 순기능을 하고 있으며 은밀히 판매되고 사용되는 속성을 가진 것은 사실이나, 이 사건 기구는 사람의 피부에 가까운 느낌을 주는 실리콘을 재질로 사용하여 여성의 음부, 항문, 음모, 허벅지 부위를 실제와 거의 동일한 모습으로 재현하는 한편, 음부 부위는 붉은색으로, 음모 부위는 검은색으로 채색하는 등 그 형상 및 색상 등에 있어서 여성의 외음부를 그대로 옮겨놓은 것이나 진배없는 것으로서, 여성 성기를 지나치게 노골적으로 표현함으로써 사회통념상 그것을 보는 것 자체만으로도 성욕을 자극하거나 흥분시킬 수 있고 일반인의 정상적인 성적 수치심을 해치고 선량한 성적 도의관념에 반한다고 하지 않을 수 없다.(대법원 2003.05.16. 선고 2003도988 판결[음란물건전시])

428 관세법 제234조(수출입의 금지) 풍속을 해치는 조각물 또는 그 밖에 이에 준하는 물품은 수출하거나 수입할 수 없다./ 동법 제269조(밀수출입죄) ①제234조 각 호의 물품을 수출하거나 수입한 자는 7년 이하의 징역 또는 7천만 원 이하의 벌금에 처한다.

(4) 음란한 부호·문언·음향·화상·영상의 배포 등

(정보통신망 이용촉진 및 정보보호 등에 관한 법률 제74조①2호)

정보통신망을 통하여 음란한 부호·문언·음향·화상 또는 영상을 배포·판매·임대하거나 공공연하게 전시한 사람에게 성립하는 범죄이다. 각종 야설(야한 이야기), 야동(야한 동영상) 등을 인터넷 게시판이나 SNS 등에 올리는 행위가 이에 속한다. 이른바 '야동 업로드' 사건이 이에 해당한다.[429]

성폭력 범죄[430]

(1) 유사강간(형법 제297조의2)[431]

폭행 또는 협박으로 사람에 대하여 구강, 항문 등 신체(성기는 제외한다)의 내부에 성기를 넣거나 성기, 항문에 손가락 등 신체(성기는

---

429 음란물의 표현 대상이 아동·청소년("아동·청소년"이란 19세 미만의 자를 말한다. 다만, 19세에 도달하는 연도의 1월 1일을 맞이한 자는 제외한다)인 경우에는 특별법인 청소년 성보호법 제11조가 우선 적용되어 보다 중한 형벌에 처해질 수 있다.

430 보호자(친권자, 후견인, 아동을 보호·양육·교육하거나 그러한 의무가 있는 자 또는 업무·고용 등의 관계로 사실상 아동을 보호·감독하는 자)에 의한 아동성폭력 범죄(또는 아동학대 범죄)는 아동학대 범죄의 처벌 등에 관한 특례법(약칭:아동학대 처벌법)이 우선 적용된다. 다만, 성폭력 범죄의 처벌 등에 관한 특례법(약칭:성폭력 처벌법), 아동·청소년의 성보호에 관한 법률(약칭:청소년 성보호법)에서 가중 처벌되는 경우에는 그 법에서 정한 바에 따른다. 아동학대 처벌법에서 "아동"이란 18세 미만인 사람을 말한다. 청소년 성보호법에서 "아동·청소년"이란 19세 미만인 사람(다만, 19세에 도달하는 연도의 1월 1일을 맞이한 자는 제외한다)을 말한다.

431 피해자가 아동·청소년("아동·청소년"이란 19세 미만의 자를 말한다. 다만, 19세에 도달하는 연도의 1월 1일을 맞이한 자는 제외한다)인 경우에는 특별법인 청소년 성보호법 제7조②이 우선 적용되어 보다 중한 형벌에 처해질 수 있다.

제외한다)의 일부 또는 도구를 넣는 행위를 한 사람에게 성립하는 범죄이다. 타인의 의사에 반하여 폭행·협박으로 타인의 특정한 신체부위를 이용해 자위행위를 한 사람에게도 본죄가 성립할 수 있다. 최근 갈수록 흉포해지고 다양해진 성폭력 범죄의 양상을 반영하여 2012년 12월 18일 신설된 조항이다. 본죄의 폭행·협박은 반항을 불가능하게 하거나 현저히 곤란하게 할 정도여야 한다. 다만, 사후적으로 보아 피해자가 성교 이전에 범행 현장을 벗어날 수 있었다거나 피해자가 사력을 다하여 반항하지 않았다는 사정만으로 가해자의 폭행·협박이 피해자의 항거를 현저히 곤란하게 할 정도에 이르지 않았다고 섣불리 단정하여서는 안 된다는 것이 판례이다.

(2) 강제추행(형법 제298조)[432]

폭행 또는 협박으로 사람에 대하여 추행을 함으로써 성립하는 범죄이다. 폭행·협박으로 타인으로 하여금 자신의 성기를 자위(속칭 '대딸')하도록 시키는 행위가 이에 해당할 수 있다. 강제추행죄의 '폭행'은 상대방의 의사에 반하는 유형력의 행사가 있는 이상 그 힘의 대소강약을 불문하고, '협박'은 피해자의 항거를 곤란하게 할 정도이면 된다. 예컨대, 상대방의 입술, 귀, 유두, 가슴 등을 입으로 깨무는 등의 행위[433]뿐만 아니라 춤을 추면서 느닷없이 여성의 유방을

---

432 피해자가 아동·청소년인 경우에는 청소년 성보호법 제7조③이 적용되어 보다 중한 형벌에 처해질 수 있다.

433 [피고인이, 알고 지내던 여성인 피해자 A가 자신의 머리채를 잡아 폭행을 가하자 보복의 의미에서 A의 입술, 귀 등을 입으로 깨무는 등의 행위를 한 사안에서, 피고인의 행위

만진 행위(이른바 '기습추행')[434]도 이에 해당할 수 있다. '추행'이란 객관적으로 일반인에게 성적 수치심이나 혐오감을 일으키게 하고 선량한 성적 도덕관념에 반하는 행위로서 피해자의 성적 자유를 침해하는 것이고, 이에 해당하는지는 피해자의 의사, 성별, 연령, 행위자와 피해자의 이전부터의 관계, 행위에 이르게 된 경위, 구체적 행위태양, 주위의 객관적 상황과 그 시대의 성적 도덕관념 등을 종합적으로 고려하여 신중히 결정되어야 한다. 그리고 강제추행죄의 성립에 필요한 주관적 구성요건으로 성욕을 자극·흥분·만족시키려는 주관적 동기나 목적이 있어야 하는 것은 아니다.[435] 대법원은 [피고인이 피해자 갑(여, 48세)에게 욕설을 하면서 자신의 바지를 벗어 성기를 보여주는 방법으로 강제추행하였다는 내용으로 검사가 기소한 사안]에서, 제반 사정을 고려할 때 단순히 피고인이 바지를 벗어 자신의 성기를 보여준 것만으로는 폭행 또는 협박으로 추행을 하였다고 볼 수 없다[436]고 판시하였다.

가 강제추행죄의 '추행'에 해당한다고 한 사례(대법원 2013.09.26. 선고 2013도5856 판결)]

434 [피해자와 춤을 추면서 피해자의 유방을 만진 행위가 순간적인 행위에 불과하더라도 피해자의 의사에 반하여 행하여진 유형력의 행사에 해당하고 피해자의 성적 자유를 침해할 뿐만 아니라 일반인의 입장에서도 추행행위라고 평가될 수 있는 것으로서, 폭행행위 자체가 추행행위라고 인정되어 강제추행에 해당된다(대법원 2002.04.26. 선고 2001도2417 판결)]

435 대법원 2013.9.26. 선고 2013도5856 판결.

436 대법원 2012.7.26. 선고 2011도8805 판결.

(3) 준강제추행(형법 제299조)[437]

사람의 심신상실 또는 항거불능의 상태를 이용하여 추행을 함으로 써 성립하는 범죄이다. 수면 진정제를 맞고 수면 상태에 빠진 여성 환자들을 성추행해온 의사가 구속되었다는 기사가 종종 나오는데, 바로 이 경우가 준강제추행에 해당한다. 최근 병원 내 성추행 근절을 위해 국가인권위원회가 관련책자를 발간하고 중재에 나섰고, 국회도 나서서 소위 '진료빙자 성추행 방지법'을 준비 중이라고 한다.[438]

(4) 13세 미만의 미성년자에 대한 강제추행·준강제추행(성폭력 처벌법 제7조③④)

13세 미만의 사람에 대하여 형법상의 강제추행·준강제추행의 죄를 범한 사람에게 성립하는 범죄이다. 13세 미만의 사람의 정상적인 성적 발육을 특별히 보장[439]하기 위해 이들에게는 아예 추행에 대한 동의능력이 없다고 간주하여 이들의 승낙을 받아 추행한 경우에도 본죄가 성립한다. 또한 13세 미만의 사람이 피해자인 경우에는 폭행·협박·위계·위력 등 별도의 수단이 있었는지를 묻지 않고 본죄의 성립을 인정한다. 대법원은 [초등학교 4학년 담임교사(남자)가 교실에서 자신이 담당하는 반의 남학생의 성기를 만진 행위가 문제되

---

437 피해자가 아동·청소년인 경우에는 청소년 성보호법 제7조④이 적용되어 보다 중한 형벌에 처해질 수 있다.

438 〈청년의사〉 2015년 8월 22일자 양영구 기자 '당신의 진료실은 성추행으로부터 안전합니까?' (http://www.docdocdoc.co.kr/news/newsview.php?newscd=2015081900023).

439 '13세 미만의 아동이 외부로부터의 부적절한 성적 자극이나 물리력의 행사가 없는 상태에서 심리적 장애 없이 성적 정체성 및 가치관을 형성할 권익'을 보호법익으로 한다(대법원 2006.01.13. 선고 2005도6791 판결 참고).

어 검사가 기소한 사안]에서, 미성년자의제강제추행죄에서 말하는 '추행'에 해당한다[440]고 판시하였다.

(5) 13세 미만의 미성년자에 대한 위력에 의한 추행(성폭력 처벌법 제7조⑤)[441]

대법원은 [피고인이 아파트 엘리베이터 내에 13세 미만인 갑(여, 11세)과 단 둘이 탄 다음 갑을 향하여 성기를 꺼내어 잡고 여러 방향으로 움직이다가 이를 보고 놀란 갑 쪽으로 가까이 다가감으로써 위력으로 갑을 추행하였다고 하여 성폭력 범죄의 처벌 등에 관한 특례법 위반으로 검사가 기소한 사안]에서, 비록 피고인이 갑의 신체에 직접적인 접촉을 하지 아니하였고 엘리베이터가 멈춘 후 갑이위 상황에서 바로 벗어날 수 있었다고 하더라도, 피고인의 행위는 갑의 성적 자유의사를 제압하기에 충분한 세력에 의하여 추행행위

---

440 대법원 2006.1.13. 선고 2005도6791 판결.

441 '위력' 조차 없었던 경우는 아동복지법 제71조 제1항 제1의2호, 제17조 제2호(성적 학대행위)에 의하여 형사처벌(10년 이하의 징역 또는 5천만 원 이하의 벌금)될 수 있다. 아동복지법에서 "아동"이란 18세 미만인 사람을 말한다(제3조 제1호). 가장 최근에도 9세 및 11세의 어린 여학생들 앞에서 자위행위를 한 것이 문제되어 징역 1년 2월(실형) 및 성폭력치료프로그램 160시간 이수명령이 선고된 바 있다(창원지방법원 2015.10.20. 선고 2015노2053 판결). 동 판결에서 이 사건의 피고인(70대 남자)이 범행을 인정하고 잘못을 반성하고 있고, 피고인에게 노출증 등의 정신병적 문제가 있는 점 등이 인정되지만, 9세와 11세 무렵의 어린 피해 아동들의 성장과 발달에 악영향을 미쳤을 것으로 보이는 점, 이전에도 골목길 등에서 자위행위를 하여 처벌받은 전력이 있음에도 또다시 이 사건 범행을 저지른 점 등이 종합적으로 고려되어 보다 가벼운 형(징역 10월, 성폭력치료프로그램 이수 40시간)을 선고한 1심 판결을 파기하고 위와 같이 다시 판결함을 밝히고 있다. 요즘 법원은 아동을 상대로 한 성관련 범죄에 엄중한 책임을 묻고 있음을 항상 염두에 두어야 한다.

에 나아간 것으로서 위력에 의한 추행에 해당한다[442]고 판시하였다.

(6) 아동·청소년에 대한 위력에 의한 추행(청소년 성보호법 제7조)[443]

'위력'이란 사람의 의사를 제압할 수 있는 세력을 말한다. 강제추행 죄의 수단인 폭행에 이르지 않을 정도의 폭행 및 지위·권세를 이용

---

442 [적법하게 채택된 증거들에 의하면, ①피고인은 2010. 9. 6. 13:45경 전주시 완산구 서신동 소재 **아파트 110동 1-2라인의 엘리베이터에서 B(여, 9세)를 상대로 자위행위를 하고 다가가 어깨에 손을 얹어 만지는 등의 강제추행의 범행을 한 후 불과 1시간 20분 만인 같은 날 15:05경 같은 동 소재 **아파트 109동 5~6라인 앞에서 피해자 A(여, 11세) 이 혼자 귀가하는 것을 보고 따라가 엘리베이터에 함께 탄 사실, ②피해자가 자신의 집 인 10층 버튼을 누르고 엘리베이터 출입문 옆에 서자 피고인은 그보다 높은 층을 누른 후 엘리베이터 출입문 반대편 벽 쪽에 선 사실, ③엘리베이터가 올라가자 피고인은 피 해자의 뒤쪽에서 피해자를 바라보고 반바지를 내리고 성기를 꺼내어 손으로 성기를 잡 고 위, 아래, 왼쪽, 오른쪽으로 움직인 사실, ④엘리베이터가 2층쯤을 통과할 무렵 피해 자는 피고인의 행위를 발견하고 놀랐는데 그럼에도 피고인은 자신의 행위를 즉시 멈추 지 않은 채 오히려 피해자 쪽으로 더 가까이 다가간 사실, ⑤피고인은 이 사건 당시 25세 의 건장한 체격의 남자로서 피해자와는 전혀 안면이 없었던 사실을 알 수 있다. 위 사실 관계에 의하면, 피고인은 나이 어린 피해자를 구체적인 범행의 대상으로 삼아, 의도적으 로 협소하고 폐쇄적인 엘리베이터 내 공간을 이용하여 피해자 외에는 다른 사람이 없어 피해자가 도움을 청할 수 없고 즉시 도피할 수도 없는 상황을 만들어 이 사건 범행을 하 였고, 피고인이 피해자를 바라보고 성기를 꺼내어 잡고 움직인 행위는 일반인에게 수치 심을 느끼게 하고 성적인 자유의사를 침해하는 행위일 뿐 아니라 그 행위를 목격한 11세 의 여자 아이인 피해자에게는 심한 정신적인 충격을 주었을 것으로 보이며, 더욱이 연약 한 피해자로서는 위와 같이 벗어날 수 없는 좁은 공간 내에서 자기보다 훨씬 신체가 크 고 낯선 피고인을 대하고 있는 사실만으로도 심리적으로 위축되어 있을 터인데 위와 같 이 피고인이 피해자를 향하여 성기를 꺼내어 잡고 움직이며 이를 보고 놀란 피해자에게 가까이 다가가기까지 하는 유형적인 행위를 함으로써 피해자에게 준 심리적인 위압감이 나 불안감은 매우 컸을 것으로 보인다. 이와 같은 사정들을 앞서 본 법리에 비추어 보면, 비록 피고인이 피해자의 신체에 대하여 직접적인 접촉을 하지 아니하였고 엘리베이터가 10층에서 멈춘 후 피해자가 위 상황에서 바로 벗어날 수 있었다고 하더라도, 피고인이 피해자에 대하여 한 위 행위는 피해자의 성적 자유의사를 제압하기에 충분한 세력에 의 하여 추행행위에 나아간 것으로서 위력에 의한 추행행위에 해당한다고 봄이 상당하다.(대법원 2013.01.16. 선고 2011도7164 판결이유 중)]

하여 상대방의 의사를 제압하는 모든 행위가 포함된다. 예컨대, 체구가 큰 성인 남자가 만 15세(48kg)인 피해자의 거부 의사에도 불구하고, 피해자의 몸 위로 올라가 자위행위를 한 경우, 별다른 유형력을 행사하지는 않았더라도 본죄에 해당할 수 있다.[444]

(7) 업무상 위력에 의한 추행(성폭력 처벌법 제10조)

가. 업무, 고용이나 그 밖의 관계로 인하여 자기의 보호, 감독을 받는 사람에 대하여 위력으로 추행한 사람에게 성립하는 범죄이다(동법 동조①). 업무는 사적 업무·공적 업무를 불문한다. 그 밖의 관계는 사실상의 보호 또는 감독을 받는 상황에 있는 사람인 경우도 이에 해당한다.[445]

---

443 '위력'조차 없었던 경우는 아동복지법 제71조 제1항 제1의2호, 제17조 제2호(성적 학대행위)에 의하여 형사처벌(10년 이하의 징역 또는 5천만 원 이하의 벌금)될 수 있다. 아동복지법에서 "아동"이란 18세 미만인 사람을 말한다(제3조 제1호). 그런데 청소년 성보호법에서 "아동·청소년"이란 19세 미만의 자(다만, 19세에 도달하는 연도의 1월 1일을 맞이한 자는 제외한다)를 말하므로 18세 이상인 사람을 상대로 한 '위력'조차 없었던 단순 자위행위는 형법 제245조(공연음란)에 의하여 형사처벌(1년 이하의 징역, 500만 원 이하의 벌금, 구류 또는 과료)될 수 있다.

444 대법원 2008.7.24. 선고 2008도4069 판결 참고.

445 [예: 피고인은 K미장원 여주인 P의 남편으로서 매일같이 K미장원에 수시로 출입하고 있을 뿐 아니라 청소는 물론 K미장원을 지켜주고 한편 손님이 오면 살림집으로 연락을 해주는 등 그의 처를 도와주고 있는 사실 및 피해자 A는 피고인은 "주인아저씨", "주인남자"라고 부르면서 직접 간접의 지시에 따르고 있었다는 사정 등이 시인될 수 있다 할 것이니 비록 피고인이 직접 피해자 A를 K미장원의 종업원으로 고용한 것은 아니라 하더라도 자기의 처가 경영하는 미장원에 매일같이 출입하면서 미장원 일을 돕고 있었다면 K미장원 종업원인 A는 피고인을 주인으로 대접하고 또 그렇게 대접하는 것이 우리의 일반사회 실정이라 할 것이고 또한 피고인도 따라서 K미장원 종업원인 피해자 A에 대하여 남다른 정의로서 처우에 왔다고 보는 것이 또한 우리의 인지상정이라 할 수 있을 것이므로 피고인은 A에 대하여 사실상 자기의 보호 또는 감독을 받는 상황에 있는 사람의 경우에 해당된다.(대법원 1976.02.10. 선고 74도1519 판결 이유 참고.)]

나. 법률에 따라 구금된 사람을 감호하는 사람이 그 사람을 추행함으로써 성립하는 범죄이다(동법 동조②). 감호하는 사람이란 검찰·경찰공무원, 교정직 공무원 등을 말한다. 법률에 의하여 구금된 사람이란 형사피고인·피의자뿐만 아니라 형집행 중에 있는 사람, 노역장에 유치된 사람, 경찰서 유치장에 있는 사람을 모두 포함한다. 그러나 선고유예나 집행유예 중인 사람, 불구속상태의 피의자·피고인, 보호관찰을 받고 있는 중인 사람 등은 구금된 자가 아니므로 이에 해당하지 않는다.

(8) 특수강제추행·준강제추행(성폭력 처벌법 제4조②③)

흉기나 그 밖의 위험한 물건을 지닌 채 형법상의 강제추행·준강제추행의 죄를 범한 사람에게 성립하는 범죄이다. 위험한 물건 등을 지니지 않았더라도 2인 이상이 합동하여 위의 행위를 한 경우에도 마찬가지다.

(9) 친족관계에 의한 강제추행·준강제추행(성폭력 처벌법 제5조②③)

친족관계인 사람이 형법상의 강제추행·준강제추행의 죄를 범한 사람에게 성립하는 범죄이다. 친족의 범위는 4촌 이내의 혈족·인척과 동거하는 친족에 한한다. 이에는 사실상의 관계에 의한 친족을 포함한다. 법률이 정한 혼인의 실질관계는 모두 갖추었으나 법률이 정한 방식, 즉 혼인신고가 없기 때문에 법률상 혼인으로 인정되지 않는 이른바 사실혼으로 인하여 형성되는 인척도 이에 포함된다. 또한 사실상의 양자의 양부모와 같이 법정혈족관계를 맺고자 하는 의사의 합치 등 법률이 정하는 실질관계는 모두 갖추었으나 신고 등 법정절차의 미이행으로 인하여 법률상의 존속으로 인정되지 못하는 자도 마찬가지다.

(10) 장애인에 대한 강제추행·준강제추행(성폭력 처벌법 제6조③④)

신체적인 또는 정신적인 장애가 있는 사람에 대하여 형법상의 강제추행·준강제추행의 죄를 범한 사람에게 성립하는 범죄이다.

(11) 장애인에 대한 위력에 의한 추행(성폭력 처벌법 제6조⑤)[446]

위력으로써 신체적인 또는 정신적인 장애가 있는 사람을 추행한 사람에게 성립하는 범죄이다.

(12) 장애인인 아동·청소년에 대한 추행(청소년 성보호법 제8조②)

19세 이상의 사람이 장애 아동·청소년을 추행한 경우 또는 장애 아동·청소년으로 하여금 다른 사람을 추행하도록 시킨 경우 성립하는 범죄이다. 장애인 아동·청소년을 두텁게 보호하기 위하여 폭행·협박·위계·위력 등 별도의 수단이 있었는지를 묻지 않고 본죄의 성립을 인정한다. 피해자가 13세 미만인 경우는 성폭력 처벌법 제7조③④이 적용되므로 여기의 장애인인 아동·청소년은 「장애인

---

446 피해자가 아동·청소년인 경우에는 청소년 성보호법 제7조⑤이 적용되어 보다 중한 형벌에 처해질 수 있다.

복지법」 제2조①에 따른 장애인으로서 신체적인 또는 정신적인 장애로 사물을 변별하거나 의사를 결정할 능력이 미약한 13세 이상의 아동·청소년을 말한다.

(13) 공중 밀집 장소에서의 추행(성폭력 처벌법 제11조)

대중교통수단, 공연·집회 장소, 그 밖에 공중(公衆)이 밀집하는 장소에서 사람을 추행한 사람에게 성립하는 범죄이다. 흔히 접하는 '지하철 성추행', '찜질방 성추행'이 이에 해당한다. 여기서 말하는 '공중이 밀집하는 장소'에는 현실적으로 사람들이 빽빽이 들어서 있어 서로간의 신체적 접촉이 이루어지고 있는 곳만을 의미하는 것이 아니라 찜질방 등과 같이 공중의 이용에 상시적으로 제공·개방된 상태에 놓여 있는 곳 일반을 의미한다(판례).

(14) 성적 목적을 위한 공공장소 침입행위(성폭력 처벌법 제12조)

자기의 성적 욕망을 만족시킬 목적으로 공중화장실 등이나 목욕장 등 대통령령으로 정하는 공공장소에 침입하거나 같은 장소에서 퇴거의 요구를 받고 응하지 아니하는 사람에게 성립하는 범죄이다. 예컨대, 자위행위를 하려고 공중화장실에 몰래 들어간 경우나 처음엔 목욕하러 갔다가 갑자기 성적 충동이 일어 자위행위를 하려는데 업주가 이를 제지하며 나가라고 했음에도 나가지 않고 버틴 경우 등이 이에 해당한다.

(15) 통신매체를 이용한 음란행위(성폭력 처벌법 제13조)

자기 또는 다른 사람의 성적 욕망을 유발하거나 만족시킬 목적으로 전화, 우편, 컴퓨터, 그 밖의 통신매체를 통하여 성적 수치심이나 혐오감을 일으키는 말, 음향, 글, 그림, 영상 또는 물건을 상대방에게 도달하게 한 사람에게 성립하는 범죄이다. 이른바 '사이버 성폭력'으로 잘 알려진 범죄로 상대방에게 그 의사에 반하여 각종 야설 문자 내지 야동 파일을 핸드폰 등을 통해 보내는 경우가 이에 해당한다.

(16) 카메라 등을 이용한 촬영 등 행위(성폭력 처벌법 제14조)

가. 카메라나 그 밖에 이와 유사한 기능을 갖춘 기계장치를 이용하여 성적 욕망 또는 수치심을 유발할 수 있는 다른 사람의 신체를 그 의사에 반하여 촬영하거나 그 촬영물을 반포·판매·임대·제공 또는 공공연하게 전시·상영한 사람에게 성립하는 범죄이다(동법 동조①). 최근 '몰래카메라 성추행' 사건 등이 이에 해당한다.

나. 촬영 당시에는 촬영 대상자의 의사에 반하지 아니하는 경우에도 사후에 그 의사에 반하여 촬영물을 반포·판매·임대·제공 또는 공공연하게 전시·상영한 사람도 형사처벌된다(동법 동조②). 이른바 '연예인 성관계 동영상 유포(보복 동영상 유포)' 사건이 이에 해당한다. 요즘은 연예인뿐만 아니라 그 밖의 일반인 피해자도 많다. 주로 헤어진 연인 중 일방이 상대방의 변심에 대한 보복으로 유포하는 경우이다.

(1) 형벌에 처해지는 범죄

가. 아동·청소년이용음란물[447]의 제작·배포·소지 등 행위(청소년 성보호법 제11조).[448] 아동·청소년이용음란물을 제작, 수입 또는 수출

---

[447] "아동·청소년이용음란물"이란 아동·청소년 또는 아동·청소년으로 명백하게 인식될 수 있는 사람이나 표현물이 등장하여 다음 괄호 안의 어느 하나에 해당하는 행위(성교 행위/구강·항문 등 신체의 일부나 도구를 이용한 유사 성교 행위/신체의 전부 또는 일부를 접촉·노출하는 행위로서 일반인의 성적 수치심이나 혐오감을 일으키는 행위/자위행위)를 하거나 그 밖의 성적 행위를 하는 내용을 표현하는 것으로서 필름·비디오물·게임물 또는 컴퓨터나 그 밖의 통신매체를 통한 화상·영상 등의 형태로 된 것을 말한다./ 개정 전에는 '명백하게 인식될 수 있는' 중 '명백하게'가 없었기 때문에 헌법상의 표현의 자유 위반 문제가 있었다(헌법재판소는 개정 전 청소년 성보호법의 '아동·청소년으로 인식될 수 있는 사람이나 표현물이 등장하여 그 밖의 성적 행위를 하는 내용을 표현하는 것' 부분에 대하여 합헌결정을 하였다. 4인의 반대의견은 그 의미가 명확하지 않고, 불명확한 규범으로 형사처벌을 가하게 되면 헌법상 보호받아야 할 행위까지 금지대상에 망라하게 되어 필요 이상의 처벌을 가하게 될 수 있어 과잉금지원칙에 위반된다고 하였다. 헌재 2015. 6. 25. 2013헌가17 등[합헌] 참고).

[448] 최근 「甲이 2014. 5.경부터 2014. 6. 6.경까지 파일 공유 웹사이트인 '○○폴더'를 통하여 교복을 입은 여자 출연자와 남자 출연자가 성기 등이 노출된 상태에서 성행위하는 장면이 담긴 아동·청소년이용음란물 4편(이하 '이 사건 동영상들'이라 한다)을 배포」한 사실에 관하여 검사가 아동·청소년의 성보호에 관한 법률 위반(음란물배포)을 전제로 甲의 연령이나 성행, 환경, 피해자에 대한 관계, 범행의 동기나 수단, 범행 후의 정황 등을 참작하여 2014. 7. 24. 기소유예처분을 하였다. 甲은 이러한 검사의 기소유예처분이 자신의 평등권과 행복추구권을 침해한다고 주장하면서 2014. 10. 17. 그 취소를 구하는 헌법소원심판을 청구하였다. 이에 대하여 헌법재판소는 "아동·청소년의 성보호에 관한 법률상 아동·청소년이용음란물이라고 하기 위해서는 그 주된 내용이 아동·청소년의 성교행위 등을 표현하는 것이어야 할 뿐만 아니라, 그 등장인물의 외모나 신체발육 상태, 영상물의 출처나 제작 경위, 등장인물의 신원 등에 대하여 주어진 여러 정보 등을 종합적으로 고려하여 사회 평균인의 시각에서 객관적으로 관찰할 때 외관상 의심의 여지없이 명백하게 아동·청소년으로 인식되는 경우라야 하고, 등장인물이 다소 어려 보인다는 사정만으로 쉽사리 아동·청소년이용음란물이라고 단정해서는 아니 된다. 이 사건 동영상들의 출처 및 등장인물의 신원을 보면, 4편의 동영상 모두 일본 성인 동영상 제작사에서 제작한 것이고, 주연 배우들은 모두 성인이므로 아동·청소년에 해당하지 아

한 자는 최고 무기징역에까지 처해질 수 있다(동법 동조①). 동법은 아동·청소년이용음란물을 제작하는 등의 행위를 처벌하도록 규정하고 있을 뿐 범죄성립의 요건으로 제작 등의 의도나 음란물이 아동·청소년의 의사에 반하여 촬영되었는지 여부 등을 부가하고 있지 아니하다. 따라서 대상이 된 아동·청소년의 동의하에 제작된 경우에도 본죄가 성립한다.⁴⁴⁹/ 영리를 목적으로 위 음란물을 판매, 대여, 배포,

니한다. (⋯) 따라서 청구인에 대한 이 사건 기소유예처분에는 그 결정에 영향을 미친 중대한 수사미진 또는 법리오해의 잘못이 있어 자의적인 검찰권의 행사라 아니할 수 없고, 그로 말미암아 청구인의 평등권과 행복추구권이 침해되었다고 할 것이다."(2015. 10. 21. 2014헌마916)라고 9인의 재판관 전원의 일치된 의견으로 청구인용(기소유예처분취소)결정을 하였다. [※주의할 것은 甲의 위 음란물배포행위는 아동·청소년의 성보호에 관한 법률 위반에는 해당하지 않지만, 정보통신망 이용촉진 및 정보보호 등에 관한 법률 위반(소위 '야동 업로드' 사건)에는 해당할 수 있다는 점이다. 한편 인터넷, 스마트폰 등의 정보통신망을 이용하지 않고 음란물을 배포한 경우라면 형법 제243조(음란한 물건 반포)에 의하여 처벌될 수 있다.]

449 [30대의 기혼인 초등학교 교사인 피고인이 처음부터 아동·청소년임을 알고도 단지 성적 행위를 목적으로 접근하여 스마트폰 채팅 애플리케이션을 통하여 몇 차례 연락하고 만난 사이에 불과한 만 12세 아동들을 비롯한 여러 피해자를 만나 성적 행위를 하고 그중 일부를 동영상으로 촬영하여 보관해온 사실이 발각되어 검사가 기소한 사안에서, 대법원은 "(동법은) 아동·청소년이용음란물을 제작하는 등의 행위를 처벌하도록 규정하고 있을 뿐 그 범죄성립의 요건으로 제작 등의 의도나 음란물이 아동·청소년의 의사에 반하여 촬영되었는지 여부 등을 부가하고 있지 아니하다. 여기에다가 아동·청소년을 대상으로 성적 행위를 한 자를 엄중하게 처벌함으로써 성적 학대나 착취로부터 아동·청소년을 보호하는 한편 아동·청소년이 책임 있고 건강한 사회구성원으로 성장할 수 있도록 하려는 입법 목적과 취지, 정신적으로 미성숙하고 충동적이며 경제적으로도 독립적이지 못한 아동·청소년의 특성, 아동·청소년이용음란물은 그 직접 피해자인 아동·청소년에게는 치유하기 어려운 정신적 상처를 안겨줄 뿐 아니라, 이를 시청하는 사람들에게까지 성에 대한 왜곡된 인식과 비정상적 가치관을 조장하므로 이를 그 제작 단계에서부터 원천적으로 차단함으로써 아동·청소년을 성적 대상으로 보는 데서 비롯되는 잠재적 성범죄로부터 아동·청소년을 보호할 필요가 있는 점, 인터넷 등 정보통신매체의 발달로 인하여 음란물이 일단 제작되면 제작 후 사정의 변경에 따라, 또는 제작자의 의도와 관계없이 언제라도 무분별하고 무차별적으로 유통에 제공될 가능성을 배제

제공하거나 이를 목적으로 소지, 운반하거나 공연히 전시·상영한 자는 최고 10년의 징역에 처해질 수 있다(동법 동조②)./ (무료로) 단순히 위 음란물을 배포, 제공하거나 공연히 전시·상영한 자는 최고 7년의 징역에 처해질 수 있다(동법 동조③)./ 단지 아동·청소년이용음란물임을 알면서 소지만 하고 있는 사람도 최고 1년의 징역에 처해질 수 있다(동법 동조⑤). 즉 흔히 말하는 '아동 포르노 다운로드'가 이에 해당한다. 여기서 말하는 아동은 청소년 성보호법상의 아동·청소년 모두를 의미한다. 아동 포르노물은 인터넷에서 쉽게 다운로드할 수 있기 때문에 매우 유의해야 한다. 이게 뭐지 하는 호기심으로 다운로드했다가 큰코다치기 십상이다. 아동 포르노는 전 세계적으로 강력하게 규제해나가고 있는 추세이다. 미국의 경우, 2015년만 해도 미국 에모리대학 60대 교수가 아동 포르노 다운로드 혐의로 연행되었고, 최근 8월에는 '록스타' 진 시몬스가 아동 포르노 소지 혐의로 가택 급습을 당하기도 했다. 일본의 경우, 2015년 7월 15일부터 아동 포르노 단순 소지자도 형사처벌하도록 법제화했다.

　나. 아동·청소년 매매행위(청소년 성보호법 제12조)[450]

———　할 수 없는 점 등을 더하여 보면, 제작한 영상물이 객관적으로 아동·청소년이 등장하여 성적 행위를 하는 내용을 표현한 영상물에 해당하는 한 대상이 된 아동·청소년의 동의하에 촬영한 것이라거나 사적인 소지·보관을 1차적 목적으로 제작한 것이라고 하여 '아동·청소년이용음란물'에 해당하지 아니한다거나 이를 '제작'한 것이 아니라고 할 수 없다"고 판시하였다.(대법원 2015.02.12. 선고 2014도11501 판결)]

　450 성매매 목적의 성인 인신매매의 경우는 형법 제289조 등이나 성매매처벌법(성매매알선 등 행위의 처벌에 관한 법률)이 규율한다.

아동·청소년의 성을 사는 행위 또는 아동·청소년이용음란물을 제작하는 행위의 대상이 될 것을 알면서 아동·청소년을 매매 또는 국외에 이송하거나 국외에 거주하는 아동·청소년을 국내에 이송한 사람에게 성립하는 범죄이다. 속칭 '아동 인신매매'에 해당하는 것으로 최고 무기징역에 처해질 수 있다.

다. 아동·청소년의 성을 사는 행위[451] 등(청소년 성보호법 제13조)

아동·청소년의 성을 사는 행위를 한 사람은 최고 10년의 징역에 처해질 수 있다(동법 동조①)./ 아동·청소년의 성을 사기 위하여 아동·청소년을 유인하거나 성을 팔도록 권유한 사람은 최고 1년의 징역에 처해질 수 있다(동법 동조②). 동법의 아동·청소년은 자발성 여부를 묻지 않고 처벌되지 않는 사람이므로 대상아동·청소년이 이미 성을 팔 생각을 가지고 있었던 경우에도 대상아동·청소년에게 성을 팔도록 권유한 사람은 동죄로 처벌된다.[452]

---

451 "아동·청소년의 성을 사는 행위"란 아동·청소년, 아동·청소년의 성(性)을 사는 행위를 알선한 자 또는 아동·청소년을 실질적으로 보호·감독하는 자 등에게 금품이나 그 밖의 재산상 이익, 직무·편의제공 등 대가를 제공하거나 약속하고 다음 괄호 안의 어느 하나에 해당하는 행위(성교 행위/구강·항문 등 신체의 일부나 도구를 이용한 유사 성교 행위/ 신체의 전부 또는 일부를 접촉·노출하는 행위로서 일반인의 성적 수치심이나 혐오감을 일으키는 행위/자위행위)를 아동·청소년을 대상으로 하거나 아동·청소년으로 하여금 하게 하는 것을 말한다. 이른바 '청소년 성매매'가 이에 해당한다(이는 일본에서 유래한 속칭 '원조교제'의 대체 용어이다). '청소년 성매매'의 경우는 매수자만 처벌하고, 매도인인 청소년이 자발적으로 행한 경우에도 청소년보호 및 재활을 위하여 본죄로 처벌하지 않는다(청소년 성보호법 제38조①). 다만 소년법에 따른 보호처분이 있을 수 있다. 이에 비교하여, '성인 성매매'를 규율하는 성매매처벌법은 성매매피해자의 성매매(비자발적 성매매)만 처벌하지 않고, 자발적 성매매자는 모두 처벌한다는 차이가 있다.

452 [이미 성매매 의사를 가지고 있었던 아동·청소년에게 성을 팔도록 권유하는 행위도 아동·청소년의 성보호에 관한 법률 제10조 제2항에서 정한 '성을 팔도록 권유하는

라. 아동·청소년에 대한 강요행위 등(청소년 성보호법 제14조)

마. 알선영업행위 등(청소년 성보호법 제15조)

(2) 법률상 각종 제재조치가 취해지는 행위(성희롱)[453]

국가인권위원회법과 양성평등기본법 및 남녀고용평등과 일·가정 양립 지원에 관한 법률(약칭:남녀고용평등법)이 마련되어 공공기관이나 사인의 단체 모두에 광범위하게 적용된다. "성희롱"이란 국가기관·공공기관의 종사자, (사인단체의) 사업주·상급자 또는 근로자가 그 지위를 이용하거나 업무와 관련하여 다른 불특정인 또는 근로자에게 성적 언동 등으로 성적 굴욕감 또는 혐오감을 느끼게 하거나 성

────── 행위'에 포함되는지 여부(적극)— 피고인이 인터넷 채팅사이트를 통하여, 이미 성매매 의사를 가지고 성매수 행위를 할 자를 물색하고 있던 청소년 A(여, 16세)와 성매매 장소, 대가, 연락방법 등에 관하여 구체적인 합의에 이른 다음, 약속장소 인근에 도착하여 A에게 전화를 걸어 '속바지를 벗고 오라'고 지시한 사안에서, 피고인의 일련의 행위가 '아동·청소년에게 성을 팔도록 권유하는 행위'에 해당한다고 본 사례. (대법원 2011.11.10. 선고 2011도3934 판결)]

453 형사처벌의 대상 이외의 모든 언어적·시각적·신체적 성적 희롱이 포함된다. ①언어적 행위에는 노골적 음담패설(전화 등 통신매체를 통한 경우는 성폭력 처벌법 제13조에 따라 형사처벌 대상), 사람의 특정 신체부위와 관련된 조롱, 회식자리 등에서 무리하게 옆에 앉혀 술을 따르도록 강요하는 행위 등이 있고, ②시각적 행위에는 성기의 노출(지나치게 과도한 경우 공연음란죄로 형사처벌될 수 있음), 음흉한 눈빛으로 쳐다보기, 야동이나 야한 사진 등을 보이기(스마트폰 등 통신매체를 통한 경우는 성폭력 처벌법 제13조에 따라 형사처벌 대상)등이 있으며, ③신체적 행위에는 입맞춤, 포옹 또는 뒤에서 껴안는 등의 신체적 접촉행위, 가슴·엉덩이 등 특정 신체부위를 만지는 행위, 안마나 애무를 강요하는 행위 등이 있다. 이들 성희롱 판단은 피해자의 입장에서 객관적으로 판단한다. 즉 피해자의 주관적 사정을 고려하되, 사회통념상 합리적인 사람이 피해자의 입장이라면 문제가 되는 행동에 대하여 어떻게 대응하였을 것인가를 함께 고려하여 판단한다. 단 한번의 행위라도 성희롱이 될 수 있으며, 피해자의 명시적 거부표시 등이 없었더라도 성희롱이 될 수 있다.

적 언동 또는 그 밖의 요구 등에 따르지 아니하였다는 이유로 각종 불이익을 주는 것을 말한다. 이에 대하여 기관의 장 또는 사업주는 성희롱 발생이 확인된 경우 지체 없이 행위자에 대하여 징계나 그 밖에 이에 준하는 조치를 하여야 한다.

속인주의(형법 제3조 및 제8조)

범죄와 형벌에 관한 형사처벌 규정은 대한민국 영역 외에서 죄를 범한 국민에게 적용된다. 이를 속인주의라고 한다. 쉽게 말해서, 우리나라 국민은 해외 어디를 가든 형사법이 항상 함께 따라다닌다는 것이다. 따라서 해외의 법에 의하여 무죄라고 하더라도 우리나라 법이 처벌하고 있다면 당연히 처벌된다는 사실을 명심해야 한다.

『동남아시아 아동 성매매 관광의 현황과 대책』에서는 우리 국민의 속인주의에 대한 인식 부족을 다음과 같이 지적하고 있다.

"2012년 여론조사 결과 중 '해외 성매매에 대한 국내 처벌법 인지' 여부에 대한 응답내용을 살펴보면, 이를 인지하고 있다는 응답이 22.3%, 인지하고 있지 않았다는 응답이 77.7%를 차지하고 있는데, 이는 국내에 있어서 성매매처벌법의 시행 여부에 대한 응답의 태도와 정반대의 결과를 보이는 충격적인 결과라고 할 수 있다. 즉 대다수의 국민들은 형법상의 속인주의라는 개념에 대한 이해도가 부족하기 때문에 국내가 아닌 해외 성매매의 경우에 있어서는 처벌하는 규정이 없다고 착각하고 있다는 점을 방증하고 있는 것이다."[454] 심지어 "주한 태국 대사관의 파견 경찰은 한국인 관광객들이 해당 국가에서의 성매수 행위가 범법인지도 모른 채 포주와 문제가 생겼을 경우 대사관으로 도움을 요청하는 전화가 빈번하다고 지적하였다."[455]

※각 범죄에 해당하는 형벌의 종류·범위가 궁금한 경우 법제처에서 제공하는 국가법령정보센터 인터넷 홈페이지(http://www.law.go.kr/)를 방문하거나 스마트폰 앱(국가법령정보센터)을 설치하면 매우 유용하다.

454 박선영·박찬걸, 『동남아시아 아동 성매매 관광의 현황과 대책』, 한국형사정책연구원, 2012, 185쪽.

455 같은 책, 76쪽.

A. C. Kinsey and W. B. Pomeroy and C. E. Martin and P. H. Gebhard(1953), *Sexual behavior in the human female*, Philadelphia: W. B. Saunders.

A. C. Kinsey and W. B. Pomeroy and C. E. Martin(1948), *Sexual behavior in the human male*, Philadelphia: W. B. Saunders.

C. Wright Mills, *The Power Elite*, New York: Oxford University Press, 1956.

H. Leitenberg and M. J. Detzer and D. Srebnik(1993), *Gender differences in masturbation and the relation of masturbation experience in preadolescence and/or early adolescence to sexual behavior and sexual adjustment in young adulthood*, Archives of Sexual Behavior, 22, 87~98.

H. Narchi(2003), *Infantile masturbation mimicking paroxysmal disorders*, Journal of pediatric Neurology, 1(1), 43~45.

I. Larsson and C. Svedin(2002), *Experiences in childhood: Young adults' recollections*, Archives of Sexual Behavior, 31(3), 263~273.

J. Bancroft(Ed.)(2003), *Sexual development in childhood*, Bloomington: Indiana University Press.

J. M. Reinisch(1990), *The Kinsey Institute new report on sex: What you must know to be sexually literate*, New York: St. Martin's Press.

J. Ponseti and H. A. Bosinski, et al. (2006), *A Functional Endophenotype for Sexual Orientation in Humans*, Neuroimage 33(3): 825~833.

L. A. Peplau(2003), *Human sexuality: How do men and women differ?*, Current Directions in Psychological Science, 12(2), 37~40.

Martin Buber, *Between Man & Man*, Trans. Ronald Gregor Smith, London: Routledge & Kegan Paul, 1954.

Martin Buber, *Hasidism and Modern Man*, Trans. Maurice Friedman, N. Y.: Horizon Press, 1958.

Martin Buber, *Images of Good and Evil*, Trans. Michael bulloch, London: Routledge & Kegan Paul, 1952.

Martin Buber, *The Way of Man according to the Teaching of Hasidism*, N. J.: The Citadel Press, 1966.

Mircea Eliade, *The Sacred and the Profane: The Nature of Religion,* trans. Willard R. Trask, New York : Harcourt, Brace & World, 1959.

R. C. Friedman and J. I. Downey(2008), *Sexual differentiation of behavior: The foundation of a developmental model of psychosexuality*, Journal of the American Psychoanalytic Association, 56(1), 147~175.

S. D. Pinkerton and L. M. Bogart and H. Cecil and P. R. Abramson(2002), *Factors associated with masturbation in collegiate sample*, Journal of Psychology and Human Sexuality, 14(2~3), 103~121.

S. Gordon and C. Snyder(1986), *Personal Issues in Human Sexuality*, Boston, Massachusetts: Allyn & Bacon.

A. S. 닐, 김정환 외 옮김, 『문제의 교사 : Summerhill 교육 ④』, 서원, 1997.

Spencer A. Rathus and Jeffrey S. Nevid and Lois Fichner-Rathus, 고상균 외 옮김, 『인간의 성』(제8판), 바이오사이언스, 2014.

강경선·정태욱, 『법철학』, 한국방송대학교출판부, 2001.

강선보, 『마르틴 부버의 「만남」의 교육』, 양서원, 1996.

강영수, 『신 이야기 중국사 1』, 좋은글, 2001.

김기곤, 『욕망의 인간학』, 세종, 1997.

김철수, 『헌법학개론』, 박영사, 2006, 229쪽.

김두식, 『욕망해도 괜찮아』, 창비, 2012.

김상원, 『성교육/성상담의 이론과 실제(7차개정판)』, 교육출판사, 2011.

김호, 『정약용, 조선의 정의를 말하다』, 성안당, 2013.

구성애, 『구성애의 성교육』, 석탑, 1998.

구성애, 『구성애의 빨간책』, 올리브 M&B, 2014.

권준수 외, 『강박증의 통합적 이해』, 학지사, 2010.

권준수·신민섭, 『쉽게 따라하는 강박증 인지행동치료』, 학지사, 2015.

노명래, 『인간과 성심리』, 학지사, 2009.

몸문화연구소, 『포르노 이슈: 포르노로 할 수 있는 일곱 가지 이야기』, 그린비, 2013.

문정희·유인경, 『女子의 몸』, 여백, 2015.

박경서, 『인권이란 무엇인가』, 미래지식, 2012.

박선영·박찬걸, 『동남아시아 아동 성매매 관광의 현황과 대책』, 한국형사정책연구원, 2012.

박영수, 『학교보건학』, 신광출판사, 1994.

박홍규, 『까보고 뒤집어보는 종교』, 다른, 2013.

박홍규, 『대한민국 新 권리장전』, 21세기북스, 2010.

박홍규, 『독서독인』, 인물과사상사, 2014.

박홍규, 『마르틴 부버』, 홍성사, 2012.

박홍규, 『사랑수업 : 아리스토텔레스부터 괴테까지, 2천 년 지혜의 숲에서 건져 낸 260가지 사랑법』, 추수밭, 2014.

박홍규, 『자유란 무엇인가』, 문학동네, 2014.

심재우, 『네 죄를 고하여라 : 법률과 형벌로 읽는 조선』, 산처럼, 2011.

이명화 외, 『2013 서울시청소년성문화연구조사』, 2013.

이수정, 『최신 범죄심리학(제2판)』, 학지사, 2014.

이지성, 『빨간약』, 성안당, 2013.

이준일, 『인권법 -사회적 이슈와 인권-(제3판)』, 홍문사, 2010.

인권법교재발간위원회, 『인권법』, 아카넷, 2011.

유계준, 『마스터베이션』, 사람과 사람, 1998.

윤가현, 『성 문화와 심리』, 학지사, 2014.

정강곤, 「기본권의 침해에 관한 연구」, 호남대, 2007[박사논문].

정진홍, 『정진홍 교수의 종교문화 읽기 하늘과 순수와 상상』, 강, 1997.

정해숙·최윤정·최자은, 『학생 미혼모 학습권 보장 방안』, 서울 : 한국여성정책연구원, 2014.

최재목, 「구름액자」, 『길은 가끔 산으로도 접어든다』, 포엠토피아, 2003.

최재목, 『내 마음이 등불이다』, 이학사, 2003.

최재목, 『'사이間'에서 놀다遊』, 해조음, 2008.

최재목, 『쉽게 읽는 퇴계의 성학십도』, 예문서원, 2007.

하재청·선우양일·류태형·김병기·조현욱·고현숙, 『性의 과학(제6판)』, 월드사이언스, 2008.

가나모리 우라코, 햇살과나무꾼 옮김, 『이런 선생이 아이를 망친다』, 내일을 여는 책, 1996.

나사니엘 브랜든, 강승규 옮김, 『나를 존중하는 삶: 삶의 활력·자기존중감』, 학지사, 1996.

랠프 왈도 에머슨, 강형심 옮김, 『세상의 중심에 너 홀로 서라』, 씽크뱅크, 2011.

리처드 셍커먼, 임웅 옮김, 『세계사의 전설, 거짓말, 날조된 신화들』, 미래M&B, 2002.

린다 에어·리처드 에어, 이자영 옮김, 『우리 아이 성교육에 대해 꼭 알아야 할 50가지』, 원앤원스타일, 2013.

마르틴 부버, 표재명 옮김, 『나와 너』, 문예출판사, 1996.

마스타니 후미오, 이원섭 옮김, 『불교개론』, 현암사, 2001.

마이클 리프·미첼 콜드웰, 금태섭 옮김, 『세상을 바꾼 법정』, 궁리, 2013.

미하이 칙센트미하이, 이희재 옮김, 『몰입의 즐거움』, 해냄, 2002.

버트런드 러셀, 김영숙 옮김, 『러셀의 자녀교육론』, 서광사, 1989.

버트런드 러셀, 박유정 옮김, 『행복의 정복』, 다문, 1994.

베티 도슨, 곽라분이 옮김, 『네 방에 아마존을 키워라』, 현실문화연구, 2002.

알랭 드 보통, 정미나 옮김, 『인생학교 섹스』, 쌤앤파커스, 2015.

에리히 프롬, 최혁순 옮김, 『소유냐 존재냐』, 범우사, 1998.

에리히 프롬, 황문수 옮김, 『인간의 마음』, 문예출판사, 1996.

오기 오가스·사이 가담, 왕수민 옮김, 『포르노 보는 남자, 로맨스 읽는 여자』, 웅진지식하우스, 2014.

요한 하위징아, 권영빈 옮김, 『놀이하는 인간』, 기린원, 1991.

이브 엔슬러, 류숙렬 옮김, 『버자이너 모놀로그』, 북하우스, 2001.

이시카와 히로요시, 김승일 옮김, 『마스터베이션의 역사』, 해냄, 2002.

조너선 개손 하디, 김승욱 옮김, 『킨제이와 20세기 성연구』, 작가정신, 2010.

퀸터 아멘트, 이용숙 옮김, 『섹스북』, 박영률, 2012.

프란시스코 페레·박홍규, 이훈도 옮김, 『꽃으로도 아이를 때리지 말라』, 우물이 있는 집, 2013).

필립 짐바르도, 이충호·임지원 옮김, 『루시퍼 이펙트』, 웅진지식하우스, 2015.

하임 기너트, 김순희 옮김, 『교사와 학생의 사이』, 종로서적, 1996.

헬무트 켄틀러, 손덕수·허판례 편역, 『행복과 해방의 성교육 : 부모·교사·상담가·청소년을 위한 성교육』, 대원사, 1988.

후쿠다 카즈히코, 임명수 옮김, 『섹슈얼리티 性문화사』, 어문학사, 2011.

위키백과 영어판(https://en.wikipedia.org/wiki/Pornography)

위키백과 영어판(https://en.wikipedia.org/wiki/Effects_of_pornography)

위키백과 영어판(https://en.wikipedia.org/wiki/Hardcore_pornography#Impact_on_society)

위키백과 한국어판(https://ko.wikipedia.org/wiki/%EB%8B%A4%EC%9C%97)

네이버 한자사전(http://hanja.naver.com/hanja?q=%E9%99%B0)

네이버 한자사전(http://hanja.naver.com/hanja?q=%E4%BF%9D)

네이버 한자사전(http://hanja.naver.com/hanja?q=%E5%AF%B6)

네이버 한자사전(http://hanja.naver.com/hanja?q=%E8%8F%A9)

네이버 한자사전(http://hanja.naver.com/hanja?q=%E8%A3%9C)

네이버 한자사전(http://hanja.naver.com/hanja?q=%E5%9C%B0)

네이버 한자사전(http://hanja.naver.com/hanja?q=%E7%9F%A5)

네이버 한자사전(http://hanja.naver.com/hanja?q=%E5%BF%97)

네이버 한자사전(http://hanja.naver.com/hanja?q=%E8%87%AA)

네이버 한자사전(http://hanja.naver.com/hanja?q=%E5%AD%90)

네이버 한자사전(http://hanja.naver.com/hanja?q=%E5%AD%97)

네이버 한자사전(http://hanja.naver.com/hanja?q=%E8%B3%87)

네이버 한자사전(http://hanja.naver.com/hanja?q=%E6%85%88)

네이버 한자사전(http://hanja.naver.com/hanja?q=%E6%85%B0)

네이버 한자사전(http://hanja.naver.com/hanja?q=%E8%A1%9B)

네이버 한자사전(http://hanja.naver.com/hanja?q=%E7%88%B2)

http://www.jejunews.com/news/articleView.html?idxno=1860501

〈제주일보〉 2015년1월27일자 오택진 논설위원 오피니언 "'다르다' vs. '틀리다'"

(http://www.christiantoday.co.kr/view.htm?id=285758)

〈크리스천투데이〉 2015년9월11일자 이혜리 기자 '애슐리 매디슨 가입했던 목회자 자살'

(http://bizn.khan.co.kr/khan_art_view.html?artid=201508301526311&code=920509&med=khan

〈경향 비즈ⓝ라이프〉 2015년8월30일자 비즈앤라이프팀 기사 '애슐리 매디슨은 짧았다'

(http://terms.naver.com/entry.nhn?docId=2276021&cid=46649&categoryId=46649)

한국민족문화대백과, 한국학중앙연구원. [네이버 지식백과/신명사도]

(http://navercast.naver.com/contents.nhn?rid=75&contents_id=205)

차창룡, 『간디 평전』(실천문학사), 2009. [네이버캐스트/마하트마 간디]

(http://terms.naver.com/entry.nhn?docId=453220&cid=42876&categoryId=42876)

『체육학대사전』, 이태신, 2000, 민중서관. [네이버 지식백과/이미지 트레이닝]
(http://terms.naver.com/entry.nhn?docId=388918&cid=41978&categoryId=41985)

『철학사전』, 임석진 외, 2009, 중원문화. [네이버 지식백과/합리적]
(http://home.ebs.co.kr/ebsnews/allView/10371791/N)

EBS 뉴스 2015년8월28일 이상미 기자 '성교육 기획 13편: '금지' 아닌 '책임' 배우는 해외 성교육'
(http://www.womennews.co.kr/news/48638#.Vhk7J9Khddj)

〈여성신문〉 2011년2월25일자 '실패한 인생으로 끝나고 싶지 않아요'
(http://www.ablenews.co.kr/News/NewsContent.aspx?CategoryCode=0014&NewsCode=17117)

에이블뉴스 2008년6월12일자 소장섭 기자 '장애인 섹스돌봄이를 아시나요?'
(http://www.ilyosisa.co.kr/news/articleView.html?idxno=65444)

〈일요시사〉 2014년6월23일자 이광호 기자 "성봉사"를 아십니까?'
(http://www.docdocdoc.co.kr/news/newsview.php?newscd=2015081900023)

〈청년의사〉 2015년8월22일자 양영구 기자 '당신의 진료실은 성추행으로부터 안전합니까?'

왜곡하지 말고 이해하라!

올해 봄이었습니다. 평소 친분이 있던 박홍규 교수와 김경천 변호사, 그리고 나 이렇게 셋이서 저녁식사를 하며 이런 저런 이야기를 나누게 되었습니다. 최근 김 변호사의 동향을 묻는 가운데 그가 청소년 성 문제에 관심이 많아 이곳저곳 특강을 하러 다닌다는 이야기를 들었지요. 그에 따르면 청소년들이 성 문제 때문에 사건사고를 일으키는 경우가 많은데, 정작 학교 현장은 젊은이들에게 성욕을 해소할 수 있는 이렇다 할 방안을 제시하지 못하고 있을뿐더러 그냥 쉬쉬하기만 한다는 것이었습니다. 자위라는 자연스런 해소 방안이 있는데도 그런 말은 공식적으로 입에 담을 수 없는 게 현실이라고 했지요.

나는 김 변호사에게 "혹시 자위를 포함하여 청소년이나 일반인들 성교육에 사용할 만한 책이 있는가?" 하고 물었어요. 번역서를 포함하여 몇 권 있긴 하다고 했습니다. 나 역시 교육자지만, 사실 자위라는 말을 꺼내기는 어렵습니다. 무언가 품위 없고 변태적 인간으로 취급당하기 십상인 것이 우리 현실인 탓이지요. 하지만 이 문제를 그냥 넘기기에는 허전한 감이 있었습니다. 식후 차를 마시는 자리에서 나는 "우리 셋이서 청소년을 포함하여 일반인 누구나가 읽을 수 있는 책 한 권을 써보면 어떨까요?" 하고 제안했습니다. 이야기는 급진전되었어요. 김경천 변호사가 국내에서 이루어지고 있는 자위의 실태 및 법적 제재를, 박홍규 교수가 서양 사상문화사에서 자위 문제를, 내가 동양 사상문화사에서 자위 문제를 각각 분담하여 글을 쓰기로 약속한 것입니다.

이후 우리는 서로 연락을 주고받으며 자료를 교환하거나 구입하며 집필 준비를 했습니다. 개념을 어떻게 잡을까? 자료는 있을까? 등등 이런 저런 이야기를 주고받으며 작업이 진행되었는데, 의외로 시간이 많이 걸렸습니다. 두 사람은 이미 원고가 완성되었는데, 이런저런 일로 바빴던 탓에 나는 진척도 없이 끙끙대고 있었거든요. 역시나 천재적 학자이자 다작 작가인 박홍규 교수는 제일 먼저 원고를 보내주면서 이런 방식으로 정리하면 어떨까 제안했습니다. 이후 김 변호사도 원고를 완성했지요. 하지만 나는 여전히 지지부진이었답니다. 자료는 많이 구해서 읽고 있었으나 정리가 잘 되지 않았지요. 결국 시간에 쫓겼고, 빚 독촉처럼 원고 독촉 전화를 받으며 스트레스를 받기 시작했습니다. 원고 마감 연기를 하였으나 몇 번 기한을 넘겼지요. 마음은 급하고 이래서 안 되겠다는 생각이 들어 일단 쓰고 있던 내용이라도 간략하게 정리하기로 했습니다. 그리고 드디어 2015년 겨울에 원고를 넘겼습니다. 그다음, 김 변호사의 제안으로 '여는 글'은 박홍규 교수가, '닫는 글'은 내가 쓰게 되었고요.

어쨌든 원고가 완성되어 출판에 이른 것은 다행입니다.

다시 물어봅니다. "왜 지금 자위인가?" 자위라는 것은 특별한 것이 아닙니다. 본문에서 보듯이 영웅호걸이든 일반서민이든 남녀노소 누구나 할 수 있는 것입니다. 남에게 피해를 끼치지 않고 자신의 건강한 심신을 유지하는 방편으로 권장할 만한 것입니다.

가장 평범하며 보편적인 욕망이 식욕과 성욕입니다. 이 두 가지를 빼고 삶은 논할 수 없어요. 인간을 이야기하기 어렵지요. 결국 자위의 문제는 "인간이란 무엇인가?", "나는 누구인가?"라는 본질에 가닿을 수밖에 없는 것입니다. 인간이라는 존재의 핵심에 자리한 '욕망' 문제를 이해하는 지평에서 자위는 논의되어야 마땅합니다. 건강을 유지하고, 품위 있는 삶을 지속하는 한도 내에서 자율적으로 자신을 힐링하며 관리하는 방법으로 논의되어야 해요. 과도한 간섭, 억압과 은폐, 금기는 결국 왜곡, 변태, 음성화를 낳을 뿐이니까요. 교육의 현장에서도 균형감 있고 융통성 있게 더욱 자신감을 갖고 논의해야 합니다. 남녀노소의 평등한 생리적 욕구인 자위가 윤리도덕이나 아카데미즘의 질서유지 차원에서 애매하게, 계륵(鷄肋)처럼 불편한 시선으로 항상 취급되는 한 성교육은 주먹구구식으로, 형식적으로, 겉돌 수밖에 없을 것입니다.

흔히 농담으로 "아랫도리에 대해서는 묻지 마라!"고 합니다. 그런데 나는 이 말을 좀 바꾸었으면 합니다. "묻지 마라!"가 아니고 "아랫도리에 대해서 제대로 살펴보라!"고 말이지요. 스스로를 위로하는 자신을 관리하는 일이 왜 이렇게 어렵고 힘들까요? 정치와 사회와 교육이 그렇게 만든 건 아닐까요? 아울러 개인도 그만큼 왜곡되거나 기형화되었기 때문이 아닐까요? 이제는 어느 한쪽만을 몰아붙일 수도 없게 되었습니다. 양쪽 다 문제니까요!

이 책은 자위의 매뉴얼 북이 아닙니다. 자위라는 문제가 동서양의 사상문화사 속에서 평범하고 일상적이었음을 보여주고자 하는 지극히 평범한 의도에서 쓴 청소년과 일반인을 위한 교양서입니다. 현장에서 청소년 성 문제를 다루는 변호사와 학문과 교양을 생각하는 인문사회계 교수 두 사람이 합심하여 동서양의 자위 문제를 다룬 것은 이번이 처음 아닌가 싶습니다. 그만큼 비판도 클 것입니다. 부족하거나 문제가 있는 부분들은 추후 보완을 거쳐 다듬어갈 생각입니다.

2016년 여름
압량벌에서 최재목 쓰다.